当代
恐怖主义犯罪
防范与治理

李 恒——著

Contemporary Terrorist Crime
Prevention and Governance

清华大学出版社
北 京

本书封面贴有清华大学出版社防伪标签，无标签者不得销售。

版权所有，侵权必究。举报：010-62782989，beiqinquan@tup.tsinghua.edu.cn。

图书在版编目（CIP）数据

当代恐怖主义犯罪防范与治理 / 李恒著. —北京：清华大学出版社，2024.1
ISBN 978-7-302-64986-1

Ⅰ.①当… Ⅱ.①李… Ⅲ.①恐怖主义－刑事犯罪－预防犯罪－研究－中国 Ⅳ.① D924.114

中国国家版本馆 CIP 数据核字 (2023) 第 231227 号

责任编辑：刘　晶
封面设计：徐　超
版式设计：方加青
责任校对：王荣静
责任印制：丛怀宇

出版发行：清华大学出版社
　　　网　　址：https://www.tup.com.cn, https://www.wqxuetang.com
　　　地　　址：北京清华大学学研大厦 A 座　　邮　编：100084
　　　社 总 机：010-83470000　　邮　购：010-62786544
　　　投稿与读者服务：010-62776969, c-service@tup.tsinghua.edu.cn
　　　质 量 反 馈：010-62772015, zhiliang@tup.tsinghua.edu.cn
印 装 者：三河市东方印刷有限公司
经　　销：全国新华书店
开　　本：170mm×240mm　　印　张：12.5　　字　数：217 千字
版　　次：2024 年 1 月第 1 版　　印　次：2024 年 1 月第 1 次印刷
定　　价：129.00 元

产品编号：103499-01

本书获中国博士后科学基金71批面上资助（2022MD713807）、重庆市博士后研究项目特别资助（2021XM1009）出版支持。

本书系2022年度四川省高校人文社会科学重点研究基地反恐怖主义研究中心重点项目（FK2022ZD01）研究成果。

本书系2023年度国家社会科学基金项目（23XFX024）阶段性成果。

序

深入贯彻总体国家安全观，坚决维护中国国家安全

国家安全是指国家政权、主权、统一和领土完整，人民福祉、经济社会可持续发展，国家其他重大利益相对处于没有危险和不受内外威胁的状态，以及保障持续安全状态的能力。维护国家安全，应当遵守宪法和法律，坚持社会主义法治原则，尊重和保障人权，依法保护公民的权利和自由。

总体国家安全观是习近平新时代中国特色社会主义思想的重要组成部分，是新时代中国特色国家安全思想的新成果，是指导中国特色国家安全工作的强大思想武器和行动指南，是我们党维护国家安全理论和实践的重大创新，具有深远的理论价值和鲜明的实践意义。深入贯彻总体国家安全观，对于应对中国国内外安全挑战、维护国家长治久安具有深远意义。

世界百年未有之大变局和新冠病毒疫情叠加，使世界进入新的动荡变革期，人类面临多重挑战。党的十八大以来，习近平总书记多次在重要讲话、重要指示中强调要坚持总体国家安全观，必须"坚持人民安全、政治安全、国家利益至上的有机统一，人民安全是国家安全的宗旨，政治安全是国家安全的根本，国家利益至上是国家安全的准则，实现人民安居乐业、党的长期执政、国家长治久安"[①]。习近平总书记的重要论述，深刻阐明了维护国家安全的极端重要性，具有鲜明的时代性、强烈的针对性、科学的指导性，为做好维护国家安全工作提供了根本遵循。

一、总体国家安全观顺应当今世界情势的深刻变化

当前，中国正处在一个大有可为的历史机遇期，社会政治大局稳定，已经进入实现中华民族伟大复兴的关键阶段，发展仍处于大有可为、大有作为之重要

---
① 中共中央宣传部、中央国家安全委员会办公室.总体国家安全观学习纲要[M].北京：人民出版社，2022：32.

战略时期，同时也面临诸多风险隐患、矛盾叠加的严峻挑战。目前，国际安全形势依然扑朔迷离，大国博弈斗而不破，地区冲突此起彼伏，恐怖主义活动屡打不绝，危害国家安全的案事件多发频发，反恐怖、反分裂、反颠覆、反渗透、反间谍斗争面临的风险挑战依然复杂严峻。

总的来看，中国周边安全形势风云变幻，非传统安全威胁日益凸显，国家安全面临诸多挑战。对于影响国家安全的因素，按照总体国家安全观的具体要求，既要关注武装战争、地区冲突、政治颠覆、情报窃取、间谍渗透、分裂破坏、恐怖主义、黑客攻击、意识形态侵入等人为因素，也要关注环境污染、气候变化、生态破坏等自然因素；既要关注全球资源危机、信息技术安全、跨国境犯罪等时空因素，也要关注传染性疾病、非法移民、难民危机等现实因素；既要关注国际局势深刻变化、经济发展战略转型等宏观因素，也要关注安全与发展的各种具体因素。例如，当前国际恐怖主义威胁已上升为影响国家安全和社会稳定的主要因素之一，反恐怖工作事关国家安全，事关人民群众切身利益，事关改革发展稳定全局。我们要增强大局意识，防范风险挑战要一以贯之，深化反恐怖、反渗透、反分裂、反颠覆、反间谍等专项斗争，全力做好维护国家安全各项工作，努力创造安全稳定的社会环境。

《周易·系辞》曰："危者，安其位者也；亡者，保其存者也；乱者，有其治者也。是故君子安而不忘危，存而不忘亡，治而不忘乱，是以身安而国可保也。"我国《宪法》规定，中国人民对敌视和破坏中国社会主义制度的国内外的敌对势力和敌对分子，必须进行斗争。中国公民有维护国家统一和全国各民族团结的义务，有维护国家安全的义务。实现中华民族伟大复兴的中国梦，保证人民安居乐业，国家安全是头等大事，必须毫不动摇坚持党对国家安全工作的绝对领导，这是维护国家安全的必然要求，总体国家安全观顺应了当今世界情势的深刻变化。

二、坚持总体国家安全观是对马克思主义安全观的继承与发展

总体国家安全观传承与创新了马克思主义安全观。其在宗旨与目标上坚持马克思主义哲学原理的历史唯物主义价值取向，在整体与部分关系上强调唯物辩证法的发展观和思维方法，在形势与要素判断上主张用两点论与重点论的有机结合。总体国家安全观蕴含了马克思主义方法论的思维创新，彰显了马克思主义安全观中国化的本土创新，坚持总体国家安全观是对马克思主义安全观的继承与发展。

对马克思主义安全观的继承与发展，走共同安全、集体安全和普遍安全之路，倡导人类命运共同体意识。倡导推动构建人类命运共同体不是空洞的说教，而是中国对事关人类和平与发展崇高事业提出的中国声音，是针对全球治理给出的中国方案与中国智慧。例如，倡导构建人类命运共同体就是中国特色大国外交新理念在21世纪的重要目标，是习近平总书记提出的国际关系新理念的核心思想，体现了马克思主义安全观中的人类共同体思想，其核心内涵即构建人类利益和谐、安全共享的人类命运共同体。这是全球治理的中国方案，具有重要的世界意义。

人类是休戚与共的命运共同体。打造人类命运共同体是中国特色大国外交新理念中的重要理念，是构建中国特色大国外交理论和实践的重要组成部分。总体国家安全观的战略思维与定位是统筹外部安全和内部安全、国土安全和国民安全、传统安全和非传统安全、自身安全和共同安全，而不是只顾自己国家安全，也不是把自己国家的安全建立在别国不安全的基础之上。近年来，习近平总书记在国际国内重要场合多次谈及人类命运共同体，从利益共同体、安全共同体到网络安全共同体等，涵盖面尤为广泛。

三、深入贯彻总体国家安全观是适应当前中国国情的必然抉择

在国情层面，国家安全是安邦定国的重要基石，维护国家安全是全国各族人民根本利益所在。完善国家安全战略和国家安全政策、坚决维护国家政治安全、统筹推进各项安全工作，是党和政府极其重要的一项工作。总体国家安全观是随着国际形势的改变、国际关系的深刻演变而提出的，是保障和捍卫总体国家安全的战略思维、规划与总体国家安全政策、制度。

在立法层面，近年来，中国坚持总体国家安全观，国家安全已呈现出新气象与新作为。具体表现为国家安全法律体系已经搭建，形成了以《国家安全法》《反恐怖主义法》《国家情报法》《保守国家秘密法》《反分裂国家法》《反间谍法》等法律法规为核心的法律体系；国家安全组织体系日趋合理完善，形成了以中央国家安全委员会为主导的机构体系；国家安全各个领域成效显著，传统安全继续巩固，非传统安全成果斐然，新型安全战略布局逐渐加强。

在战略层面，坚持总体国家安全观，走中国特色国家安全道路。总体国家安全观强调党对国家安全工作的集中统一领导，坚持人民安全、政治安全、国家利益至上有机统一，传统安全与非传统安全相统一，内部安全与外部安全相统一。

总体国家安全观是国家安全稳定的基石，需要把握其"必须坚持国家利益至上，以人民安全为宗旨，以政治安全为根本"的本质特征；掌握其主要内容；清楚其以中国特色国家安全为基本定位；明确其基本要求，即必须坚持党的领导，必须坚持"五个统筹"。它统领政治安全、国土安全、国民安全、网络安全、科技安全、核安全等，关系国计民生诸多方面。因此，深入贯彻总体国家安全观是适应当前中国国情的必然抉择。

四、全面贯彻落实总体国家安全观，必须坚持统筹发展与安全两件大事

党的十八大以来，以习近平同志为核心的党中央高度重视发展与安全问题，立足国情、着眼长远，科学把握国家安全形势新变化、新特点、新趋势，积极探索中国特色国家安全与发展道路，力求健全国家安全制度体系，筑牢国家安全藩篱。总体国家安全观是立足当前国家安全新挑战、放眼国际安全新形势提出的具有中国特色的重要发展战略思想，充分体现了党对当前中国国家安全基本规律和形势的把握，是新形势下指导国家安全实践强有力的思想武器，指明了国家安全新架构搭建的方向，形成了科学发展的国家安全理论体系。

2021年11月18日，中共中央政治局召开会议审议《国家安全战略（2021—2025年）》。会议指出，新形势下维护国家安全，必须坚持把政治安全放在首要位置，必须牢固树立总体国家安全观，加快构建新安全格局。必须坚持党的绝对领导，完善集中统一、高效权威的国家安全工作领导体制，实现政治安全、人民安全、国家利益至上相统一；坚持捍卫国家主权和领土完整，维护边疆、边境、周边安定有序；坚持安全发展，推动高质量发展和高水平安全动态平衡；坚持总体战，统筹传统安全和非传统安全；坚持走和平发展道路，促进自身安全和共同安全相协调。

既要善于运用长期以来的发展成果夯实国家安全的综合实力，又要善于塑造有利于经济社会发展的安全环境。坚持政治安全、人民安全、国家利益至上的有机统一，人民安全是国家安全的宗旨，政治安全是国家安全的根本，国家利益至上是国家安全的准则，实现人民安居乐业、党的长期执政、国家长治久安；坚持立足于防，有效处置风险；坚持维护和塑造国家安全，塑造是更高层次更具前瞻性的维护，要发挥负责任大国作用，同世界各国一道，推动构建人类命运共同体；坚持科学统筹，始终把国家安全置于中国特色社会主义事业全局中来把握，

充分调动各方面积极性,形成维护国家安全合力。

百年未有之大变局本质是世界政治经济秩序的再次重塑,变局的核心在"变化"、在"调整","时机"和"机遇"同时出现,"风险"和"困难"也不断集聚。中华民族正在复兴,但崛起之路并非坦途,只因这世界并不太平。国家安全是国家生存发展的前提,是人民幸福安康的基础,是中国特色社会主义事业的重要保障。一方面,维护国家安全,与每个公民的切身利益密切相关,国家安全的真正实现,依赖于人人参与、人人可为。广大公民要继续增强"四个意识"、坚定"四个自信"、做到"两个维护",认真贯彻落实维护国家安全工作的决策部署,确保维护国家安全工作的正确方向。另一方面,应当坚持预防为主、标本兼治,专门工作与群众路线相结合,充分发挥专门机关和其他有关机关维护国家安全的职能作用,广泛动员公民和组织,防范、制止和依法惩治危害国家安全的行为。我们应以维护重要战略机遇期国家安全和社会稳定为总目标,筑牢各民族人民共同维护祖国统一、维护国家利益、维护民族团结、维护社会稳定的钢铁长城。

党的二十大报告指出,推进国家安全体系和能力现代化,坚决维护国家安全和社会稳定。习近平总书记在二十届中央国家安全委员会第一次会议强调:"当前我们所面临的国家安全问题的复杂程度、艰巨程度明显加大。国家安全工作要贯彻落实党的二十大决策部署,切实做好维护政治安全等方面工作。"总体国家安全观丰富了国家安全的内涵与外延,是推进国家治理体系和治理能力的现代化的重大理论成果,是指导新时期国家安全工作的纲领性思想。全面贯彻落实总体国家安全观,是新时代坚持和发展中国特色社会主义的一个基本方略,也是一个重要的行动纲领,而行动纲领贵在"行动",重在"落实"。可以看到,中国特色社会主义进入了新时代,在习近平新时代中国特色社会主义思想指引下,中国正在继续奉行互利共赢的开放战略,在坚持正确的义利观、共建"一带一路"、建立新型国际关系、推动构建人类命运共同体的理论与实践中,不断促进人类和平与发展。当前,维护中国国家安全任务艰巨,责任重大,使命光荣。我们要坚持以总体国家安全观为指导,全面贯彻党的二十大精神,切实增强忧患意识,牢固树立底线思维,锐意进取,扎实工作,努力把国家安全工作推上一个新台阶,为确保人民安居乐业、社会和谐稳定、国家长治久安作出新的重大贡献。

前言

党的二十大报告指出，坚定维护国家政权安全、制度安全、意识形态安全，加强重点领域安全能力建设，确保粮食、能源资源、重要产业链供应链安全，加强海外安全保障能力建设，维护我国公民、法人在海外合法权益，维护海洋权益，坚定捍卫国家主权、安全、发展利益。提高防范化解重大风险能力，严密防范系统性安全风险，严厉打击敌对势力渗透、破坏、颠覆、分裂活动。全面加强国家安全教育，提高各级领导干部统筹发展和安全能力，增强全民国家安全意识和素养，筑牢国家安全人民防线。

坚持以习近平法治思想为引领，深入贯彻落实总体国家安全观，推动反恐怖工作持续向好发展

一、深刻认识习近平法治思想重大意义，全面把握反恐怖斗争面临的现实风险挑战

党的十八大以来，习近平总书记从坚持和发展中国特色社会主义全局和战略高度，创造性地提出了关于全面依法治国的一系列新理念新思想新战略，形成了习近平法治思想。习近平法治思想是马克思主义法治理论中国化的最新成果，开辟了中国特色社会主义法治理论和实践新境界。这一重要思想是顺应实现中华民族伟大复兴的时代要求而生的重大理论创新成果，为法治中国建设、依法反恐、参与全球反恐合作、构建人类命运共同体指明了前进方向，在中国特色社会主义法治建设进程中，对维护国家安全、社会稳定长治久安具有重大政治意义、理论意义、实践意义。

当前，恐怖主义已成为影响世界和平与发展的重要因素，对国家安全、政

治稳定、民族团结、人民生命财产安全构成严重威胁，是全人类的共同敌人。近年来，恐怖主义活动已出现新变化、新特征，网络已越来越多地成为恐怖分子组织、策划、实施恐怖犯罪活动的重要工具，网络恐怖活动已成为全球公害。当前，在极端思想的蛊惑煽动下，暴力恐怖和极端主义思想传播方式发生了深刻变化，宣传和联络手段不断翻新升级。利用网络虚拟平台传播各种暴恐信息和极端思想，执法部门难以有效追查和遏制，且其行为方式更具隐蔽性、煽动性、勾连性，难以及时察觉。国际社会越来越重视打击网络恐怖主义犯罪，在这一形势下，迫切需要进一步强化有关制度措施，防范和打击利用网络空间实施犯罪活动。

习近平总书记指出："反恐怖斗争事关国家安全，事关人民群众切身利益，事关改革发展稳定全局，是一场维护祖国统一、社会安定、人民幸福的斗争，必须采取坚决果断措施，保持严打高压态势，坚决把暴力恐怖分子嚣张气焰打下去。"唯有坚持习近平法治思想，坚持系统思维，构建大安全格局，从惩治和预防恐怖活动的具体实践出发，客观总结同恐怖活动作斗争的成功经验与失败教训，探索遏制和预防恐怖活动坐大成势、实施犯罪的规律特点，才能提高同恐怖活动犯罪作斗争的实战能力，促进国际安全和世界和平，为建设社会主义现代化强国提供坚强保障。

二、准确掌握习近平法治思想的核心要义，深入贯彻落实总体国家安全观

习近平法治思想是马克思主义法治理论中国化的最新成果，是新时代深入推进全面依法治国的思想旗帜。国家安全工作是党治国理政一项十分重要的工作，也是保障国泰民安一项十分重要的工作。面对国内外反恐怖斗争出现的新形势、新问题、新挑战，根据《中央国家安全委员会办公室关于加快反恐立法的工作方案》要求，国家反恐怖工作领导小组委托公安部牵头，组织全国人大常委会法工委、国家安全部、国务院法制办、武警总部等有关部门成立起草小组，广泛借鉴世界各国立法经验，赴部分省市并听取反恐重点地方意见，几经召开起草小组成员单位和专家会议研究论证，征求国家反恐怖工作领导小组成员单位及全国人大常委会法工委、国务院法制办等中央部门和各地反恐办意见，起草制定了《反恐怖主义法》。

《反恐怖主义法》共 10 章 97 条，对反恐怖主义的基本原则、恐怖活动组织

和人员的认定、安全防范、情报信息、调查、应对处置、国际合作、保障措施、法律责任等作了详细规定。《反恐怖主义法》主要亮点包括：第一，高度重视平衡反恐与人权保障之间的关系，强化执法规范，防止侵害公民和组织的合法权益。第二，为适应当前维护网络安全的实际需要，规定电信业务经营者、互联网服务提供者有协助公安机关、国家安全机关防范、调查恐怖活动的义务。第三，规定了对恐怖活动罪犯、极端主义罪犯刑满释放后的安置教育措施。从实践情况看，恐怖主义犯罪主观恶性较深，社会危害较重，教育转化较难，对其中少数服刑期满仍有社会危险性的，经人民法院决定，在释放后对其进行安置教育是必要的。第四，在恐怖事件应对处置过程中，不当的报道可能导致恐怖分子获得有关行动信息，给现场处置带来不利影响，给处置人员造成危险，也可能给被害人造成进一步伤害，还可能引起其他有恐怖倾向的人的模仿、复制，或者引起社会不必要的恐慌，对此，该法针对恐怖主义新闻报道规定了临时管控等措施。

坚持总体国家安全观，统筹发展和安全，增强忧患意识，做到居安思危，是党治国理政的重要原则。推动反恐怖工作持续向好发展，必须坚持以习近平新时代中国特色社会主义思想为指导，以习近平法治思想为引领，深入学习贯彻习近平总书记关于反恐怖工作的重要指示精神，增强"四个意识"、坚定"四个自信"、做到"两个维护"，以强烈的政治担当、使命担当、责任担当，全力确保反恐怖工作各项措施落到实处、取得实效。

三、精准领会习近平法治思想的理论精髓，推动新时代依法反恐怖工作开辟新境界

习近平法治思想内涵丰富，从历史和现实相贯通、国际和国内相关联、理论和实际相结合的角度，深刻回答了为什么全面依法治国、怎样全面依法治国等一系列重大问题。中国是法治国家，运用法律武器预防和打击恐怖活动，是实现国家安全的根本手段，也是维护政治安全的根本举措。按照总体国家安全观要求，把国家安全观贯穿到党和国家工作各方面和全过程，在现有法律规定的基础上，2015年12月27日，十二届全国人大常委会第十八次会议审议通过《反恐怖主义法》，该法于2016年1月1日起实施。《反恐怖主义法》的颁布与实施，是完善国家安全法治建设，推进全面依法治国方略的必然要求。将反恐怖主义纳入国家安全战略，为健全中国特色国家安全法律制度体系夯基垒台、立柱架梁，开启了国家安全法治建设的崭新篇章。对防范和惩治恐怖活动，加强反恐怖主义工

作，维护国家安全、公共安全和人民生命财产安全，进一步体现负责任大国的国际责任具有重要意义。国家安全，重于泰山；治国之要，奉法则强。

以习近平同志为核心的党中央高度重视国家安全法律制度体系建设，对构建国家安全法律制度体系提出了明确要求。《反恐怖主义法》坚持中国特色社会主义法治道路，坚持以问题为导向，从反恐怖工作面临的客观实际出发，认真总结近年来防范和打击恐怖活动的斗争经验，研究借鉴国外国家一些有效做法，明确恐怖主义的定义和反恐怖主义工作的基本原则，进一步完善反恐工作的体制机制，强化安全防范措施，增强应急处置能力，为维护国家安全、公共安全和人民生命财产安全，加强反恐怖主义国际合作，提供有力的法治保障。《反恐怖主义法》为切实运用法治思维和法治方式防范化解国家安全面临的恐怖主义等风险隐患，全面深入推进国家安全法治建设助力护航。

深入学习贯彻习近平法治思想，是当前和今后一个时期的重大政治任务。习近平法治思想不仅是对中国特色社会主义法治建设的重要总结，更是对中国特色社会主义根本制度的巩固和指引。精准领会习近平法治思想的理论精髓，运用法律武器预防和打击恐怖活动，是实现国家安全的根本手段，也是维护政治安全的根本举措。自 2014 年 5 月开展严打暴恐活动专项行动至今，坚持凡"恐"必打、露头就打、打防结合、标本兼治，举国上下旗帜鲜明反对恐怖主义，反恐怖斗争形势整体向好。近年来，全国反恐怖工作部门始终保持对暴力恐怖犯罪活动的高压态势，坚持系统治理、整体防控、综合防控，坚持专群工作相结合，深化对全社会的反恐怖宣传教育，不断增强公民识恐防恐意识，切实打好反恐怖人民战争，不断稳固中国反恐怖斗争良好态势，全面提升反恐怖工作的能力和水平。

法治是治国理政的基本方式，全面贯彻新时代党的治疆治藏方略，毫不放松地抓好反恐怖反分裂各项措施落实，切实维护国家安全和民族团结。反恐怖主义工作应当坚持以习近平法治思想为引领，深入贯彻落实总体国家安全观。坚持标本兼治、重在治本，防范为主、防范和惩治相结合的原则，重在防范恐怖主义思想的形成和传播，力争将恐怖主义活动消灭在预谋阶段和行动之前，力求反恐怖工作在法治环境下取得明显实效，确保良好的政治效果、法律效果和社会效果的统一。

习近平总书记主持召开二十届中央国家安全委员会第一次会议时强调，当前我们所面临的国家安全问题的复杂程度、艰巨程度明显加大。要坚持底线思维和极限思维，准备经受风高浪急甚至惊涛骇浪的重大考验。社会安全是国家安全的社会基础和重要内容，是人民群众的幸福感和满意度的重要标志。维护国家安全离不开社会的和谐稳定与长治久安。

本书取名为《当代恐怖主义犯罪防范与治理》。特别说明的是，本书收录的部分已发表的论文有些是与同事、老师合作完成的，可以说，这些成果也凝聚了他们的心血和智慧。在此也要感谢各位学术期刊的编辑的辛勤劳动与付出，是他们让这些研究成果得以传播。

本书体现了笔者针对总体国家安全观，特别是国家安全治理理论与反恐怖主义法治实践相关领域的阶段性学术成果，展示了笔者近年的主要研究进路和学术风格。回眸短暂的学术道路，也想借此梳理、检讨既往的学术收获与缺憾，以提升今后的学术研究水平。

"吾生也有涯，而知也无涯。"在笔者看来，所谓学术，就是以专业的角度研究现实问题，以专业的语言表达独立思考。本书部分内容是笔者从事公安实务工作和高校教学科研工作后，对相关领域问题再次深入研究，对以往成果重新整理后精心撰写而成，也是对本专业领域学术思想和成果的最新总结。由于自身学术功底和研究视角局限等现实问题，书中难免存在一些缺憾。笔者虽在实务部门工作多年，并针对相关领域进行了数次实证调研，也难免有浅尝辄止之嫌，敬请理论界、实务界各位同仁批评指正！

李　恒

2021年3月22日初稿于西南政法大学敬业楼

2022年12月20日修改于四川省成都市府河路苑

2023年8月21日定稿于重庆市渝北区宝圣大道599号

法律法规全称简称对照表

《中华人民共和国宪法》——《宪法》
《中华人民共和国国家安全法》——《国家安全法》
《中华人民共和国反恐怖主义法》——《反恐怖主义法》
《中华人民共和国国家情报法》——《国家情报法》
《中华人民共和国保守国家秘密法》——《保守国家秘密法》
《中华人民共和国反间谍法》——《反间谍法》
《中华人民共和国网络安全法》——《网络安全法》
《中华人民共和国刑事诉讼法》——《刑事诉讼法》
《中华人民共和国刑法》——《刑法》
《中华人民共和国国家情报法》——《国家情报法》
《中华人民共和国人民武装警察法》——《人民武装警察法》
《中华人民共和国国际刑事司法协助法》——《国际刑事司法协助法》
《中华人民共和国突发事件应对法》——《突发事件应对法》

目 录

《中华人民共和国反恐怖主义法》立法解读 ·· 1

第一章　当代恐怖主义活动的形势、特点与应对策略 ············· 11
　　一、当代恐怖主义活动的形势 ·· 11
　　二、当代恐怖主义活动的特点 ·· 16
　　三、当代恐怖主义犯罪的应对策略 ·· 23
　　四、本章小结 ·· 33

第二章　当代恐怖主义犯罪的刑法规制与立法完善 ················· 34
　　一、问题的提出 ·· 34
　　二、当代恐怖主义犯罪的刑法早期化介入 ·· 37
　　三、当代恐怖主义犯罪的刑法规制评价 ·· 40
　　四、当代恐怖主义犯罪的刑法完善建议 ·· 44
　　五、本章小结 ·· 50

第三章　网络恐怖主义犯罪的考察与防范治理路径 ················· 51
　　一、问题的提出 ·· 51
　　二、网络与恐怖主义犯罪相结合的具体表现 ·· 52
　　三、网络恐怖主义犯罪的动向、特征与防治难点 ································ 56
　　四、网络恐怖主义犯罪的防范治理路径 ·· 62
　　五、本章小结 ·· 71

第四章　网络时代"独狼式"恐怖主义犯罪考察与防范治理路径……72

一、问题的提出……………………………………………………72
二、网络时代"独狼式"恐怖主义犯罪理论探讨……………………73
三、网络时代"独狼式"恐怖主义犯罪的特征、原因分析与治理………75
四、本章小结………………………………………………………84

第五章　以情报信息为中心的"靶向"反恐怖机制构建……85

一、问题的提出……………………………………………………85
二、以情报信息为中心的"靶向"反恐怖机制构建的可行性…………87
三、"靶向"反恐怖情报信息搜集内容机制构建……………………93
四、"靶向"反恐怖情报信息分析研判机制构建……………………98
五、本章小结………………………………………………………101

第六章　反恐怖警务执法工作机制构建……102

一、问题的提出……………………………………………………102
二、反恐怖警务执法工作机制构建的合理性与合法性………………102
三、反恐怖扁平化警务运行机制构建………………………………105
四、反恐怖巡逻防控警务机制构建…………………………………110
五、反恐怖应急处置预案机制构建…………………………………112
六、本章小结………………………………………………………118

第七章　非传统安全视野之反恐怖情报信息法源依据与实践路径……119

一、问题的提出……………………………………………………119
二、非传统安全视野之恐怖主义犯罪衍生…………………………123
三、反恐怖情报信息的法源依据与应用价值………………………127
四、反恐怖情报信息的宏观实践路径………………………………131
五、本章小结………………………………………………………138

第八章　国际安全视角之反恐怖情报信息共享与应用价值……140

一、问题的提出……………………………………………………140
二、反恐怖情报信息共享的特征与应用价值………………………141
三、本章小结………………………………………………………147

第九章　国际大型体育赛事反恐怖防控体系构建
　　——以 2022 年北京冬奥会安保为视角 ················· **149**
　一、问题的提出 ··· 149
　二、国际大型体育赛事恐怖主义犯罪特点与趋势分析 ········· 151
　三、国际大型体育赛事反恐怖防控体系构建路径
　　——以 2022 年北京冬奥会为视角 ······················· 155
　四、本章小结 ··· 163

结语：筑牢国家安全防线人人有责 ··························· **165**

参考文献 ··· **168**

后记 ··· **175**

反恐怖斗争事关国家安全，事关人民群众切身利益，事关改革发展稳定全局，是一场维护祖国统一、社会安定、人民幸福的斗争，必须采取坚决果断措施，保持严打高压态势，坚决把暴力恐怖分子嚣张气焰打下去。要建立健全反恐工作格局，完善反恐工作体系，加强反恐力量建设。要坚持专群结合、依靠群众，深入开展各种形式的群防群治活动，筑起铜墙铁壁，使暴力恐怖分子成为"过街老鼠、人人喊打"。要发挥爱国宗教人士作用，加强对信教群众的正面引导，既满足他们正常宗教需求，又有效抵御宗教极端思想的渗透。

——习近平在十八届中共中央政治局第十四次集体学习时的讲话。

《中华人民共和国反恐怖主义法》立法解读

进入21世纪，受国际恐怖活动高发、境内外"东突"势力渗透煽动的影响，中国面临的暴恐活动威胁越发突出。一段时期以来，针对中国的暴力恐怖事件呈多发频发态势，对中国的国家安全和人民生命财产安全构成严重威胁，2015年12月27日，十二届全国人大常委会第十八次会议审议通过《反恐怖主义法》，该法于2016年1月1日起实施。中国是法治国家，制定《反恐怖主义法》是完善国家安全法治建设、推进全面依法治国方略的要求，也是依法防范和打击恐怖主义的现实需要，体现了中国作为一个负责任大国的国际责任。

恐怖主义是影响世界和平与发展的重要因素，是全人类共同的敌人。习近平总书记深刻指出："要建立健全反恐工作格局，完善反恐工作体系，加强反恐力量建设。要坚持专群结合、依靠群众，深入开展各种形式的群防群治活动，筑起铜墙铁壁，使暴力恐怖分子成为'过街老鼠、人人喊打'。"当前，全球恐怖袭击事件多发频发，对暴恐极端人员的刺激示范效应强烈，包括中国在内的很多国家仍面临着恐怖活动威胁。个别人员在境外恐怖势力的拉拢煽动下，实施破坏活动的风险不能完全排除。特别是"东伊运"恐怖活动组织在境外利用互联网发布暴恐音视频，宣扬恐怖主义思想，传授武器使用和制爆技术，不断派遣受训人员潜入中国境内策划实施恐怖活动。受部分国家和地区安全形势影响，中国海外机构、人员面临恐怖威胁的情况时有发生。

反恐怖主义工作事关国家安全、公共安全和人民生命财产安全。党中央历来高度重视反恐怖主义工作，特别是党的十八大以来，习近平总书记统筹国际国内两个大局、发展和安全两件大事，多次发表重要讲话、作出重大决策，为深化中国反恐怖主义工作指明了前进方向，提供了根本遵循。习近平总书记强调："反恐是各国共同义务，既要治标，更要治本。要加强协调，建立全球反恐统一战线，为各国人民撑起安全伞。"[①] 2016年1月，《反恐怖主义法》正式实施，对反恐怖主义工作的体制机制、恐怖活动组织和人员认定、安全防范、情报信息、调查、应对处置、国际合作、保障措施、法律责任等作出了系统规定。2018年，最高人民法院、最高人民检察院、公安部、司法部联合下发《关于办理恐怖活动和极端主义犯罪案件适用法律若干问题的意见》，对相关案件的定罪标准、办案程序、证据使用和工作机制等进一步予以规范。各地也结合地方反恐怖主义工作实际，依法制定了有关反恐的地方性法规。这些法律法规的出台，为打击恐怖活动提供了强有力的法律武器。全国政法机关坚决捍卫国家政治安全，严密防范、严厉打击境内外敌对势力的渗透颠覆破坏活动，全力防范化解网上网下政治安全风险；深入开展反分裂反恐怖斗争，坚决维护祖国统一、民族团结；始终保持对暴力恐怖活动的严打高压态势，加强反恐国际合作，全力打好反恐防恐"组合拳"；全力保障社会安定和谐、人民安居乐业。

一、《反恐怖主义法》在法律体系中的总体定位

《反恐怖主义法》正式颁布前，有关规定散见于关于加强反恐怖主义工作有关问题的决定、刑法、刑事诉讼法、突发事件应对法以及其他法律、行政法规中，难以适应中国反恐怖主义工作的需要。《反恐怖主义法》全面系统规定了有关工作体制机制、法律责任和手段措施，是一部包括权力与责任、实体与程序的综合性法律。

（一）体制机制责任法

反恐怖主义工作涉及多个部门和领域，通过法律的形式明确规定专门工作机构和有关部门的职责任务，有利于加强统筹协调、形成合力，有效防范和应对恐怖主义威胁。《反恐怖主义法》规定了国家、地方反恐怖主义工作领导机构及其办公室的职责任务（第7条），并对公安机关、国家安全机关、外交部门、人民

---

① 习近平. 习近平著作选读（第一卷）[M]. 北京：人民出版社，2023：566.

解放军、武警部队、民兵等部门机构的职责任务作了原则规定（第8条），还规定了相应的保障措施（第八章）以及法律责任（第九章）。

（二）手段措施法

手段措施是反恐怖主义专门工作机构和有关部门顺利完成其职责任务的必要条件。《反恐怖主义法》着重规定了恐怖活动组织和人员的认定（第二章）、安全防范（第三章）、情报信息（第四章）、调查（第五章）、应对处置（第六章）等手段措施。

二、《反恐怖主义法》与相关法律的关系

我国很多法律法规涉及反恐怖主义相关工作，《反恐怖主义法》在制定过程中特别注意其与相关法律法规的关系。

（一）与刑法、刑事诉讼法的关系

为保持刑事法律在体系上的统一性，《反恐怖主义法》未具体规定涉恐行为的定罪量刑，相关问题在《刑法修正案（九）》进行了明确。2012年修订《刑事诉讼法》时，专门针对办理恐怖活动犯罪案件程序增加了采取技术侦查措施、律师会见须经侦查机关许可等七个方面的特殊规定，基本上满足了反恐怖主义斗争的实际需要。同时，鉴于目前反恐怖主义斗争的严峻形势，为进一步解决打击恐怖活动中调查难、管控难的突出问题，《反恐怖主义法》突破了刑事诉讼法，规定了延长刑事拘留期限的措施。

（二）与其他相关法律的关系

经梳理现行法律规定，同时结合反恐怖主义工作实践，《反恐怖主义法》还对现行法律没有规定但反恐怖主义工作需要的手段措施作了规定，如禁止极端主义（第28条）。对现行法律已有规定但不适应反恐怖主义工作需要的手段措施，修改完善后也纳入《反恐怖主义法》，如规定对危险物品制作电子追踪标识，并对生产、储存、运输、销售等流转环节信息进行电子记录、安装定位系统（第22条）。对行政法规已有规定且对反恐怖主义工作有重要作用的手段措施，《反恐怖主义法》将其上升为法律规定，如要求重点目标的营运、管理单位对重要岗位人员进行背景审查（第33条）。考虑到加强居民身份证件管理、房屋出租登

记、出境入境管理等既是反恐怖主义工作的需要，也是其他社会管理工作的基础，全国人大常委会法工委同步修改了居民身份证法、城市房地产管理法、出入境管理法相关条款，并与《反恐怖主义法》同步出台。

三、《反恐怖主义法》的名称与"恐怖主义"的定义

（一）《反恐怖主义法》的名称

该法名称定为《反恐怖主义法》主要考虑因素有：一是鲜明体现标本兼治、系统治理的指导思想。恐怖主义思想是恐怖活动的思想根源，该法的名称既涵盖打击恐怖活动，又强调从源头抓防范的战略性考虑。二是有利于实行全民反恐战略，动员人民群众遏制恐怖主义思想传播，开展反恐怖主义人民战争。三是符合国际惯例，便于开展国际合作。中国缔结、参加的国际公约、条约中也多采用"恐怖主义"的表述。

（二）"恐怖主义"的定义

《反恐怖主义法》将"恐怖主义"定义为"通过暴力、破坏、恐吓等手段，制造社会恐慌、危害公共安全、侵犯人身财产，或者胁迫国家机关、国际组织，以实现其政治、意识形态等目的的主张和行为。"（第3条）在立法过程中，主要有两方面的争议：一是按照中文语意，"恐怖主义"能否包含"行为"。中国缔结或者参加的一些国际公约以及多国法律对"恐怖主义"的定义大都包括思想和行为。二是规定"思想"是否妥当。思想是行为的前提，反恐怖主义的基本方略就是防止恐怖主义思想的形成与蔓延。将恐怖主义界定为思想、言论和行为，就是要明确反对恐怖主义思想，这并不意味着要对思想定罪、惩治，但是对宣扬、传播恐怖主义思想的行为是要防范和打击的。据此，该法将宣扬、传播恐怖主义规定为恐怖活动，《刑法修正案（九）》将宣扬、传播恐怖主义规定为犯罪。

四、《反恐怖主义法》的主要内容

该法共10章97条，对反恐怖主义的基本原则、恐怖活动组织和人员的认定、安全防范、情报信息、调查、应对处置、国际合作、保障措施、法律责任等作了规定。

（一）总则

《反恐怖主义法》第一章规定了国家反对和禁止一切形式的恐怖主义的基本立场（第2条），以及专群结合、联动配合，预防为主、先发制敌等反恐怖主义的基本原则（第4条至第11条）。需要重点说明的原则如下。

1. 国家战略原则

恐怖主义严重危害人民群众生命财产安全，严重威胁国家安全和社会安定，必须从维护国家安全的战略高度，采用综合性、治本性手段开展反恐怖主义工作。

2. 全民反恐原则

根治和有效防范、打击恐怖主义，需要全民参与。《反恐怖主义法》规定，所有单位、个人均负有协助配合反恐怖主义工作、报告恐怖活动嫌疑的法律义务。

3. 人权保障原则

强调依法反恐、保障人权，是为了有效防止公权力滥用，保障人民群众的基本权利，以彰显党和政府以人为本的执政思想。

4. 域外刑事管辖权原则

对于在中华人民共和国领域外对中华人民共和国国家、公民或者机构实施的恐怖活动犯罪，中华人民共和国行使刑事管辖权，依法追究刑事责任。

（二）工作机构与职责

针对以往各级反恐怖工作领导小组办公室依托公安机关难以充分发挥职能作用的问题，《反恐怖主义法》赋予前者公告恐怖活动组织和人员、检查评估反恐怖主义防范、统筹反恐情报信息、应对处理等职责任务。原则性地规定了军队、武警、民兵的反恐怖主义职责任务，为提升反恐怖主义斗争的战略地位奠定了法律基础。

（三）安全防范

"反恐"的重点是"防恐"。《反恐怖主义法》从基础防范措施、禁止极端主义、保护重点目标、管控国（边）境与防范境外风险四个方面规定了安全防范措施，形成了涵盖人员、物品、资金、信息等多方位的安全防范体系。

1. 基础防范措施

《反恐怖主义法》将现行法律没有规定或者规定不够明确具体的宣传教育、

网络安全管理、查验登记运输寄递信息、危险物品管理、防范恐怖主义融资、城乡规划和物防、技防等措施，作为"基础防范措施"进行规定。这些措施既是社会治安整体防控措施，也是防范恐怖主义不可或缺的基础工作和情报信息来源。

2. 禁止极端主义

《反恐怖主义法》对极端主义的行为方式、现场处置措施、法律责任作了明确规定，形成比较完整的防范和打击极端主义的法律制度。

（四）情报信息

针对当前情报信息来源不足、共享不畅，调查措施不力等突出问题，《反恐怖主义法》对情报信息相关工作进行了规定。

1. 理顺了情报信息工作机制

《反恐怖主义法》规定建立国家反恐怖主义情报中心和跨部门情报运行机制，统筹反恐怖主义情报工作。为加强情报搜集，拓展情报来源，情报部门开展反恐怖主义情报信息工作，可以采取技术侦察措施，安全防范工作实行信息化管理并与国家反恐怖主义情报中心联网，实行大数研判应用。

2. 强化了公安机关的调查措施

为加强对恐怖活动的调查和对恐怖活动嫌疑人员的管控力度，切实把恐怖活动摧毁在预谋阶段和行动之前，《反恐怖主义法》规定，公安机关可以根据恐怖活动嫌疑人的危险程度，对其采取约束措施，包括未经批准不得离开指定的住所、区域，不得参加大型群众性活动、商业活动，不得接受特定公共服务或者购买、使用特定物品、设施、设备，定期向公安机关报告活动情况和经济来源情况等，公安机关可以采取电子监控、不定期检查等方式对执行情况进行监督。考虑到恐怖活动犯罪案件普遍面临案情复杂、取证难度大等问题，刑事诉讼法规定的拘留期限难以满足需要，《反恐怖主义法》规定经县级以上公安机关负责人批准，拘留恐怖活动犯罪嫌疑人后提请批准逮捕的时间可以延长至三个月。

（五）应对处置

总结近年来应对处置恐怖事件的经验，《反恐怖主义法》从应对处置机制、措施和恢复社会秩序三个方面作了规定。在应对处置机制方面，该法规定了建立健全恐怖事件应对处置预案体系，明确了指挥长负责制和先期指挥权。在应对处置措施方面，该法详细规定了可以采取的各种应对处置措施，如实施互联网、无线电、通信管制，空域、海（水）域管制等，并针对处置恐怖事件的实际需要和特点，特别规定了使用武器的条件。在恢复社会秩序方面，该法规定了对受害人员的援助补偿以及受损设施的重建，以最大限度恢复社会秩序、降低并消除恐怖事件影响。在信息发布方面，该法规定了恐怖事件发生、发展和应对处置信息的唯一发布机构，即省级反恐怖领导机构。

（六）反恐怖主义国际合作

加强国际合作是防范和打击恐怖主义的必由之路。该法规定了与其他国家、地区、国际组织加强反恐怖主义交流与合作，强化了情报交流与执法合作、刑事司法合作等，并规定通过反恐怖主义国际合作取得的材料可以在行政处罚、刑事诉讼中作为证据使用。

此外，为加强"境外清源"，《反恐怖主义法》规定，经与有关国家达成协议，并报国务院或者中央军事委员会批准，国务院公安部门、中国人民解放军、中国人民武装警察部队可以派员出境执行反恐怖主义任务。

（七）保障措施

《反恐怖主义法》规定，各级政府应将反恐怖主义工作经费纳入同级财政预算。公安、安全、军队、武警要建立专业力量，给予研发和配备专业设备的经费保障。县级以下要建立反恐怖工作力量，协助、配合专业力量。《反恐怖主义法》还规定了因报告和制止恐怖活动，或从事反恐怖主义工作，对本人或近亲属的保护措施；明确了履行职责导致损失、伤残或死亡，单位和个人应当得到补偿或赔偿。

（八）法律责任

《反恐怖主义法》规定了三种情形下的法律责任：一是达到犯罪的恐怖活动按照刑法处理；情节轻微，尚不构成犯罪的按照该法处理。二是针对责任单位金融机构和特定非金融机构、电信业务提供者、互联网服务提供者以及铁路、公路、水上、航空的货运、邮政、快递等物流运营单位，旅店、长途客运、机动车租赁等业务经营者，大型活动场所、机场、火车站、码头、城市轨道交通站、公路长途客运站、口岸等重点目标没有按照该法履职的各种情形，应给予的处罚。对拒不配合甚至阻碍有关部门开展反恐怖工作的，视情节给予罚款、拘留、责令停产停业、吊销证照或者撤销登记等处罚。三是针对反恐怖主义工作领导机构、有关部门的工作人员，发生滥用职权、玩忽职守、徇私舞弊、泄露国家秘密、商业秘密和个人隐私等行为时的处罚办法。

"无法律则无犯罪，无法律则无刑罚，法律是制度化的政治过程中的产物。"[①] 鉴于目前反恐怖主义斗争形势的复杂性与严峻性，为依法惩治恐怖主义犯罪，《反恐怖主义法》在考虑现有法律规定和借鉴国外有效做法的基础上，总结了近年来防范和打击恐怖活动的实践经验，对反恐怖主义工作进行了全面规定。

第一，明确了《反恐怖主义法》的立法目的，坚持将防范和惩治恐怖主义犯罪活动相结合，加强反恐怖主义工作，维护国家安全、公共安全和人民生命财产安全。

第二，对《反恐怖主义法》中的有关概念，特别是恐怖主义、恐怖活动组织、恐怖活动人员和恐怖事件进行了明确的法理界定，对恐怖活动组织和人员的认定程序进行了规范。

第三，全面确立了反恐怖主义工作的基本原则，坚持综合治理、专群结合、分工负责、联动配合，坚持防范为主、惩防结合、先发制敌、保持主动为原则，坚持法治反恐和保障人权并重，构建全民参与、群防群治的反恐怖主义工作格局，兼顾打击与保护、公正与效率、程序与正义，依法防范和惩治恐怖主义。

第四，明确反恐怖主义工作体制机制和法律责任，在国家和地方各级反恐怖主义工作领导机构的统一领导下，公安机关、国家安全机关和人民检察院、人民法院、司法行政机关以及其他有关国家机关，中国人民解放军、中国人民武装警察部队和民兵组织，根据分工，各司其职、各负其责，严格落实责任制，依法做好反恐怖主义工作。

第五，准确把握防范、管控、侦查和打击恐怖主义的基本措施，细化落实网络安全管理、危险物品管理、重点目标防范、国（边）境和出入境管理等一系列安全防范措施，依法适用约束性措施、技术侦查手段和其他调查侦查措施，强化情报信息搜集分析研判应用，实行跨部门、跨地区情报信息工作机制。

第六，更加关注"去极端化"工作，对宣扬极端主义，利用极端主义危害公共安全、扰乱社会秩序、侵犯人身财产、妨害社会管理的行为，以及从事与极端主义活动相关行为的打击处理。

第七，对涉恐、涉极端主义违法犯罪人员社会改造作出相关规定，特别开展对涉恐、涉极端主义违法犯罪人员的帮教、管理和安置教育等工作。

第八，明确应对处置恐怖事件的有关内容，完善反恐怖应急指挥机制、现场指挥权、应对处置措施，规范武器使用、现场信息发布和社会秩序恢复等工作，

---

① [日] 西田典之. 日本刑法总论 [M]. 台北：元照出版社，2012：43.

确保及时有效处置恐怖主义犯罪事件。

第九，提出加强政府与国际组织之间对话、军队武警出境、情报信息交流、执法合作、国际资金监管等反恐怖主义国际合作的有关内容。

第十，规范反恐怖主义工作保障措施内容，包括反恐怖主义工作经费、力量建设、伤亡抚恤、装备技术等保障体系，建立实施证人保护制度等。

五、未来反恐怖主义工作

2001年10月，中国成立了国家反恐怖工作领导机构，统一领导和指挥全国反恐怖工作，办公室设在公安部。在这一领导机制下，外交、公安、国家安全、网信、金融、应急管理等部门，合力开展反恐怖情报信息搜集研判、恐怖活动调查处置、涉恐风险防范应对、去极端化、反恐怖国际合作等工作。各地区也都成立了本地反恐怖主义工作领导机构。面对现实的恐怖主义威胁，党中央、国务院始终高度重视反恐怖主义工作，坚持以人民为中心，统筹发展和安全，贯彻总体国家安全观，切实加强反恐怖工作顶层设计、系统谋划、统一部署，采取了一系列有效措施，积极防范、化解、处置各类涉恐风险。国家反恐怖工作领导小组自2014年5月开始，在全国范围内开展严厉打击暴力恐怖活动专项行动，对恐怖活动组织和人员主动出击、打早打小打苗头、凡"恐"必打、露头就打、依法严惩，取得了显著成效。自专项行动开展以来，全国公安机关把绝大多数恐怖活动摧毁在预谋阶段、行动之前，有效打击了恐怖势力的嚣张气焰。截至2023年6月，全国已连续6年未发生暴恐案事件。

习近平总书记在党的十九大报告中明确指出："中国特色社会主义进入新时代，我国社会主要矛盾已经转化为人民日益增长的美好生活需要和不平衡不充分的发展之间的矛盾。"凡事预则立，不预则废。全国开展严厉打击暴力恐怖活动专项行动至今，反恐怖主义工作战果丰硕，反恐体制机制得到建立健全，基层基础工作得到夯实，合成作战效能得以发挥，挤压了暴恐分子的藏匿空间，形成了露头就打的高压态势，有力维护了政治稳定和治安大局。可以预见，在国家综合施策严厉打击和系统治理暴力恐怖活动、加强反恐国际合作、强化境外清源的背景下，未来一段时期，中国反恐怖主义斗争形势必将出现一些新特点。当前时期，反恐怖主义斗争的主动权仍然掌握在我们手中，但是反分裂斗争依然处于关键时期，境内暴恐活动仍处于能量积聚、对抗反弹、潜藏蛰伏、疆内向疆外蔓延之阶段。中国边疆地区发生暴恐案件的风险依然存在，内地面临的恐怖主义威胁也呈现敌暗我明之势，在一些反分裂斗争的重点地区，随时存在发生暴恐案事件的风险。《国家安全战略（2021—2025年）》指出，必须坚持把政治安全放在首要位置，统筹做好政治安全、经济安全、社会安全、科技安全、新型领域安全等重点领域、重点地区、重点方向的国家安全工作。要坚定维护国家政权安全、制度安全、意识形态安全，严密防范和坚决打击各种渗透颠覆破坏活动。

在未来，必须深入贯彻习近平总书记关于反恐怖主义工作的重要指示精神，全面贯彻新时代党的治疆方略，增强"四个意识"、坚定"四个自信"、做到"两个维护"，保持严打高压态势不动摇，凡"恐"必打、露头就打，更加注重打防结合、源头预防，更加注重标本兼治、综合治理，更加注重法治思维、精准施策，切实把反恐怖主义斗争各项措施抓实抓细抓落地，努力实现更有利于长治久安的根本性变化。做好反恐怖主义工作、确保国家政治安全和社会大局稳定具有特殊的重要意义，要强化情报预警、坚持主动进攻，坚决把暴恐威胁制止在萌芽状态、未发阶段。要始终保持严打高压态势不动摇，切实下好先手棋、打好主动仗，注重情报主导、先发制敌，强化案件深挖、重点攻坚，持续开展严打暴恐专项行动及暴恐音视频清理整治等专项工作，坚决打掉暴恐现实威胁，绝不能让来之不易的稳定形势发生逆转。要发扬斗争精神，坚持国家利益至上，筑牢口岸边境防控防线，加强国际反恐怖主义合作，坚决反对在反恐问题上的"双重标准"，坚决粉碎"以恐乱华""以疆制华"的图谋，坚决把暴恐威胁阻挡在国门之外。要强化整体防控、坚持防范在前、关口前移，深化推进反恐怖主义防范标准建设，常态化开展涉恐隐患排查整治，全面落实人防、物防、技防措施，切实做好反恐怖主义应急处置准备，筑牢社会面整体防控的铜墙铁壁，最大限度防范和遏制暴力恐怖案事件的发生。要全面强化反恐怖主义社会宣传教育，着力增强宣传教育的针对性、灵活性，扩大宣传教育的覆盖面和影响力，推动形成群防群治、联防联控的反恐防恐整体合力。要强化法治思维、坚持标本兼治，大力推进反恐维稳法治化、常态化，着力消除诱发暴恐活动的安全风险。要深入推进"去极端化"工作，强化网上有害信息监测清理，坚决切断宗教极端思想传播渗透渠道。要在精准打击防控、精准管理服务上下功夫，完善有关防范化解重大风险隐患机制，加强矛盾纠纷调处化解，严防发生暴恐和个人极端暴力案事件。

第一章　当代恐怖主义活动的形势、特点与应对策略

一、当代恐怖主义活动的形势

（一）国际反恐怖主义斗争态势

当今世界局势错综复杂，恐怖主义问题由来已久，恐怖主义威胁也将长期存在，反恐怖主义工作任重而道远。现代恐怖主义一般认为源自20世纪60年代末，到了20世纪七八十年代，恐怖袭击以爆炸、绑架、暗杀等活动最为突出，并出现劫机、汽车炸弹、地铁爆炸等针对交通工具与交通设施的恐怖袭击手段。仅1970—1972年，世界范围内就发生196起劫机案。据不完全统计，在1970—1979年的10年间，全世界因恐怖袭击致死的人数达4000人，年均400余人；20世纪80年代全世界共发生近4000起恐怖活动，比70年代增加了30%，死亡人数翻了一番。恐怖袭击的目标和范围也已超出国界，开始形成跨国恐怖主义犯罪活动。[1]冷战及以前的恐怖活动主要集中在中东、南亚、拉美和西欧，冷战结束后的恐怖主义异常活跃，开始向全世界蔓延。从非洲的马里、尼日利亚、索马里到中东地区的沙特阿拉伯、叙利亚、伊拉克与巴勒斯坦，从俄罗斯到中亚五国，从南亚的巴基斯坦、阿富汗、斯里兰卡到东南亚的马来西亚、新加坡、印尼，以及南美的智利、秘鲁和哥伦比亚，恐怖主义组织与恐怖分子的身影随处可见。[2]

2021年10月，经济与和平研究所（Institute for Economics and Peace）公布的《全球恐怖主义指数（2020）》（Global Terrorism Index 2020，GTI 2020）中的全球遭受恐怖袭击数据库，对包括中国、美国、俄罗斯等在内的全球138个国家和地区未来面临的恐怖袭击风险进行了危险性评估。美国得分为5.260，全球威

---

[1] 李伟，范娟荣，杨溪.国际反恐合作的中国方案[M].北京：五洲传播出版社，2019：10.
[2] 冯卫国，兰迪，苟震.反恐怖与去极端化前沿问题探究[M].北京：中国政法大学出版社，2018：70.

胁评估排名第29位；俄罗斯得分为4.542，全球威胁评估排名第39位；中国得分为3.587，全球威胁评估排名第53位。据GTI统计，2019年全球共计1.3826万人死于恐怖袭击，全球63个国家遭受致命的恐怖袭击，直接经济损失264亿美元。全球各地发生多起严重的恐怖袭击事件，造成大量无辜平民伤亡。全球泛伊斯兰主义、泛突厥主义思潮泛滥，美国全球反恐战线欲收而不得。中东、撒哈拉以南、非洲和北非地区还面临着极端主义最严重的暴恐袭击。世界各国面临的恐怖主义威胁空前加大，暴力恐怖袭击事件多发频发，国际恐怖主义活动进入高发期，对中国境内恐怖分子的刺激和示范效应不容低估。

2019—2020年，"达伊沙组织"（也称"伊斯兰国""IS组织"）、索马里"青年党"和"博科圣地"等多个恐怖组织实施的数起暴恐袭击，共计造成10632人死亡。[①]"IS组织"异军突起，持续蛊惑煽动全球穆斯林袭击"异教徒"，不断在各大互联网社交平台发布暴恐音视频和电子书，散播宗教极端思想，煽动全球穆斯林"用石头、刀、卡车等一切可能的方式袭击异教徒"，声称将持续在人口密集场所发动袭击。"IS组织"还加大传授制枪制爆技术、毒气等使用方法，并企图将电子设备改造成爆炸装置袭击客运航班。可以看到，当今国际社会相互依存程度越来越高，利益交织越来越复杂，恐怖活动所引起的恐怖效应也呈现出"牵一发而动全身"的连锁反应，没有任何一个国家可以超脱于外而高枕无忧。[②]当前，国际反恐怖主义斗争形势仍然严峻，恐怖活动组织与人员持续在全球为非作歹，暴恐行动规模越来越大，民众死伤越来越惨重。"IS组织""基地组织"势头依然强劲，实施恐怖袭击的主要方式包括爆炸、劫持人质、武装袭击、暗杀、攻击基础设施等。反恐怖主义工作的有效性取决于国家对社会矛盾与冲突的解决能力，而恐怖目标与恐怖后果的国际化则说明当代国际恐怖主义问题的根源具有国内社会矛盾与国际社会矛盾的双重属性，这些问题都迫切需要国家与国际组织的共同努力应对。[③]面对日益严峻的国际恐怖主义犯罪活动，世界各国纷纷采取了一系列措施来加大打击恐怖主义的力度，逐渐压缩了恐怖活动组织与人员的生存土壤。

随着新冠病毒疫情全球性蔓延，特别是新变异株奥密克戎的出现，给全球防疫带来了新挑战。在亚洲，新冠病毒疫情下恐怖分子变得更加"活跃"。据美

---

① Global Terrorism Index 2018: Measuring the Impact of Terrorism, IEP Report, No.63, Sydney, New York, Brussels and Mexico City: Institute for Economics and Peace, November 2018[EB/OL].(2018-12-11)[2019-01-11].http://economicsandpeace.org/reports/Global-Terrorism-Index-2018.pdf.
② 刘跃进. 国家安全学[M]. 北京：中国政法大学出版社，2016：272.
③ 冯卫国，兰迪，苟震. 反恐怖与去极端化前沿问题探究[M]. 北京：中国政法大学出版社，2018：70-73.

国"军事时报"网站报道，疫情期间，极端组织"伊斯兰国"在伊拉克和叙利亚大规模开展恐怖袭击活动。伊拉克高级情报官员称，疫情暴发前，恐怖袭击每周至多一次，疫情期间增长至少 5 倍，月均约达 20 次。自疫情暴发以来，"伊斯兰国"通过夜间袭击、埋雷、绑架等手段在伊拉克西部和北部的逊尼派省份、叙利亚东部以及叙伊 600 公里长边界沿线人迹罕至的山区地带活动。经济与和平研究所发布的《全球恐怖主义指数（2021）》（GTI 2021）指出，2021 年南亚仍然是平均得分最低、威胁程度最高的区域，该区域有 1829 人死于恐怖袭击，比前一年增加了 8%。巴基斯坦是亚洲受恐怖主义影响最严重的国家，2021 年死亡人数上升至 275 人，比 2020 年的 263 人增加了 5%。巴基斯坦信德省、俾路支省、开普省等，发生恐怖袭击事件造成数千人死伤，其中有多起是针对安全人员的报复性袭击。2021 年缅甸遭受恐怖主义袭击的死亡人数增幅最大，从前一年的 24 人增加到 521 人。缅甸也首次进入受恐怖主义影响最严重的十个国家之列。近年来，缅甸政治动荡是造成恐怖主义增加的重大原因，很可能在未来进一步加剧。

在疫情较重的欧美地区，暴恐分子发起的恐怖活动频次同样呈上升趋势。"9·11"事件发生后，国际安全形势发生深刻变化，欧洲、美洲等地发生多起严重恐袭事件。美国总统拜登上台后，伴随美国全球战略收缩，以及国内种族主义、民粹主义日趋恐怖主义化，美国反恐重点转向本土。而一向被认为相对安全稳定的欧洲也成为遭受恐怖袭击最多的地区之一。在疫情期间，"伊斯兰国"和其他极端组织呼吁使用"一切可用手段"在处于欧美地区的西方国家发动袭击并增加频次。2021 年 GTI 数据指出，恐袭威胁指数排名前十的国家中，欧洲就占据 6 个。2021 年，"伊斯兰国"仍然是全球最致命的恐怖组织之一。"伊斯兰国"及其附属组织"呼罗珊省伊斯兰国"的实力和影响力仍然不容小觑。欧洲刑警组织公布的《2021 年欧盟恐怖主义形势和趋势报告》显示，欧盟和英国境内发生各类恐怖袭击事件共 119 起，造成 10 人死亡、27 人受伤，逮捕犯罪嫌疑人 1004人。德国共遭受 19 起恐怖袭击，是所有西方国家中受恐袭次数最多的国家。意大利共发生 6 起恐怖袭击事件，大多数由左翼或右翼极端意识形态驱动。可以看到，恐怖主义依然是欧美地区面临的最大的非传统安全威胁。

（二）中国国内的反恐怖主义斗争态势

当前，国际形势波谲云诡，周边环境复杂敏感，国内改革发展稳定任务艰巨繁重。中国面临的恐怖威胁主要来自以"东突"为代表的"三股势力"，即民族分裂势力、宗教极端势力和暴力恐怖势力。分裂国家是"三股势力"要达到的目标，极端思想是其借助并利用的宗教、民族、文化等外衣，而恐怖活动则是其实现分裂的工具。本质上，"东突"即是民族分裂、宗教极端和暴力恐怖的"三合"结果。长期以来，"东突"势力企图将新疆从中国分裂出去，建立所谓的"东突厥斯坦国"。它们在中国境内外谋划、组织、实施一系列爆炸、暗杀、纵火、投毒、袭击等恐怖事件，严重危害了全国各族人民群众的生命财产安全和社会稳定，并对有关国家地区的安全与稳定构成威胁。

随着社会经济的不断发展，各种新的风险和突发事件不断涌现，新疆和内地重点地区发生重大暴恐活动的可能性不容低估，因偶发事件、社会矛盾等不确定因素引发群体性事件的可能性依然存在。在疆内暴恐活动外溢和"伊吉拉特"出境势头加剧的叠加影响下，暴恐分子借道内地非法出境、就地"圣战"的威胁加大，内地发生暴恐活动的可能性明显增大。笔者实地调研发现，目前，"东伊运"等恐怖极端势力极力煽动勾结，对中国境内暴恐活动刺激影响加大。境内暴恐分子"干大事""干成事"的意图依然明显，疆内暴恐案件虽已由多发频发转变为总体可控的态势，但极端分子实施暴恐行动的倾向持续不减，内地重点省市发生暴恐案件的风险仍然存在。恐怖主义在中国的存在不是偶然的，而是有着复杂的社会背景，是境内与境外、历史与现实、网上与网下等多种因素相互交织、长期积累形成的。新疆特别是南疆地区宗教极端思想由来已久，滋生暴恐活动的历史积淀深厚，对恐怖主义的打击不可能毕其功于一役。同时，恐怖主义分裂破坏活动也随着国际国内大环境的变化而变化。

一方面，中国长期面临恐怖主义威胁挑战。第一，1990—2016 年，在中国境内特别是新疆地区，发生的暴恐袭击事件造成人员伤亡和经济财产损失。暴力恐怖犯罪活动的"活跃期"、反分裂斗争的"激烈期"、干预治疗的"阵痛期"，"三期叠加"特征并没有发生根本性变化。第二，恐怖主义威胁已经对新疆地区人民的生产生活和社会发展构成了严峻挑战，导致该地区文化旅游产业收入、经济项目投资不断下降，单纯依靠经济支持难以从根本上解决恐怖主义犯罪的现实问题。第三，中国面临恐怖主义、极端主义等意识形态领域挑战，与国际恐怖主义长期遥相呼应，恐怖组织已经由主要利用"民族认同"转向利用"宗教认同"来挑起事端。一段时期以来，"东突"势力实施的恐怖活动形态越来越与国际恐怖势力接轨，以"极端主义"和"独立建国"为主导思想，以自杀式恐怖袭击为主要手段，以普通民众、基层政权及执法维稳力量为重点攻击目标。据媒体公开报道，2014 年 7 月 28 日凌晨，新疆莎车县一伙暴徒持刀斧袭击艾力西湖镇政府、派出所，并有部分暴徒窜至当地乡镇，打砸焚烧过往车辆，砍杀无辜群众，造成

37人死亡（汉族35人、维吾尔族2人）、13人受伤，并烧毁汽车6辆、打砸汽车25辆。途经此地的嫩巴克乡乡长和乡纪委书记严厉斥责暴徒行径，惨遭杀害。2016年12月28日，4名暴徒驾车冲入新疆墨玉县县委大院，引爆自制爆燃装置，造成1人死亡、3人受伤。

另一方面，中国当前面临的恐怖主义威胁来源众多。一是以"东伊运"为首的"东突"恐怖势力与其他国际恐怖势力相互勾结、里应外合，积极充实自身实力，不断招募和培训人员，预谋指挥、策划在中国境内实施暴恐活动。二是流亡在国外的"世维会"组织骨干成员，积极拉拢纠结流窜在欧美国家的零散"东突"恐怖组织势力，图谋在中国境内实施"文煽"和"武扰"，与其他反华分裂势力相勾结，以"人权""宗教"为重心，大肆抹黑与攻击中央政府的治疆政策。2017年上半年，"世维会"头目多里坤分别在北塞浦路斯和德国柏林召开两次所谓的"战略研讨会"，提出要统合境外"东突"势力，建立武装力量，为在新疆发动暴力行动做准备。2018年3月10日，"世维会"原头目之一塞依提·土木吐鲁克率领400名"东突"分子着军装持枪录制了暴恐视频，扬言对中国发动恐袭。2019年3月，"世维会"原头目热比娅在网上发布一段音频称，"东突教育与互助协会"（简称"教协"）与"东伊运"恐怖组织勾结向叙利亚输送"圣战"分子。此外，"世维会"还联合"教协"帮助在埃及的中国新疆籍恐怖分子向荷兰、土耳其转移，帮助在马来西亚、泰国等地的中国新疆籍恐怖分子向土耳其转移，经土耳其输送至叙利亚等地参加"圣战"。三是"IS组织"肆虐全球后，境内非法出境参加国际恐怖组织培训的人员开始陆续"回流"，潜在风险逐渐增大。四是境内暴恐分子和极端宗教人员受境外"东突"势力暗中蛊惑、煽动、窜联、指挥，成立数支暴力团伙和小型恐怖组织，现实威胁不容低估。中国现代国际关系研究院李伟等学者指出，前几年，中国境内出现的一些名为"伊吉拉特"的恐怖活动行为屡见不鲜。它们与境外恐怖势力相勾连，对外输送偷渡人员，如出境到中东参加"伊斯兰国"，或到南亚、东南亚、西亚等地加入"基地""伊斯兰国"分支，或到欧洲加入"世维会"等恐怖组织，一部分人员还通过东南亚国家"回流"伺机潜伏。"伊吉拉特"原意为"迁徙"，恐怖分子将"迁徙"和"圣战"进行捆绑，煽动穆斯林离开故土，鼓吹通过实施恐怖活动来完成"迁徙圣战"。前些年，新疆破获的暴力恐怖案件中，90%以上案件中的恐怖分子都受到"伊吉拉特"极端思想毒害。2014年，乌鲁木齐市"5·22"严重暴力恐怖案件，就是团伙成员在观看"东伊运"制作的"伊吉拉特"暴恐音视频后实施的犯罪。① 五是国际

---

① 李伟，范娟荣，杨溪. 国际反恐合作的中国方案[M]. 北京：五洲传播出版社，2019：163-165.

恐怖势力的渗透滋扰依然严峻复杂。①

2020年肆虐全球的新冠病毒疫情，严重威胁各国人民的生命与财产安全，也让"生物安全"这个在舆论中稍显陌生的词语成为焦点话题。党的十九届四中全会将国家安全体系纳入国家治理体系，强调健全国家安全体系是完善和发展中国特色社会主义制度的内在要求，是提高国家安全能力的重要保证。② 当前，国际生物安全形势正从温和可控状态转向异常复杂严峻。生物安全问题特别是生物恐怖、生物武器等威胁已成为全世界、全人类面临的重大生存与发展问题。

综上可见，中国面临的恐怖主义问题历来受到国际反恐格局与形势变化的影响，这不仅仅是与恐怖主义的斗争，也是与西方反华势力的政治斗争。据美国国家民主基金会（NED）年度资助项目统计，近几年来，NED持续加大资金资助"世维会"等"东突"组织。2017年度，NED对"东突"组织的资助额为55.6万美元，2018年度为66.9万美元，2019年度为96万美元。NED自称是一个非党派、非政府机构，实际上其主要资金来自于美国国会的拨款。在错综复杂的形势下，当代恐怖活动也出现了一些新特点。

二、当代恐怖主义活动的特点

（一）国际恐怖主义活动对中国国家安全的影响

第一，结合近年来欧美地区重大恐袭案以及对恐怖活动组织能力与发展的分析可以发现，就攻击方式而言，部分恐怖袭击已较少像以往那样在攻击前有扩展性的行动规划，"独狼式"恐袭较少与国际恐怖主义组织有关联，更多采取的是一种小范围攻击，更多使用简易爆炸装置、炸药与小型武器。就攻击目标而言，政府、人员密集地、飞机等交通运输工具、公共场所以及重大关键基础设施仍是恐袭重点。欧洲、中东、南亚、东南亚等地区近年连续发生多起严重恐怖袭击事件，造成重大人员伤亡和经济财产损失，对中国境内恐怖组织的刺激和示范效应不容低估。境外"东伊运"加紧与国际恐怖极端组织"合流"，不断加大向中国境内派遣人员力度，特别是恐怖分子打着"民主""自由"的旗号，歪曲是非、煽动造势，宣传宗教极端思想、制作传播暴恐音视频、非法出境参加"圣战"培训，蛊惑不明真相的信教群众参加极端组织。

---

① 肖君拥，张志朋．中国国家安全法治研究四十年：回眸与展望 [J]．国际安全研究，2019（1）．
② 新华网．受权发布中国共产党第十九届中央委员会第四次全体会议公报 [EB/OL]．（2019-10-31）[2020-11-02]．http://www.xinhuanet.com/politics/2019-10/31/c_1125178024.htm．

第二,受"东伊运"叙利亚分支遭受打击的影响,"东伊运"向中国周边转移渗透和派遣人员"回流"入境动向突出。虽其制作发布暴恐音视频数量持续减少,但拉拢境内部分少数民族大学生接受极端思想蛊惑参加"圣战",煽动对中国海外目标实施袭击威胁持续增大。情报信息线索整体呈现出"境外煽动境内,境内联系境外,境外指导境内"的态势。"世维会"等"东突"组织、敌媒借机滋扰煽宣活动仍然较为频繁。"世维会"利用"一带一路"倡议等敏感热点事件,策划在中国驻外使领馆举行游行示威活动。同时,为谋求西方反华势力支持,热比娅等积极窜访美国、拉拢日本谋求支持,利用国际媒体极力为"伊吉拉特"出境、加入"IS组织"的暴恐分子辩护。

第三,国际热点地区恐怖活动仍高温不退,对中国境内暴恐活动刺激影响加大。一方面,中东地区反恐怖形势更趋复杂严峻。"IS组织"异军突起,其寻求建立地跨亚、欧、非地区的政教合一"伊斯兰哈里发国家"。与此同时,中东乱局的"磁吸效应"发酵,致使各类恐怖组织之间的勾联聚合性不断增强。2017—2019年,伊叙乱局已吸引数十万名极端分子赴叙参战,这些人一旦"回流"母国,将严重威胁有关国家安全与社会稳定。另一方面,非洲地区恐怖活动高位运行的趋势不减,数量已超过南亚。尼日利亚"博科圣地"、索马里"青年党"等恐怖活动组织频频针对尼日利亚、索马里政府、学校、人员密集场所和外国人等实施枪杀、爆炸和绑架。值得注意的是,在严峻复杂的国际反恐形势背景下,特别是在中东局势进一步严峻的情况下,以"IS组织"为代表的国际恐怖极端势力不仅对中东及全球反恐情势产生深远影响,而且以叠加的"磁吸"和"外溢"效应向外扩散,对中国境内暴恐极端势力产生一定的刺激示范作用,同时,中国海外利益安全事件也时有发生。

(二)新冠病毒疫情下国际恐怖活动的新变化

疫情期间,各国忙于应对新冠病毒带来的挑战,国际恐怖主义活动组织与人员"趁火打劫",主要体现在恐怖势力滥用新型技术、恐怖活动借助网络空间变得更为隐蔽猖獗。

第一,全球反恐怖主义斗争受疫情影响有所减缓,潜在恐怖主义袭击出现新表现。为减缓新冠病毒疫情带来的损失,减少病毒"人传人"扩散,很多国家采取了限制人员流动的措施,此类措施在一定程度上可能引发潜在的安全威胁。据美国广播公司消息,美国土安全部表示,新冠病毒疫情的暴发正在创造潜在恐怖袭击的新形式,其中包括恐怖分子对杂货店,甚至对新冠病毒检测点下手。新冠病毒疫情引发的隔离、裁员等后果或对个人造成压迫感，从而埋下一定矛盾隐患，极端分子利用公众对疫情及病毒的恐惧，利用公众对限制措施的不满，宣扬极端思想，制造紧张的社会氛围，进一步蛊惑煽动暴力行为，以此来宣扬极端主义意识形态。国际恐怖活动组织充分利用网络的全球性、共享性、便捷性、开放性和即时性等特点开展活动，例如"伊斯兰国"的支持者们利用新冠病毒疫情期间互联网监管能力暂时下降的契机，在 Telegram 等社交平台壮大势力，发展其他网络社交平台，建立多重账户发布暴恐音视频等信息。

第二，新冠病毒疫情使得国际社会反恐力度下降。各国多将重心放在抗疫及恢复经济方面，反恐资源投入相比有所减少，恐怖势力面临的外部压力尤其是军事压力有所减缓。一方面，一些国家的军队重心任务因疫情发生改变，承担更多非军事职能而非反恐作战，且欧美各国及其地区同盟反恐预算逐年降低，也直接影响到当地的反恐力度。另一方面，疫情下各国组织的反恐实战训练及部署行动受限，疫情增加了军队士兵感染的风险，士兵多固守军营。在中东，由美国主导的国际反恐联盟针对"伊斯兰国"的打击及对伊拉克安全部队的援助与培训都因疫情的影响而暂停。美、英、德、法、澳等国军队先后从伊拉克撤出，伊拉克一些城镇和农村成为安全真空地区。世界卫生组织宣布新冠病毒为大流行病后，"伊斯兰国"在埃及、尼日尔、尼日利亚、菲律宾、索马里和也门等多国连续发动重大暴恐袭击。

第三，新冠病毒疫情潜在"推动"了极端意识形态扩散。疫情期间，由于封锁和隔离使得民众接触外界信息的渠道主要为互联网。极端主义传播者利用社交媒体通过"洗脑化"的方式传播其意识形态思想，吸纳、招募组织成员，鼓励成员通过各种方式实施恐怖活动。恐怖分子在网上制造宣传极端主义言论，部分极右恐怖组织在社交平台上大肆利用新冠病毒疫情宣传仇恨、种族主义和阴谋论，指责特定种族或少数民族群体是该病毒的罪魁祸首。主张通过个体的大规模暴力行为，最大限度扩大由新冠病毒引起的混乱。以"伊斯兰国"为例，该组织作为近年迅速崛起的新兴极端组织，在网络恐怖活动中表现异常活跃，在推特、脸书等社交媒体上注册账号、建立网页，使用英语、俄语、阿拉伯语等多种语言向全球宣扬有关疫情的极端主义言论，制作并发布恐怖血腥视频，采用移花接木、无中生有等手段凭空捏造与事实不符的疫情防控音视频。例如，将新冠病毒作为武器，敦促受感染的极右翼支持者去当地犹太教堂，拥抱尽可能多的犹太人，或在公交车等交通工具上咳嗽，去银行换取小面额纸币，将病毒传染到纸币上后再去购物，等等。

第四,新冠病毒疫情导致恐怖主义致死人数略有下降,基于政治动机的恐怖活动数量大幅度上升。一方面,受疫情影响,恐怖活动组织与人员的"矛"更多地指向了"线上"。2021年,全球遭受恐怖袭击死亡人数为7142人,较之前下降1.2%。死亡人数小幅下降同时,恐怖主义影响也有所降低。全球有86个国家或地区的情况有所改善,俄罗斯和欧亚大陆地区的改善最大,但有19个国家或地区情况继续恶化。全球遭受恐怖袭击的次数增加了17%,达到5226次。① 另一方面,出于政治动机的恐怖活动现已超过基于宗教极端思想或动机的恐怖活动,受疫情影响的三年中,有政治动机的恐怖袭击数量是有宗教动机的恐怖袭击数量的5倍。现在极左和极右极端主义意识形态之间有明显的相似之处,都以政府或政治人物为首要目标。这是因为西方的恐怖主义与新冠病毒全球大流行同时发生,对行动自由、公众集会、旅行限制以及对个人健康的直接威胁,渗透到当地政权领导人。恐怖活动组织与人员利用防疫措施"添油加醋",甚至展开游行等非法活动惑乱民心,以达到扰乱当地政治的目的。

(三)中国面临的国内反恐怖主义斗争特点

1. "三股势力"是破坏新疆地区社会稳定与发展的毒瘤

第一,"世维会"打着"民主""人权""自由"等旗号,妄图使中国"新疆问题""国际化""人权化""政治化",暗中筹建"东突流亡政府",企图效仿达赖集团打造政治流亡实体"政府",同时不断利用社会矛盾煽动民族仇恨,并一手策划制造了"7·5"事件。同时,"世维会"对新疆民众进行思想文化渗透,将一些私自编撰、制作的资料和音像制品通过各种渠道输入新疆,大肆进行歪曲历史的宣传。20世纪90年代初,新疆地区的民族分裂主义、宗教极端主义、暴力恐怖主义等问题逐渐突出,民族分裂主义和宗教极端思想已成为当地滋生恐怖活动的根源性因素。以分裂新疆为目的的恐怖主义威胁以及在海外活动的"东伊运"是我国面临的主要的恐怖主义威胁。2003年12月,公安部发布了我国认定的"东突"组织与恐怖主义分子名单,其中四个恐怖主义组织分别是"东突厥斯坦伊斯兰运动""东突厥斯坦解放组织""世界维吾尔青年代表大会""东突厥斯坦新闻信息中心"。这些涉疆恐怖势力一般采取境内外活动相配合的方式活动,并且与中亚地区许多恐怖主义、极端主义与分裂主义三股势力互有联系。② 同时,

---

① 经济与和平研究所. 2022年全球恐怖主义指数[EB/OL]. (2022-09-06)[2023-11-27]. https://www.economicsandpeace.org/reports/wp-content/uploads/2022/03/GTI-2022-web-09062022.pdf.
② 赵红艳. 总体国家安全观与恐怖主义的遏制[M]. 北京:人民出版社,2018:61.

与国际层面宗教极端泛滥的背景一致，近年来宗教极端也成为滋扰中国发展的一个突出问题，这一问题在西北边疆地区表现得尤为明显。其主要表现为：伊斯兰教义被歪曲，部分民间伊斯兰复兴运动被引向极端主义泥潭；伊斯兰"圣战"思想被夸大解读，伊斯兰复兴思潮滑向政治化、极端化；"基地""伊斯兰国"等恐怖组织发展壮大，将伊斯兰极端主义引向全球等。由于历史、地理、文化等多重因素的交织作用，我国西北边疆特别是新疆地区成为宗教极端化思想渗透、毒害的重灾区，宗教极端思想也成为催生暴恐活动的温床和土壤。①

第二，"东伊运"极力策划煽动实施暴恐活动。"东伊运"是艾山·买合苏木外逃后，于1997年在巴基斯坦部落地区建立的国际恐怖组织。"东伊运"是我国境内外50多个"东突"组织中，最具有危害性的恐怖组织之一，也是我国面临的主要恐怖主义威胁之一。以"东伊运"为首的"东突"恐怖势力，在境外打着"民族""宗教"的幌子，不断争取国际敌对势力的支持与资助、派员潜入境内实施恐怖活动的同时，还不断强化网络建设。2003年以来，中国与巴基斯坦军方密切配合，先后击毙三任主要头目，但其活动一直没有停止，现已初步建立了以巴基斯坦和阿富汗交界山区为中心、以土耳其为"中转站"、辐射中国周边地区的组织网络，相继在互联网上自建了"荷兰自由电视台""东突厥斯坦维吾尔电视台""维吾尔之声广播电台"等媒体宣传平台，在网上策动非法宗教活动，煽动和宣扬宗教极端主义思想，大肆发布恐怖音视频，在恐怖音视频中鼓动穆斯林对"异教徒"开展"圣战"，进行"圣战迁徙"活动，并鼓动恐怖分子用自制武器来实施恐怖行为，极力宣扬"圣战进天堂"，极力利用恐怖音视频宣扬"圣战"等极端思想，传授恐怖犯罪方法，煽动实施爆炸、暗杀、投毒和"独狼式"袭击等恐怖活动。2015年以来，中国警方已经抓获多个在境外受训、有过实战经验的恐怖分子。他们由境外"东突"势力遣返回国，准备在国内实施恐怖活动。例如，石家庄商场爆炸未遂案的实施者，恐怖分子艾克拜尔，就在叙利亚接受过"东伊运"组织的暴恐袭击训练。

第三，"伊吉拉特"等极端团伙不断制造暴力恐怖事件。"伊吉拉特"原意是指学习"先知"穆罕默德在公元622年前往麦地那的迁徙，将为真主及其使命服务、帮助伊斯兰及"沙里亚法"的"良民"迁移到适宜伊斯兰教成长与发展的地方。但随着伊斯兰复兴运动的开展，"迁徙"的概念被扩大为离开故土，向不信仰真主的社会开战，攻击现有社会体系。"伊吉拉特"在近现代已经表现出极端

---

① 冯卫国，兰迪，苟震. 反恐怖与去极端化前沿问题探究[M]. 北京：中国政法大学出版社，2018：73.

化，并以"迁移"为手段，以"圣战"为目的，使恐怖主义向全球蔓延。①1997年以来，"东伊运"为招募补充人员，极力鼓动境内人员参加"伊吉拉特"活动，导致"伊吉拉特"团伙明显增多，有的"迁徙"至境外参加"圣战"，有的"迁徙"不成则就地"圣战"。目前来看，境外"东伊运"利用恐怖音视频对境内人员进行思想发动和技能培训，利用"伊吉拉特"活动补充人员和搭建境内外勾连渠道；小型团伙成为境内暴恐活动的主要行动力量，亲属、同乡成为拉拢蛊惑的主要对象，宗教极端思想成为团伙的精神支柱，恐怖音视频成为团伙成员的行动指南，团伙成员被"圣战"思想洗脑后，唯死不恐、甘于送命。②

2. 中国反恐怖斗争正处于关键时期

一方面，在严打高压态势下，暴恐活动呈现出新特点。一是境外煽动策划暴恐活动行为更加频繁。二是疆内预谋实施暴恐活动苗头隐患明显增多。近年来，新疆不断加大"挖存量、减增量、铲土壤"专项行动工作力度，稳步推进各项反恐维稳措施，确保了社会大局总体稳定。新疆暴恐极端活动总体处于活跃态势，虽有所下降，但暴恐极端分子殉教"干大事"意愿强烈，疯狂反扑、伺机报复概率依然很大。从近年来公开报道的案件来看，查获的爆炸装置、制爆物品数量较多，"多点多批次"和"人车弹刀"组合式袭击手法被大量采用，"冷热兵器"交叉对抗程度明显升级，破坏程度大大增强。三是内地滋生、诱发暴恐活动的现实威胁日益突出。目前，恐怖活动的一个主要特点是恐怖活动组织与人员，利用便利的通信技术跨国、跨地域暗中勾连，涉恐案件涉及十几个省甚至境外、涉案人员上百人的案例屡见不鲜，对反恐专业部门的情报侦查能力提出了严峻挑战。首先，从筹划建立分支、招募培训人员到策划、指挥、实施具体行动，许多大型国际恐怖活动组织都能够将这些行为分散至全球多个国家、地区予以完成。其次，恐怖犯罪合作的国际化。为了对抗联合反恐阵线，不少恐怖组织选择相互协调配合联合作战，分享情报、武器、人员、技术等条件和资源，从而形成了恐怖犯罪的国际合作网。恐怖主义组织还与跨国犯罪集团相勾结、互通有无，恐怖组织向跨国犯罪集团提供保护，跨国犯罪集团向恐怖组织供给物质资源。最后，在"9·11"事件前，"基地"组织还可以从伊斯兰国家地区（尤其是沙特）众多合法的慈善组织获得大量资助，还在苏丹、阿富汗等地建立规模可观的企业从事合法经营来获得资金。但是，随着"9·11"事件后全球合作开展反恐斗争，恐怖主义在资金、人员、物资的获取

---

① 王振华. 反恐怖防控与处置研究 [M]. 北京：中国人民公安大学出版社，2019：90-98.
② 严帅，李伟，陈庆鸿. 当前国际反恐战略态势 [J]. 国际研究参考，2019（3）.

和流动方面均受到严密监控，利用公开合法的渠道和取得某些国家政府的支持变得极其困难，甚至寸步难行。①

另一方面，暴恐活动威胁从新疆向内地蔓延扩散。例如，2013年北京天安门金水桥"10·28"暴恐案，2014年昆明火车站"3·01"暴恐案、乌鲁木齐"4·30"暴恐案和"5·22"暴恐案，"东突"暴恐势力的活动范围不仅从南疆扩散到北疆，还涉及北京、云南、吉林、陕西、四川、广西、浙江等内地城市，出现由局部向全国蔓延的趋势。一是在内地边境地区建立非法出入境的通道和中转站。他们主要经甘肃、陕西、四川、浙江、河南、广东等地中转，前往云南、广西等地非法出境至越南、马来西亚等东南亚国家，最终到达土耳其、巴基斯坦等目标国家参加国际恐怖组织。二是在内地建立据点、练习暴力犯罪技能。一些暴恐极端分子潜藏其中传播宗教极端思想，开展"圣战"思想和行动培训。三是在经济发达地区筹集资金，为暴恐活动提供经济支持。四是在内地制贩宗教极端宣传品，促使非法宗教极端宣传品在内地暗流涌动。五是"三股势力"对高校的渗透活动日益突出，部分少数民族学生参加非法宗教活动，有的公然传播宗教极端思想，甚至直接策划或参与暴恐活动。

3. 严打专项行动成效明显，中国反恐形势总体可控

"当前及今后相当长一段时期，我们将不得不继续面对一个动荡而无序的世界，不得不继续面对一个恐怖主义威胁日益增长的时代。"②面对严峻复杂的反恐怖主义斗争特点，中国相关反恐专业部门坚决贯彻中央决策部署，全面开展反恐怖主义专项斗争。据媒体公开报道，截至2021年底，新疆地区已五年多没有发生暴力恐怖案件，包括危安案件、公共安全事件在内的刑事案件、治安案件大幅下降，极端主义渗透得到有效遏制，社会治安状况明显好转，人民生活安宁祥和，反恐怖打击成效显著。③另外，通过技术封堵、技术反制等措施，封堵境外数千个暴恐音视频下载链接；打掉"东伊运"多个门户网站；迫使美国"谷歌""推特""优兔"等网站关闭一批"东伊运"博客、账号，删除了一批暴恐音视频。同时，成功地处置了一系列重大暴恐案事件，及时查获了一批涉恐敏感国家和地区非法出境人员，提早侦破多起暴恐预谋案件，沉重地打击了暴力恐怖活

---

① 冯卫国，兰迪，苟震. 反恐怖与去极端化前沿问题探究 [M]. 北京：中国政法大学出版社，2018：70.

② 唐志超. 当前国际恐怖主义演变趋势及中国应对策略 [J]. 中国人民公安大学学报：社会科学版，2018（1）.

③ 搜狐网. 涉疆问题新闻发布会在北京举行 新疆已连续4年多未发生暴力恐怖案件 [EB/OL].（2021-07-05）[2023-11-27]. https://www.sohu.com/a/713358962_121687414.

动组织与人员的嚣张气焰。近年来，党和国家通过加强法治建设、促进社会公平正义，保障宗教信仰自由和民族平等、团结、互助，提高全民抵制、防范、制止恐怖主义的意识和能力，消除恐怖主义产生、蔓延的土壤和条件，有效地维护了社会大局的稳定。

综上所述，在长期的反恐怖主义斗争实践中，必须坚持党的绝对领导，切实把党的领导落实到反恐怖主义工作的各方面、全过程，确保反恐怖主义工作坚定正确的政治方向；必须坚持以人民为中心，把人民群众安全感和满意度作为衡量反恐怖工作成效的根本标准，积极探索新形势下专门工作与群众路线相结合的具体形式、举措，筑牢防范打击暴恐活动的铜墙铁壁；必须坚持标本兼治，凡"恐"必打、露头就打，标本兼治、综合治理，着力消除境内暴恐滋生土壤，努力走出一条适应中国国情的去极端化路径；必须坚持依法反恐，坚定不移走中国特色社会主义法治道路，更加善于运用法治思维和法治方式打击恐怖主义，着力提升反恐怖主义工作法治化水平。[①]

三、当代恐怖主义犯罪的应对策略

（一）充分发挥法律治理在反恐怖主义中的重要作用

1. 反恐怖主义需要法治思维

党的十八届四中全会提出了贯彻落实总体国家安全观、加快国家安全法治建设的总体要求。随着《国家安全法》《反恐怖主义法》等法律法规的相继出台，我国的国家安全法律制度体系初步形成。与此相适应，反恐怖主义斗争应当确立法治反恐观，实现从以政策为主导的反恐走向以法治为基础的反恐国家战略。习近平总书记指出，反恐要"高举社会主义法治旗帜"。在全国推进依法治国的背景下，反恐斗争必须在法治框架内逐步推进，要善于运用法治思维和法治方式进行反恐。当前，我们国家的法治反恐已经上升为立法原则。[②]

在国际反恐立法方面，联合国积极发挥自身作用，制定了一系列的国际公约，如1997年的《制止恐怖主义爆炸事件的国际公约》、1999年的《制止向恐怖主义提供资助的国际条约》、2005年的《制止向恐怖主义提供资助的国际条

[①] 国家反恐怖工作领导小组会议暨全国反恐怖工作电视电话会议召开，扎实抓好反恐怖工作任务措施的落实，为党的二十大胜利召开创造安全稳定环境 [EB/OL]. https://www.mps.gov.cn/n2253534/n2253535/c8353906/content.html.

[②] 冯卫国，兰迪，荀震. 反恐怖与去极端化前沿问题探究 [M]. 北京：中国政法大学出版社，2018：133.

约》等。其中，联合国安理会第 1373 号决议是最有影响力的，强化了将恐怖主义犯罪行为视为国际刑事犯罪的力度，是重要的国际法准则，也普遍为国际社会所接受。我国近年来也缔结、参加了一系列相关国际反恐怖主义双边、多边法律条约，为有效开展打击和防范恐怖主义犯罪提供了国际法律依据。目前，上海合作组织已经成立了反恐怖主义常设机构，签署批准了《上海合作组织反恐怖主义公约》等法律文件，并在地区合作中发挥了显著作用。在国内反恐立法方面，我国高度重视反恐怖主义工作和反恐怖主义立法，在《刑法》《刑事诉讼法》《国家安全法》《网络安全法》《国家情报法》等法律法规的颁布与修正的基础上，特别针对恐怖主义犯罪构成要件、行为界定、刑事责任，惩治恐怖活动犯罪的诉讼程序，涉恐资金监控监管，国际合作等相关内容作出了明确规定。同时，部分省份也在不断制定、完善地方性反恐怖主义法规、规章及其实施办法或细则，因地制宜解决区域性反恐怖工作中的法律问题，并着手制定区域性反恐怖相关法律实施条例。

2. 完善反恐怖主义专门立法

随着反恐怖主义斗争形势的发展变化，反恐怖主义法律制度建设也面临着新情况新挑战，迫切要求立法部门以习近平新时代中国特色社会主义理论和总体国家安全观为指导，在现有法律规定的基础上，制定专门的反恐怖主义法律规范。针对恐怖活动犯罪出现的新问题新特点，2015 年 12 月 27 日，全国人大常委会审议通过了《反恐怖主义法》。该法规定，国家反对一切形式的恐怖主义，依法取缔恐怖活动组织，对任何组织、策划、准备实施、实施恐怖活动，宣扬恐怖主义，煽动实施恐怖活动，组织、领导、参加恐怖活动组织，为恐怖活动提供帮助的，依法追究刑事责任。《反恐怖主义法》根据总体国家安全观的要求，坚持以问题为导向，从客观实际出发，认真总结近年来中国防范和打击恐怖活动的斗争经验，研究借鉴国外先进国家反恐怖工作的一些有效做法，明确恐怖主义等定义，确定了反恐怖主义工作的基本原则，完善了工作体制机制，强化了安全防范、情报信息、侦查调查和应对处置能力，提高了反恐怖主义工作的保障水平。《反恐怖主义法》明确规定要加强反恐怖国际合作，加大依法惩治恐怖活动犯罪包括网络传播宗教极端思想、暴力恐怖信息等行为的力度，进一步规范和统一法律适用。针对严打斗争中全国各地在适用法律方面的困惑和问题，公安部会同最高法和最高检出台了《关于办理暴力恐怖和宗教极端刑事案件适用法律若干问题的意见》，为依法严打暴恐犯罪提供了有力的法律保障。《反恐怖主义法》不仅对与恐怖主义有关的关键性概念作了准确定义，还对贯穿于反恐怖主义始终的各项工作作了明确规定，包括恐怖活动组织和人员的认定、安全防范、情报信息、调查、应对处置、国际合作、保障措施、法律责任等。《反恐怖主义法》强调专群结合、全民反恐，最大限度地形成打击恐怖主义的整体合力；注重反恐怖主义的本质内容延伸，以社会恢复为根本落脚点；借力国际反恐怖主义合作，提升国际社会对中国反恐怖主义行动的认同。可以说，《反恐怖主义法》在内容上已构建起情报预警、安全防范、应急处置、依法制裁、社会恢复等立体化的法治框架。①

3. 强化反恐怖主义刑事立法

反恐刑法的合目的性追求高于合理性考虑。所以，普通刑法是自由刑法，反恐刑法是安全刑法或称预防性刑法。和普通刑法相比，反恐刑法是预防性刑法而不是报应性刑法，是功能性刑法而不是回应性刑法。从目的和手段的关系看，反恐刑法具有保护利益的重大性、目的的高度正当性，只要符合比例原则，就可以采用特殊合法的反恐手段。从公正与效率的关系看，普通刑法更重视公正，反恐刑法更重视效率。在法益保护和人权保障的选择上，反恐刑法更强调法益保护，有效性追求高于正当性考量。纵观各国，在以刑法手段遏制暴恐犯罪时往往倾向于严刑峻法，在刑法功能上更强调社会保护，在价值选择上更倾向于效率。

构建科学的反恐怖主义法律体系是预防和应对恐怖主义犯罪活动的一项重要工作。"在构建法治中国的过程中，更需要重视在反恐过程中善用法治思维，严格依法治国、依法反恐，贯彻落实宽严相济的刑事政策，最大限度地打击、分化和瓦解暴力恐怖犯罪分子。对暴力恐怖犯罪活动的首要分子、罪行严重的人员要依法坚决严惩；而对参与暴力恐怖活动的一般人员需要区别对待，争取教育、转化挽救受蛊惑和受蒙蔽的群众，彰显法律尊严。"在和暴恐犯罪做斗争的过程中，中国已经积累了相当多的实务经验和法律经验。中国于2001年10月成立国家反恐怖工作领导机构，统一领导和指挥全国反恐怖主义工作；颁布实施了《反恐怖主义法》，在《刑法修正案（九）》中确立了对暴恐犯罪的刑法规制，形成了以《反恐怖主义法》为核心的反恐法律体系；形成了标本兼治、重在治本的综合性反恐对策和"对暴恐犯罪零容忍"，"主动进攻，露头就打，先发制敌"，"打早、打小、打苗头"，"消灭在行动之前、打击在预谋阶段"的刑事政策，刑法成了遏制恐怖主义的重要手段，刑事政策成了遏制暴恐犯罪的重要对策之一。②具体而言，《刑法修正案（九）》将涉及恐怖主义的相关犯罪行为列入刑事追责范围，加大了对恐怖主义、极端主义犯罪的

---

① 贾宇. 中国反恐怖主义法教程 [M]. 北京：中国政法大学出版社，2017：6.
② 贾宇，王政勋. 中国反恐怖主义法律问题研究 [M]. 北京：中国政法大学出版社，2018：190-193.

惩治力度。《刑法修正案（九）》切实回应了当前中国反恐怖主义工作的现实需要，大幅完善了反恐怖主义刑事法律内容，建立健全了反恐怖主义法律体系，为维护国家安全、公共安全和人民生命财产安全提供了有力的法制保障，使恐怖主义和极端主义犯罪的刑法规定更加细致明确、打击力度更加坚决果断。《刑法修正案（九）》和《反恐怖主义法》的颁布，既能保证中国从严打击暴恐犯罪的客观性、合法性与合理性，也有效避免了给少数别有用心的国家留下"侵犯人权"的口实，进一步提升了中国参与反恐怖主义合作的国际地位和国家形象。[1]

（二）科学构建反恐怖主义安全防范体系和社会化参与机制

一方面，以创新完善社会治安防控体系为依托，科学构建多维一体的反恐怖主义安全防范体系。推进立体化社会治安防控体系建设，提升整体防范暴恐活动的能力。有效遏制暴力恐怖犯罪、个人极端暴力犯罪是防控体系建设的重要目标之一。《反恐怖主义法》第三章专门针对"安全防范"相关内容作了明确规定。基础性防范措施是反恐怖主义安全防范的重要环节，涉及反恐怖宣传教育、网络安全管理、货运物流管理、危险物品管控、防范恐怖融资、反恐纳入城乡规划、强化技防物防等措施。[2] 加强社会面稳控重点任务是抓好反恐怖主义工作，加快构建全方位、立体化、网格化的公共安全网。例如，深入推进社会治安综合治理专项工作，依法加强对大数据的管理体系建设，规范跟控核查基本流程、明确数据信息应用载体和流向、与相关警种及省市配合衔接。一些涉及国家利益、国家安全的数据，很多掌握在互联网企业手里，企业应积极保证这些数据的绝对安全，预防黑客实施网络恐怖主义袭击。此外，还应立足解决实战急需，着眼反恐怖主义长期斗争准备，健全反恐怖主义工作专项经费、装备、人才、科技等保障体系，提升支撑服务反恐怖实战的能力和水平。创新社会治理方式，按照谁主管谁负责、谁经营谁负责的原则，深入开展反恐怖重点目标安全防范措施、基础信息采集更新和涉恐风险评估等工作，实行分级分类管理，落实防恐责任制度。

另一方面，建立反恐怖主义社会化参与机制。第一，反恐是全民战争，法治反恐已是大势所趋。《反恐怖主义法》规定："反恐怖主义工作坚持专门工作与群众路线相结合。"伟大领袖毛泽东同志说过，"革命战争是群众的战争，只有动员

---

[1] 付玉明，王耀彬．新疆反恐的国际合作与法律适用 [J]．江西社会科学，2017（4）．
[2] 冯卫国．论《反恐法》中的基础性防范措施 [J]．河南警察学院学报，2017（4）．

群众才能进行战争，只有依靠群众才能进行战争"。① 全民反恐战略的纵深推进，在很大程度上与人民群众是否主动地参与反恐怖主义工作有关。建立专门的反恐怖主义工作机构和专业力量，协调、动员所有国家机关、武装力量、社会团体、企业事业单位和个人，宣示党和政府绝不姑息的鲜明态度，在全社会形成谴责暴恐、支持反恐的舆论氛围，共同开展反恐怖主义工作。第二，深入推进"去极端化"工作。加强对宗教场所的依法管理，合理满足信教群众宗教需求，深入治理非法宗教活动，严密防范和打击宣扬传播宗教极端思想、暴力恐怖音视频，以及组织地下讲经等涉恐犯罪活动。积极推广新疆地区对危安犯实行"去极端化"教育工作成功经验，用正宗宗教教义教育感化服刑人员，构建爱国宗教人士、心理学家等社会力量以及政府有关部门共同参与的危安犯教育改造工作机制，加强涉暴恐罪犯教育管理工作，提高教育转化的针对性与实效性。着力争取民心，强化基层基础防范和应急处置能力建设，引导公众坚决抵制暴力恐怖活动和宗教极端思想，自觉维护社会稳定和民族团结。第三，基层治理者在开展反恐怖工作中要敢于亮剑、善于发声。事实证明，各族群众踊跃发声，声讨恐怖分子，形成舆论攻势，有利于营造全民反恐的社会氛围。基层治理者也应在所属辖区广泛宣传动员群众从心底排斥极端主义思想，抵制恐怖主义行为，筑牢人民反恐防恐的"防火墙"。② 深入开展各种形式的群防群治专题活动，努力形成反恐怖主义工作人人参与、人人有责的良好局面，增强民众的反恐防范意识和自我保护能力。推进重点领域、重点行业的配套制度建设，完善反恐怖主义相关行业执法规范，细化执法行业标准。落实"谁执法谁普法"的普法责任制，加大反恐怖主义普法宣传力度，力争在全社会形成更加有力的全民反恐氛围。反恐怖斗争也是一场人民战争，要紧紧依靠人民群众，不断完善涉恐线索举报奖励制度，着力形成反恐怖主义斗争整体合力。

（三）全面提升反恐怖主义情报信息工作能力

1. 完善反恐情报信息侦查实战化工作机制

第一，充分发挥情报信息等级评定载体的作用，确保反恐怖主义情报信息获取的前瞻性、主动性、时效性和精准性。强化对重点人员、重点目标、重大线索的跟踪掌握，增强对国内国际反恐怖主义斗争形势的预测能力。提升大数据、云计算等科学技术在反恐怖主义工作中的实用效能，实现涉恐人员的智能化筛查、

---

① 毛泽东. 毛泽东选集（第1卷）[M]. 北京：人民出版社，1991：136.
② 郭永良. 论反恐怖人民战争战略[M]. 北京：中国人民公安大学出版社，2017.

精准发现和实时监控,努力做到可知可测可控。第二,将(跨)涉省性的涉恐专案由"省反恐办"统一指挥侦办。对"省反恐办"及相关地区、情报单位部署通报的情报线索,按照"边核查、边侦控、边处置"的工作要求,快速核查、判明性质、有效处置。公安、安全、军队、武警等单位及时将收集掌握的情报信息线索上报"省反恐办",同时按照"谁发现谁跟进谁甄别"的原则,落实主体责任,对安全机关发现并已核查落地明确境外背景的境内人员,及时移交公安机关开展后续情报侦查工作,公安机关将后续情报侦查情况及时反馈给安全机关;需要对相关人员依法采取刑事强制措施等行动的,以公安机关为主,安全机关提供情报信息线索支持。第三,建立刑侦部门牵头负责,国保、经侦、边防、出入境、网安、技侦、情报、反恐等部门配合的警务合成作战机制。公安机关应当分工明确,普通刑事案件性质发生转变,查明涉嫌从事暴恐活动的,在侦部门应及时移交由公安反恐部门牵头负责。各警种充分发挥自身职能作用和优势,加强资源交流与共享,打合成战、整体战。国保、出入境、反恐等部门充分调动人力情报资源,网安、技侦、情报等部门应充分发挥技术情报优势,加强对涉嫌此类活动的情报信息收集和线索串并分析。技侦、网安、情报部门应按照相关程序,及时对涉恐案件提供科学技术分析支持。案件侦办中涉嫌恐怖融资活动的,经侦部门应及时提供资金调查支持等。

2. 构建纵向层级情报信息工作机制

在情报信息归口管理的基础上,情报管理体系按照层级进行分类,形成"自上而下、纵向到底"的架构,改变以往"碎片式""散沙状"局面。建设国家、省区、地市、县四级综合情报部门,国家综合情报部门负责筹划建立反恐怖情报体系框架,统一数据结构标准。建立国家反恐怖主义情报信息平台涉恐专业数据库,开展涉恐人员活动轨迹动态监测。省综合情报部门负责建设各类体系框架、根据自身反恐怖形势需要建立相关方法模型库,并可向国家综合情报部门提出相关标准方法建议,研发串并分析软件,推动省级反恐怖情报信息平台建设。地市综合情报部门负责充实完善各类相关数据,结合本地区形势对情报信息分析研判,提高情报分析精准率,并有效指导县级情报部门具体工作。县级情报部门负责做实各类基础数据,利用所在区域熟悉优势,分析研究本地区重点人员行为轨迹,结合人力情报相互分析印证,适时上报或采取必要措施。反恐数据信息在各层级之间流动,向上不断聚合,向下则不断分散。强调各层级间的指挥协调作用,如上一层级可通过指示,对下一层级间关系进行协调,建立相关协作机制,防止数据信息之间的阻断。

3. 建立横向互通的情报信息协调会商机制

横向间的情报只有打破"信息孤岛",不断印证、综合使用,才能找出特点规律,发挥情报信息线索的实用价值。在反恐斗争中,需要"党政军警兵民"联合行动,把反恐怖主义斗争作为自身义不容辞的任务抓紧抓实,树立情报信息共享合作意识,建立重大情报协调会商机制,这是"反恐战线前移"的需要,也是反恐怖主义斗争必不可少的一环。重视同一地区反恐怖主义情报的收集、分析、研判、交换及通报工作,可由公安情报部门牵头建立情报交换专业部门,定期召开研判会议,使日常交换机制落到实处,长效畅通。根据具体任务需要,把公安、安全、武警、军队、地方政府等各种情报力量组织起来。武警、军队等专业力量发挥技术、装备优势,实现近中远距离、短中长时效情报信息的有效获取,地方政府等非专业力量则充分发挥党政机关、人民群众对当地熟悉的先天优势,通过走访、调查等方式,对当地民情、社情、敌情地形等相关情报信息进行细致分析。情报信息是反恐工作不可或缺的重要依据。[①] 各类情报力量尽可能优势互补形成合力,做到"遇事必评估、评估必会商、会商必研判",形成"常态联动、定期会商、战时研判"的常态化工作机制。

(四)进一步加强和完善反恐怖主义专项工作

1. 深化开展反恐怖调查侦查专项工作

第一,建立健全外国人签证事前审核机制。视情收紧重点国家来华人员签证政策,继续向重点国家增派出入境审查官,严格签证审查核查;对重点国家飞往中国的航班派驻机场移民联络官,敦促当地民航部门严格安检措施,对来华航班提前严格把关。第二,加强对邀请函颁发单位的管理,加快研发来华邀请函核发系统,提高对来华邀请函的识别能力。健全完善来华签证申请全项身份信息采集,推动实施生物样本签证制度,建立以生物信息为核心的移民管理数据库。建立涉外管理信息共享机制,整合各有关部门涉外管理信息资源,建设来华外国人信息管理系统,强化对重点国家来华人员的综合动态管控能力。第三,加强边境管控协作,完善边境技防设施建设,明确口岸查验"严进""严出"标准,推进采集入境重点关注人员生物特征识别专门工作,积极推动完善中塔阿边境联合管控机制。针对当前反恐"防回流"工作面临的涉恐敌情变化,要加强对入境关注人员的跟控核查,严格落实考察期制度。第四,继续推进"境外清源"专项行动,整合公安、安全、武警、军队等有关力量,以境外"东伊运"重点人员为侦

[①] 李恒,王亮,任昱坤,等.大数据在反恐情报信息实践中的价值与应用[J].中国刑警学院学报,2019(3).

控突破口,快查快办"东伊运"派遣入境线索,巩固扩大境外抓捕、遣返和打击"东伊运"核心骨干成员的行动战果。在周边国家加强人力、技术情报信息搜集工作,全面掌握"东伊运"派遣人员建立接应、联络站点情况。对"东伊运"制作、发布暴恐音视频活动开展技术侦查、人力侦查,掌握其网络体系和主要涉案人员,做好边控布控工作,并对境外极端组织网站开展情报信息侦查与技术反制。

2. 大力加强反恐怖情报信息专项工作

第一,为有效预防和打击"东突"等恐怖势力,需进一步健全中国同其他国家、地区及国际组织交流与共享反恐情报信息相关工作机制。联合国通过了一系列反恐公约和决议,这些公约和决议从不同侧面对反恐情报信息交流合作机制提出了新要求。此外,国际刑警组织的多项数据库为其成员之间实现情报信息交流与共享提供了便利条件。因此,中国反恐情报信息预警机制建设,需要在加强双边和多边反恐情报信息交流合作的同时,充分利用联合国、国际刑警组织等国际组织框架内的反恐情报交流与合作机制,实现在全球范围内收集恐怖活动情报线索,对恐怖袭击前进行全时空、全方位、全天候预警。第二,按照反恐怖主义"防回流"的目标要求,沿海省份应依托已经建立的本省反恐"防回流"工作机制和正在应用的公安信息化系统及数据资源,对持中国普通护照(包括港澳台通行证、边境通行证、中国旅行证、回国证明等)从口岸入境的重点关注人员和敏感群体做好跟控核查工作,即重点做好关注人员入境后进入本省的信息采集、建立档案、核查调查、交控衔接等工作。通过进一步规范工作流程、细化工作措施、明确职责分工,有效提高反恐情报线索发现能力。第三,通过政策对话增进反恐情报信息交流互信,运用国际区域性合作平台拓宽情报信息的交流渠道,完善并畅通反恐情报信息交流机制;注重加强人才培养,提升反恐情报信息工作能力。特别是通过资源共享,提高情报信息使用价值和相互作用的密度频度,增强情报信息的可靠性和实效性。

3. 着力提升反恐怖应急处置能力

一方面,针对当前暴力恐怖活动的新规律特点,不断完善细化应急处置预案,明确处置原则。充分预测各种可能发生的风险,完善各类应急处置预案和实施方案,以问题为导向,制定有针对性的应急处置措施。结合实战需要,反恐部门充分发挥最小作战单元的优势,动态调整力量布局,针对具体情况,全面提升备勤等级,备足武器、警械等装备,保持临战状态。以应对复杂情况为统领,贯彻落实地方公安机关、行业公安机关以及武警边防、企业内保、社区安保等力量的联防联动应急处置机制,着力推动反恐怖法治宣传教育进企业、进单位、进学校、进社区。

另一方面，建立健全高效、有序、扁平化的应急指挥机制。将保护公众生命财产安全置于反恐怖应急处置首位，遵循平战结合、整体联动、快速高效、减少危害的原则，建立属地为主、条块结合的反恐怖应急管理体系。立足第一时间快速反应、着眼应对多点现场处置需要，加强反恐情报侦查和应急处置力量建设，完善扁平化应急指挥体系，建立健全统一高效的情报指挥机制。着力提升反恐怖力量最小作战单元应急处置能力，提高公安、武警、军队等一线力量在各种复杂情况下的反恐应急处置能力。充分发挥工信、交通、卫生等部门的专业优势，加强各领域反恐应急救援、专业处置和保障建设。

（五）持续推动反恐怖主义国际合作和国际刑事司法协助

"9·11"事件发生20多年来，全球恐怖主义势力遭到前所未有的沉重打击，国际反恐合作取得突破性进展。尽管如此，恐怖主义当前也仍对各国构成不同程度的现实威胁，国际反恐斗争仍然面临严峻挑战。一是"基地"组织、"伊斯兰国"仍活跃在阿富汗、叙利亚、伊拉克等地区，一些国际恐怖组织加速向非洲、东南亚等地暗中渗透发展。恐怖主义势力利用高新技术散播暴恐思想、募集资金人员、遥控暴恐活动，加紧组建恐怖组织网络。二是个别国家打着反恐旗号，推行双重标准，奉行单边主义和霸凌行径，炮制所谓人权人道问题，干涉他国内政，干扰国际反恐合作进程。三是受新冠病毒疫情影响，世界经济复苏进程放缓，贫困和社会问题矛盾深入加剧，南北地区鸿沟拉大，极端主义思想继续蔓延，进一步助长了恐怖主义的滋生。在这种大背景下，反恐怖主义斗争更需要国际合作和国际刑事司法协助。

一方面，深入推进反恐怖国际合作。面对打击恐怖主义的艰巨任务和神圣使命，联合国及其他国际性组织先后出台了多部有关反恐的国际公约，多个国家和地区针对恐怖主义的预防与惩治制定了专门法律法规，既包括实体性规定，也包括程序性规定。《联合国全球反恐战略》多次提到加强全球反恐国际合作，要求各会员国在反恐司法协助、反恐警务合作、反恐情报信息等方面加强配合。同时，鼓励相关组织创建反恐合作中心、邀请联合国系统与会员国研发反恐综合数据库，以及在适当情况下，加强国家之间的双边、次区域、区域性、国际合作以及改进边界和海关管制等。美、英、法、德等国家，在"9·11"事件后也随即签署了一系列打击伊斯兰极端主义和恐怖主义的双边协议和多边协议。[①] 对中国

---

① 中国现代国际关系研究所反恐怖研究中心.恐怖主义与反恐怖斗争理论探索[M].北京：时事出版社，2002：330.

而言，在推进同各国特别是"一带一路"倡议下的有关国家经济、文化等务实合作进程中，还应不断深化反恐怖主义相关领域的国际交流，将反恐怖主义国际合作作为对外司法协助和执法安全合作的重中之重，将其纳入外交工作全局统筹谋划。上海合作组织青岛峰会通过了《上合组织成员国打击恐怖主义、分裂主义和极端主义2019年至2021年合作纲要》，进一步推动成员国加强反恐领域务实合作。同时，充分利用联合国、上海合作组织等多边反恐合作机制以及双边反恐磋商合作机制，以周边国家为重点，全方位构筑反恐怖主义安全屏障。

另一方面，务实开展反恐怖主义国际刑事司法协助。国际反恐刑事司法合作包括提供司法文书，执行搜查、没收和冻结财产，检查物品或场所，提供情报信息或犯罪证据，提供法律文书和记录，识别和追踪作为证据的收益或财产，取得证人证言，暂时移交被羁押者，便利自动投案等内容。[①] 例如，中国边境线长，在长期工作生活中，边境地区公安机关就互涉刑事案件办理或者其他刑事司法领域形成了一些行之有效的习惯性做法，本着有利于稳定与效率原则的需要，边境地区反恐情报信息警务合作的特别授权内容，必须根据《反恐怖主义法》相关规定贯彻执行，经相关部门严格审批后，在规定的范围内进行交流合作。加强区域及国际执法合作，大力推动与老挝、越南、泰国、马来西亚等国警方在边境查缉和遣返移交案犯等方面的国际执法合作，沿海公安边防部队充分利用与相邻国家建立的警务协作机制，协调对方向中方移交已偷越出境的涉恐人员。推动双边刑事司法条约、引渡条约的谈判缔结工作，做大做强司法协助网络，为反恐怖主义国际合作提供有效法律框架。

国际反恐怖主义刑事司法协助内容包括：第一，提供恐怖活动组织与人员基本情况，如犯罪活动类型、策划、准备、实施犯罪拟定时间与地点及侵害对象、犯罪形式与工具、犯罪嫌疑人特性与犯罪特点。第二，提供有关犯罪对象、目标情况。第三，提供有关保护性措施的情况，恐怖主义犯罪案件发生之后，犯罪地国根据有关国际条约规定，采取必要保护性措施时，应当及时将这些措施情况通知有关当事国。第四，提供有关采取强制措施情况。第五，协助提供犯罪证据等。面对严峻复杂的反恐形势和各族群众对打击暴力恐怖犯罪、保障生命财产安全的迫切要求，我国积极响应《联合国全球反恐战略》等一系列反恐决议，在借鉴吸收国际社会反恐经验的基础上采取果断措施，有效遏制了恐怖活动多发频发势头。

---

① 赵秉志，杜邈. 中国反恐法治问题研究 [M]. 北京：中国人民公安大学出版社，2010：353.

四、本章小结

党的二十大报告指出，推进国家安全体系和能力现代化，坚决维护国家安全和社会稳定。维护国家安全离不开社会的和谐稳定和长治久安。近年来，"一带一路"倡议从愿景到行动、理念到实施，已经初步发展成为实实在在的国际合作，取得了令人瞩目的阶段性成就。[①] 沿线国家共同维护"一带一路"地区安全稳定已是大势所趋。"一带一路"倡议的顺利发展和实施，离不开沿线国家的支持，更离不开各国在反恐方面的合作与反恐措施的保障。[②] 中国反恐部门应深刻把握中共中央关于反恐怖主义工作的总要求总部署，立足当前、着眼长远，全面贯彻中国共产党的民族宗教政策，注重铲除滋生蔓延恐怖主义的土壤，努力发展经济，着力改善民众生活。目前，中国反恐部门高举法治旗帜、反恐怖主义旗帜和维护各族人民群众根本利益的旗帜，坚持以打开思路、打防结合、标本兼治、综合治理，推行"去极端化"等措施已经取得阶段性成果，最大限度保障了公民的基本人权免遭恐怖主义和极端主义侵害，是经得起历史检验的正义之举。例如，中国大力开展内地对口援疆工程，精准扶贫等一系列专项措施。积极采取科学立法、宣传教育、社区管控等措施，成效显著。

反恐怖主义实践表明，反恐怖主义既没有一蹴而就的捷径可选，也没有一劳永逸的模式可供借鉴，必须从中国的实际国情出发，既需要制定设计和实践同步进行，也需要宏观防控与微观防控相结合。反恐怖主义工作情报信息是关键，要把情报信息作为反恐怖核心环节来抓，充分发挥情报信息的前瞻性、先导性、引领性作用，着力提高反恐怖主义情报信息服务实战、引领实战的能力水平。反恐怖主义工作是全党全社会的共同责任，反恐怖主义斗争既是一项紧迫任务，也是一项长期工作，必须做好长期斗争准备。坚决把恐怖势力摧毁在行动之前、把恐怖活动制止在预谋阶段。要实现"万无一失"的工作要求，必须以坚决防止发生暴恐案件为出发点和落脚点，既要全面加强社会面的治安防控，又要提高反恐怖主义情报信息工作能力，以"人为核心"做实做强反恐怖主义侦查调查工作，及时从关注人群中发现涉恐重点群体和人员，严格落实各项综合管控措施，及时发现并跟进核查各种涉恐可疑动向，切实做到发现在前、打击在先，制敌于未发、防患于未然。

[①] 习近平．习近平谈"一带一路"[M]．北京：人民出版社，2018：218．
[②] 范娟荣，李伟．"一带一路"建设面临的恐怖威胁分析[J]．中国人民公安大学学报（社会科学版）2018（1）．

第二章　当代恐怖主义犯罪的刑法规制与立法完善

一、问题的提出

总体国家安全观是以习近平同志为核心的党中央对新形势下国家安全规律的系统概括,是对国家安全战略思想的重大创新,是对中国特色社会主义理论体系的丰富和发展,是指导中国特色国家安全工作的强大思想武器和行动指南,是党维护国家安全理论和实践的重大创新,具有深远的理论价值和鲜明的实践意义。总体国家安全观强调以整体的、全面的、联系的、系统的观点来思考和把握国家安全问题。坚持总体国家安全观,是马克思主义基本原理的实践运用,是深刻总结我们党维护国家安全的历史经验、深入分析中国安全稳定面临的新形势新特点得出的科学结论,是中国国家安全理念的重大创新。[①]

深入贯彻总体国家安全观,对于应对中国国内外安全挑战、维护国家长治久安具有深远意义。党的十九大报告明确提出:"坚持总体国家安全观。统筹发展和安全,增强忧患意识,做到居安思危,是我们党治国理政的一个重大原则。必须坚持国家利益至上,以人民安全为宗旨,以政治安全为根本,统筹外部安全和内部安全、国土安全和国民安全、传统安全和非传统安全、自身安全和共同安全,完善国家安全制度体系,加强国家安全能力建设,坚决维护国家主权、安全、发展利益。"[②]

(一)恐怖主义犯罪之现实挑战

1991年苏联解体,冷战结束,全球化与多极化发展趋势并存,世界各国经济联系、协作更加密切,虽然局部地区武装冲突不断,但是全球整体态势却趋近

---

① 赵红艳.总体国家安全观与恐怖主义的遏制[M].北京:人民出版社,2018:27.
② 赵红艳.总体国家安全观与恐怖主义的遏制[M].北京:人民出版社,2018:25.

缓和，和平与发展被视作当代世界的主题。然而，恐怖主义问题并未像人们所预期的那样减少，来势汹汹的恐怖主义猛兽张开了无比锋利的爪牙，冲向了猝不及防的无辜者。以美国世贸中心爆炸案、俄克拉何马市联邦政府大楼爆炸案、东京地铁化学毒气袭击案和以色列前总理拉宾遇刺案为代表，1991 年至 2000 年，全球共发生恐怖袭击 7905 次，因恐怖袭击造成的死亡人数约 2999 人，受伤人数 22609 人，每起恐怖袭击事件的平均致死率为 37.94%，平均受伤率为 286%。以冷战结束为标志，恐怖主义迎来了迅速滋生、扩张的新时期。[①]

在刑法理论视角下，恐怖主义犯罪侵犯的是公共安全，对不特定多数人的生命、财产等法益造成了巨大损害，其本质性特征是严重的社会危害性。置于总体国家安全观视角下，恐怖主义犯罪不只是侵害公共安全的行为，更是一种危及社会安全的非传统安全因素，直接影响着国家安全。全球化浪潮下，恐怖主义也早已成为国际性挑战，世界所面临的与恐怖主义有关的犯罪的现实风险与日俱增。暴力恐怖主义、宗教极端主义在全球传播与蔓延的势头仍在发酵。

恐怖主义是威胁政治安全、社会安全、公共安全的重要因素，只有下大力气打击恐怖主义，并将其纳入国家安全法治建设体系中，才能真正地落实以人民安全为宗旨、以政治安全为根本的要求。一方面，从已发的多起暴恐案件来看，中国境内的恐怖活动组织及成员，与国际恐怖组织势力暗中勾结。进入 21 世纪，随着经济全球化与信息社会化的不断加深，新兴科学技术的推陈出新，互联网已经成为恐怖分子利用的工具，成为恐怖组织招募人员、策划袭击的场所，互联网本身未来也极有可能成为恐怖袭击的重点目标。加之跨国有组织犯罪、跨国贩毒、走私等诸多重大国际犯罪与恐怖主义犯罪的"合流"态势愈演愈烈，为恐怖主义肆虐提供了更多便利条件。另一方面，国际反恐形势日趋严峻复杂，恐怖主义全球化趋势增强，暴恐袭击事件频发高发，中国海外利益遭受恐怖袭击的风险加大。面对日益严峻的国际恐怖主义犯罪活动，联合国主导下的国际社会缔结了一系列国际反恐公约，联合国安理会及联合国大会也出台了一系列反恐决议，各区域性机构也制定了多项区域性反恐公约，这些公约和决议的出台，对国际社会联合打击恐怖主义犯罪发挥了重要作用。

（二）恐怖主义犯罪形势的特点

当今社会的持续现代化也不断引发了各种错综复杂的社会冲突，而这些冲突所影响的不仅是人类的个人生活，而且已经拓宽到组织群体交往层面，甚至可能

---

① 冯卫国，兰迪，苟震. 反恐怖与去极端化前沿问题探究 [M]. 北京：中国政法大学出版社，2018：70.

影响人类生存发展、国家安全等必备的各种社会性及生存性之基础条件，恐怖主义的滋生蔓延就是最典型的例子。2020年10月，澳洲知名智库经济与和平研究所公布了《全球恐怖主义指数（2020）》，据该报告中的"全球遭受恐怖袭击数据库"统计：2019年全球约1.3826万人死于恐袭，有63个国家遭受恐怖袭击或直接受其影响，特别是恐怖分子的跨境流动加大了对国际恐怖主义的打击难度。恐怖主义活动呈现出三大特征：一是传播方式发生变化，宣传和联络手段不断翻新升级。过去恐怖活动组织骨干通过小范围聚集进行联络和勾连，现在则广泛使用推特、脸书等社交软件，进行协调联络、行动策划、宣传煽动和人员招募。二是传播范围极大扩展，恐怖分子利用网络虚拟平台传播各种虚假信息和极端思想，执法部门难以有效追查和打击遏制。三是负面影响更加明显。在网络传播的极端思想的蛊惑影响之下，"自我教育"和"自我激化"产生的本土暴力极端分子数目增加，且更具隐蔽性并难以察觉。

当前，一些分裂势力企图利用民族宗教问题掩盖恐怖主义犯罪的本质，打着宗教旗号（或打着民族主义旗号，或直接宣扬种族主义）是很多恐怖活动组织与人员生存的根本。其本质上是以极端暴力为少数人谋取政治利益；形式上借助利用政治、经济、社会、宗教、民族等历史和现实矛盾、问题和冲突；攻击目标和对象主要为普通民众，以此进行蛊惑、煽动并吸引支持者。严峻的反恐怖主义斗争形势，促使世界各国不断加快反恐刑法的立法进程。

（三）恐怖主义犯罪刑法规制之必要性

恐怖活动犯罪是附着在社会机体上的一大"毒瘤"，具有极大的社会危害性。在依据刑法打击暴恐犯罪的过程中，犯罪主体问题、分则罪名问题、刑法解释问题、刑事程序问题、犯罪证据问题、行刑问题等都是很核心的问题，都涉及能否有效打击暴恐犯罪，需要认真研究。[①] 我们应当从总体国家安全观所概括的安全领域范畴中抽象出反恐问题的价值内涵，推动形成具有严谨逻辑的反恐怖主义法律体系。例如，传统的刑法理论体系似乎无法回避规范结构及功能的重新调整，刑法最后手段的规范逻辑被迫重新调整，将其犯罪化并通过刑法加以严惩与遏制是现实的迫切要求。

刑法的立法与修改必须正视恐怖主义犯罪的最新发展趋势特点，特别是在价值追求和理念贯彻层面，及时回应国际社会对国内法的客观要求，将保障人权、安全秩序、社会价值有机统一，尤其注重加强对国际反恐成功经验的吸收

---

① 贾宇，王政勋. 中国反恐怖主义法律问题研究 [M]. 北京：中国政法大学出版社，2018：154.

和借鉴。比较而言，完全依赖现有的刑法体系不足以有效地遏制恐怖主义势头。因此，有必要制定一些特殊的刑事法规来实行更为有效的控制。《刑法修正案（九）》和《反恐怖主义法》的颁布施行，将反恐怖主义纳入国家安全战略，进一步体现了大国的国际责任。刑法的早期化介入，作为预防恐怖主义犯罪的代表性立法方式，逐渐受到世界各国立法机关的追捧。

按照现代文明的法治要求，任何行为的"犯罪化"都是通过刑事立法的途径来实现的，这也是罪刑法定原则的基本要求。传统刑法以结果无价值为本位，难以有效预防当下社会中具有巨大潜在社会危害性的恐怖主义行为的发生。因此，将恐怖主义行为犯罪化，并通过配备严厉的刑罚来加以打击与遏制是最基本的手段。"风险社会"背景下的恐怖主义犯罪的刑法早期化介入呼之欲出。

二、当代恐怖主义犯罪的刑法早期化介入

面对当今恐怖主义犯罪频发局势，国际社会基本达成广泛共识，采取了多种措施予以应对，对危害人类的重大罪行应当以最具强制性的刑法进行惩治。我们国家为了有效降低恐怖主义犯罪发生的风险，在明确以总体国家安全观为引领的基础上，进一步探究刑法适用的前置化及其适用范围的扩张边界，充分发挥总体国家安全观均衡调适反恐刑罚配置的积极作用。

（一）恐怖主义行为的刑法早期化介入具备正当性

"风险社会"理论对恐怖主义犯罪中的刑法早期化介入具有一定的借鉴意义。社会本身就包含传统与现代等多元的风险特征。自社会形成以来，人们就无时无刻不面临自然或社会带来的各类风险与挑战。由于"风险社会"呈现出一种不安全的社会氛围和异常情绪，所以社会需要国家提供一套保障模式，此种保障模式就是刑法早期化介入的正当性所在。特别是"9·11"事件后，全球反恐形势陡然升级，恐怖主义呈现出袭击手段多样化、袭击目标广泛化等特点。与此同时，世界各国也纷纷修正本国的反恐立法，以便有效应对恐怖主义犯罪的威胁与挑战。[1] 恐怖主义行为刑法早期化介入即"法益保护的早期化主要表现为增加危险犯（尤其是抽象危险犯）和预备犯，使刑法对危险犯、预备犯的处罚由例外变成常态"。[2]

---

[1] 刘志伟. 反恐怖主义的中国视角和域外借鉴[M]. 北京：中国人民公安大学出版社，2019：1.
[2] 张明楷. 论《刑法修正案（九）》关于恐怖犯罪的规定[J]. 现代法学，2016（1）.

美国刑法学家巴西奥尼教授认为，如果涉及某一种国际罪行所存在的法律文件越多，就越能证明该罪行达到了强行法的程度。[①] 毋庸置疑，传统刑法的结果主义治理模式在很大程度上已经无法适应有效打击恐怖主义犯罪的现实需要。按照刑法谦抑主义原则，只有在其他社会规范不能有效惩罚某种行为时，才能把该种行为规定为刑法上的犯罪行为，并予以严厉惩罚。德国社会学家R.达伦多夫认为，社会现实由两部分组成：一部分是稳定、和谐与共识；另一部分是变迁、冲突和强制。[②] 刑法的补充性是刑法谦抑性的重要内容，是因为对法益的保护用其他手段不能充分发挥作用时，才应当以其他的形式加以补充。由于恐怖活动具有极其严重的危害性，致使对恐怖主义犯罪的立法无法坚持刑法谦抑主义原则。也即反恐刑法应当以保护社会大多数人的利益为基本立足点，以此为根本目的，刑法的提前介入就具备了正当性。当然，除了刑法早期化介入，在涉及恐怖主义犯罪案件进入刑事诉讼程序之后，犯罪嫌疑人或被告人的权利依然应当得到保障。

（二）恐怖主义行为的刑法早期化介入推动刑事立法变革

刑法早期化介入是一种危险抗制，其理论基础在于刑罚的一般预防目的，也仅仅适用于可能产生极大现实危害的犯罪行为。为了有效遏制恐怖主义犯罪发生的风险，刑法适用范围不断被扩张与前置化。从近年来国际刑法立法的发展来看，呈现出刑法干预早期化即刑法干预由事后干预转向事前干预的特点。这里主要表现为三种形式：其一，危险犯可罚性明显上升；其二，预备行为的实行化逐渐增加；其三，帮助犯正犯化或中立帮助行为犯罪化更加凸显。

由于刑法体系的构建应当是以刑事政策设定的具体目标作为考量标准，因此，针对恐怖主义犯罪予以早期化介入不是单纯的刑法问题，而是对当下反恐刑事政策的现实回应，这在我国的刑事立法中也有所体现。1997年《刑法》分则第二章危害公共安全罪中的第120条将恐怖主义犯罪初次入刑，开创了反恐刑法的立法先河，为打击恐怖主义犯罪奠定了坚实的法律基础。2001年《刑法》对恐怖主义犯罪立法做了重大补充修正，大幅提高了组织、领导、参加恐怖组织罪的法定刑；增设了资助恐怖活动罪；对《刑法》第191条洗钱罪的"上游犯罪"行为进行了扩大化处理。2011年《刑法修正案（八）》适当提高并加大了对恐怖主义犯罪的惩罚力度：其一，将恐怖活动犯罪列为特殊累犯成立的前提条件；其二，进一步严格了执行缓刑的适用条件，对于恐怖犯罪分子有可能不再适用缓刑政策。2015年

---

① [美] 巴西奥尼. 国际刑法导论 [M]. 赵秉志，王文华，译. 北京：法律出版社，2006：152.
② 王文华. 社会管理创新与刑法理念的发展 [J]. 东方法学，2011（6）.

《刑法修正案（九）》进一步加大针对恐怖主义犯罪的打击力度：一是增加了"恐怖主义、极端主义"的相关概念；二是增设了涉恐怖主义相关新罪，修改完善了罪状描述；三是更加完善并严格设置了恐怖主义犯罪的刑罚配置等内容。

我国刑法针对恐怖主义犯罪的早期介入，正是根据当前中国反恐怖主义斗争的现实需要和国际反恐怖主义立法演进作出的适应性调整。从实践效果可以看到，刑法的功能由事后惩罚延伸到事前预防符合人民群众的合理期待。

（三）恐怖主义行为的刑法早期化介入符合刑事政策要求

刑法早期化介入试图通过法益保护前置，对人们的规范意识实行指引、强化或再造，从而实现一般预防的目的。以确保安全为前提的现代刑法带有明显的象征化特征，亦即大量适用抽象危险犯、法益内容越来越抽象。当前，全新的法益方兴未艾，想制止潜在的危险的发生，就需要刑法适度提前介入。刑法也必须适时扩张法益保护范围，以便能够及时应对新出现的各类社会风险挑战与现实问题。"风险社会"中的"风险"具有人为性、突发性、全球性、难以预测性、严重危害性等特点。恐怖主义犯罪早期化介入也是"风险刑法"的具体体现。如果刑法不能及时介入，此类"风险"一旦现实化，其对人类命运共同体安全造成的危害，将是社会难以承受的灾难。

一方面，近年来，从立法角度分析，法益概念的抽象化和法益保护的提前化，已经成为刑法的主要特点。例如，在对恐怖主义犯罪的刑法规制方面，预防性反恐刑事立法就是最突出的表现。《刑法修正案（九）》专门在"危害公共安全罪"中增加了第120条之（1）至之（6）共计6个条文，丰富并完善了反恐刑法罪名，最直接的体现就是刑事处罚的扩张化，亦即改变原来的"结果犯""情节犯"的立法模式，而是将需要处罚的具体行为直接规定为行为犯即抽象危险犯。[1]

另一方面，法律作为一种社会规范，产生于人类社会自身的需要，同时，法律的发展需要回应当下社会的需要。[2]当社会大众对安全标准的诉求高涨时，用于维护社会安定、预防和震慑犯罪的刑事法律就应当积极作出回应。刑法的早期化存在着管控风险的现实动因与社会需求的嬗变，立法上典型的表现就是预备行为的实行化和帮助行为的正犯化。刑法所保护的法益尚未遭受现实而紧迫的危

---

[1] 黎宏.《刑法修正案（九）》中有关恐怖主义、极端主义犯罪的刑事立法——从如何限缩抽象危险犯的成立范围的立场出发[J].苏州大学学报：哲学社会科学版，2015（6）.
[2] [美]塞尔兹尼克.转变中的法律与社会：迈向回应型法[M].张志铭，译.北京：中国政法大学出版社，2004：18.

险，就已经面临刑法入罪的风险，因而为了更好地保护法益，危险行为的犯罪化将会成为今后立法的常态。[①] 因此，强化刑法对秩序、人权和安全价值的保护是首要任务，即使最终会适当牺牲部分自由，其仍不失为国家的理性选择。

三、当代恐怖主义犯罪的刑法规制评价

《周易·系辞》曰："危者，安其位者也；亡者，保其存者也；乱者，有其治者也。是故君子安而不忘危，存而不忘亡，治而不忘乱，是以身安而国可保也。"我国《宪法》规定，中国人民对敌视和破坏中国社会主义制度的国内外的敌对势力和敌对分子，必须进行斗争。总体国家安全观是"法治之观"，要求国家安全工作法治化。恐怖主义犯罪危害国家安全，反恐刑法所规制的是恐怖主义犯罪行为，是以法律衡量和制裁危害国家安全的行为。同时，恐怖活动必须受到国家反恐政策或方针的有效制约，使反恐刑法规制付诸法治，服务于总体国家安全观。

（一）规制方式的预防性面向

社会危害性理论是中国刑法学理论的核心概念之一[②]，它与刑事违法性的冲突是客观的，也是其受到广泛诟病的根源之一。[③] 刑法的根本目的不仅在于惩罚犯罪人，各国的刑事立法与制裁措施都更加重视刑法对于犯罪的预防、对社会公众的教育等功能。《刑法修正案（九）》将恐怖主义、极端主义视为暴恐犯罪的主要诱因之一，紧密配合《反恐怖主义法》中的相关规定与政策要求，采取针对性的刑事犯罪制裁措施。刑事犯罪行为的规制后果一个面向已然犯罪行为的危害结果评价；另一个面向防控未然犯罪的效果追求，通过法益保护前置化，增加抽象危险犯的立法模式。随着风险社会的不断变化发展，与传统刑法相比较而言，恐怖主义犯罪规制后果已经出现由常态化向预防化趋势的转变。[④]

反恐刑法所规制的是恐怖主义犯罪行为，因而必须受到国家反恐政策或方针的有效制约。规制方式的选择在一定程度上决定了刑法的打击覆盖面，预防性面向改变了原先传统以法益损害事实的发生才被动介入的"事后干预"，而预备行

[①] 刘军. 网络犯罪治理刑事政策研究 [M]. 北京：知识产权出版社，2017：215.
[②] [德] 乌尔里希·贝克. 风险社会 [M]. 何博文，译. 南京：译林出版社，2004：5.
[③] 刘志伟. 反恐怖主义的中国视角和域外借鉴 [M]. 北京：中国人民公安大学出版社，2019：203.
[④] 梅传强，李洁. 我国反恐刑法立法的"预防性"面向检视 [J]. 法学，2018（1）.

为的实行化和帮助行为的正犯化等规制方式开始不断出现。《刑法修正案（九）》特别对社会危害严重的暴力犯罪行为加大惩处力度。为有效应对恐怖主义，《刑法》确立了"适度犯罪化"的理念，并在此基础上明确专门概念和相互关系；为暴恐犯罪活动设立专门罪名；注重《刑法》与《反恐怖主义法》之间的法律衔接。①《刑法》针对恐怖主义犯罪行为的规制，主要包括危害公共安全罪、侵犯公民人身权利罪、侵犯财产罪以及妨害社会管理秩序罪等类罪名。因此，这也并不意味着所涉及的罪行均为恐怖活动犯罪行为，而仅仅只是表明相关犯罪也可以由恐怖活动行为构成。那么，是否认定为恐怖活动犯罪，就需要根据恐怖主义的概念与恐怖主义犯罪行为的构成要件加以具体分析。

现代社会之所以被称为"风险社会"，不是因为它制造了危害、痛苦、破坏，而是任何的危害无法再利用所谓的不幸或命运加以掩饰，因为几乎所有发生的一切必须归因于某项决定。②传统刑法的治理模式是以刑法谦抑主义、刑罚威慑论以及概念法学为基础而建立起来的。因此，必然出现结果主义和消极预防的特点。目前而言，《刑法》关于恐怖活动犯罪所涉及的罪名主要分为两类：一种是纯正恐怖活动犯罪，即此类犯罪的设计目的是便于在惩治恐怖活动犯罪过程中明确恐怖活动行为构成。如帮助恐怖活动罪，劫持航空器罪与组织、领导、参加恐怖活动组织罪等。另一种是不纯正恐怖活动犯罪，这种犯罪既可以由恐怖活动犯罪构成，也可以由其他普通刑事犯罪构成。比如放火罪、爆炸罪、投放危险物质罪、故意杀人罪、故意伤害罪等。③又如，《刑法》对"极端主义"犯罪的规制，目前其涉及的专有罪名包括危害公共安全罪中的宣扬极端主义罪，利用极端主义破坏法律实施罪，强制穿戴宣扬极端主义服饰、标志罪，非法持有宣扬极端主义物品罪，对相关极端主义犯罪行为从刑法领域进行了规制。

（二）规制内容的周延性面向

《刑法修正案（九）》为适应当前恐怖主义犯罪出现的新情况，也作出了针对性规定，共修改和增设了11个涉及恐怖主义犯罪的罪名，其中修改4个罪名，增设7个罪名。以上增改可概括为：一是对组织、领导、参加恐怖组织罪加重财产刑规定，以凸显刑法惩治此类犯罪的严厉性和针对性。二是增加了恐怖主义犯罪相关预备犯、宣扬犯、煽动犯、干涉犯、持有犯。三是修改并补充三种相关罪

---

① 何荣功."预防性"反恐刑事立法思考[J].中国法学，2016（3）.
② 古承宗.刑法的象征性与规制理性[M].台北：元照出版公司，2017：92.
③ 贾宇，舒洪水.国际恐怖主义犯罪问题研究[M].中国政法大学出版社，2018：258-259.

名的罪状，以加大对恐怖活动犯罪的惩治力度并扩大适用范围。

具体来看，《刑法修正案（九）》对恐怖活动犯罪作出重要的补充、修改和完善，为依法惩治各类恐怖活动犯罪提供了相关法律依据。使之可以依据犯罪具体情况和构成要件，分别按照《刑法》第120条"组织、领导、参加恐怖组织罪"，第120条之一"帮助恐怖活动罪"，第120条之二"准备实施恐怖活动罪"，第120条之三"宣扬恐怖主义、极端主义、煽动实施恐怖活动罪"，第120条之四"利用极端主义破坏法律实施罪"，第120条之五"强制穿戴宣扬恐怖主义、极端主义服饰、标志罪"，第120条之六"非法持有宣扬恐怖主义、极端主义物品罪"以及第311条"拒绝提供间谍犯罪、恐怖主义犯罪、极端主义犯罪证据罪"等规定追究刑事责任。

恐怖主义犯罪刑法规制的内容表征已经从核心化向周延化转变。[①] 其具体体现在以下几方面。

其一，增加了相关恐怖主义犯罪罪名及专业术语。将"宣扬恐怖主义、极端主义，煽动实施恐怖活动的行为，利用极端主义煽动、胁迫群众破坏国家法律实施的行为，强制他人穿着、佩戴宣扬恐怖主义、极端主义服饰、标志的行为以及持有宣扬恐怖主义、极端主义的物品、图书、音频资料的行为"规定为刑事犯罪行为，从而进一步严密了刑事法网。

其二，将恐怖主义犯罪中的帮助行为和预备行为正犯化。大陆法系刑法理论认为，所谓危险犯，是指刑法规定的只要造成法益侵害的危险状态即算成立犯罪的犯罪，这是刑法介入早期化的典型表现。预备犯的实行行为是指这种预备行为已经被《刑法》分则规定为具体罪名的构成要件并设置了法定刑，变成此种独立犯罪的实行行为。帮助行为的正犯化是指原来罪名当中的帮助行为或教唆行为独立构成具体罪名，原来的帮助犯或教唆犯成为新罪名的正犯。对于帮助恐怖活动罪来说，设立了帮助恐怖主义活动运送及招募行为单项罪责，以此实现帮助行为的正犯化；对于拒绝提供极端主义犯罪证据的行为来说，则直接归类于包庇恐怖犯罪分子的帮助行为之中。除此之外，还增加了准备实施恐怖活动的罪名，为恐怖活动的实行准备工具、创造条件，同样是刑事犯罪行为，并实行正犯化的认定标准。通过将预备行为和帮助行为正犯化，使得对恐怖活动的刑事侦查和应急处置时间有效提前。

其三，《刑法修正案（九）》增设了几类特殊行为犯，扩大了《刑法》入罪范围。增设宣扬犯、煽动犯（宣扬恐怖主义、极端主义、煽动实施恐怖活动罪）；

---

① 劳东燕. 风险社会与变动中的刑法理论 [J]. 中外法学，2014（1）.

增设干涉犯（利用极端主义破坏法律实施罪，强制穿戴宣扬恐怖主义、极端主义服饰、标志罪）；增设持有犯（非法持有宣扬恐怖主义、极端主义物品罪）。

其四，合理地调整了有关恐怖主义犯罪的法定刑。例如，在组织、领导、参加恐怖组织罪名中，在监禁刑的基础之上，增加了财产刑的相关规定，使得对组织、领导和参加恐怖组织的人员，可以通过没收财产和科处罚金的方式来剥夺其活动能力、切断其经济来源，斩断其发展生存空间。在偷越国（边）境罪中，增加了为参加恐怖组织、接受恐怖培训或者实施恐怖活动而偷越国（边）境的情形，并提高了此种类型犯罪的法定刑。

（三）法益保护的前置化面向

在"风险社会"的视域下，政府的职责被看作不仅仅是在已然事实发生后再实施刑事制裁，而是在现实危险即将到来时就能发现并通过预防手段提前防范并有效控制，而事后的刑事惩罚反而成为防范无效时才会使用的一种补充手段。刑法保护法益的理念越来越具体及稳定，并且早已是当代国家作为对抗各类风险的主要手段，亦即国家必须在危险发生的早期或发生阶段就实施刑事制裁以达到全面性防范。

对于预备犯的实行化行为这种立法模式，我国刑法学界争议颇大。例如，有学者认为，在对相关犯罪的预备行为实行化之时，《刑法修正案（九）》专门从所有的预备行为中列出一些典型的、危害较大的预备犯罪行为。[1]"《刑法》第120条之二的'准备实施恐怖活动罪'，实际上是把为了实施恐怖活动而'准备工具、制造条件'的各种预备行为，全部予以实行化，应当说，在该立法中显示出的从预备犯到正犯的变身，虽然仍有瑕疵，但整体而言，算是较为成功的，也大体上回应了教义学上关于预备犯欠缺类型化的争议。"[2]此外，另有学者进一步指出，准备实施恐怖活动罪的设立虽然存在一定合理性，但也需对其进行限缩解释，防止打击面扩大而侵犯人权的事实出现。例如，还有学者指出，"《刑法修正案（九）》第120条的前置化规制是保护重大法益的必要手段，而敌视基本法规范且具有抽象危险的实质预备犯满足了前置化规制现实依据的要求，其处罚边界亦需遵循，应根据行为方式和特征进行司法定量限制及限缩解释"。[3]

---

[1] 于改之，蒋太珂.刑事立法：在目的和手段之间——以《刑法修正案（九）》为中心 [J].现代法学，2016（2）.
[2] 车浩.刑事立法的法教义学反思——基于《刑法修正案（九）》的分析 [J].法学，2015（10）.
[3] 王新.《刑法修正案（九）》第120条前置化规制的法理探析 [J].北方法学，2016（3）.

笔者认为，在强调预防及法益功能转变的前提下，现代刑法脱离传统以结果犯为主要犯罪类型的构成要件，朝向抽象危险犯的立法技术发展。目前，立法机关开始将本应属于犯罪预备的行为规制为具体实行行为，规定为独立犯罪，并配置了较重的法定刑，充分体现并贯彻了"打早打小打苗头"的反恐怖主义斗争方针和提前防卫、重视预防、强化打击的刑事政策思想。从风险社会背景下的安全刑法观角度分析来看，这种做法具有一定的合理性，在恐怖主义犯罪已经严重危害国家安全和公共安全的大背景下，刑法早期化介入有其重要的现实意义，不仅符合世界范围内打击恐怖活动犯罪的立法趋势，而且具有坚实的实践依据和深厚的理论基础。

四、当代恐怖主义犯罪的刑法完善建议

"风险社会"具有后果延伸性、难以预测性、广泛性等特征，这也使得对风险提前规制以维护国家安全和刑法的早期化介入被赋予了正当性。预防性反恐是反恐怖主义工作中的重要组成部分，有着强烈的内生需求和外在压力，需要总体国家安全观提供方向指引、政策指导和技术管控。同时，总体国家安全观具有的创新性、指导性、综合性等特征，决定了恐怖主义犯罪的刑法规制必须在总体国家安全观指导下进行，不断推动国家安全法治建设。法律是打击恐怖主义违法犯罪行为的有效武器，为了遏制恐怖主义活动在全世界范围的蔓延、打击恐怖主义活动，各国均制定了有利于侦查、起诉、审判恐怖主义犯罪的实体规定和程序规定。各国也已经在预防国际恐怖主义活动和严惩国际恐怖主义犯罪分子及其支持者方面达成共识，并通过缔结国际条约、完善国内立法等手段从国际法上促成了国际合作以打击国际恐怖主义。[①]

（一）完善中国反恐刑事立法之相关规定

预防性刑事立法首先在犯罪实体领域持续发力，主要集中在超个人法益或集体法益的犯罪行为，立法方向主要表现为犯罪化、危险犯配置和刑罚早期化介入等方面。[②] 毋庸置疑，刑法在打击反恐怖主义犯罪中具有不可替代的作用：一方面，为国家打击恐怖主义犯罪提供了法律依据；另一方面，法律可以保证国家打击恐怖主义犯罪活动的规范化、理性化，防止情绪化的报复行动。因此，运用刑

---

① 贾宇，王政勋. 中国反恐怖主义法律问题研究 [M]. 北京：中国政法大学出版社，2018：162.
② 高铭暄，孙道萃. 预防性刑法观及其教义学思考 [J]. 中国法学，2018（1）.

法打击恐怖主义犯罪是法治国家的普遍选择。① 只意图惩治恐怖主义的刑法，只是"治标"之策而非"治本"之方，在完善反恐刑事立法的同时，更需要从整个社会领域来寻求预防、惩治恐怖主义犯罪的"灵丹妙药"。中国在完善《刑法》对恐怖主义犯罪的规制时，可以综合参照其他国家的有效做法。在完善《刑事诉讼法》和《反恐怖主义法》时，既要从宏观上构建立体化、信息化的社会治安综合治理与防控体系，又要从微观上通过刑事立法应对恐怖主义的现实危害，以期为维护国际安全形势稳定贡献中国力量和中国方案，为打击恐怖主义犯罪提供法律遵循，更好地维护国家安全稳定与发展。

第一，可以通过立法修正案或司法解释对"恐怖主义""极端主义""暴力恐怖活动"等具体概念作出更加明确的界定。现行《刑法》未对"恐怖主义""极端主义"等概念给出明确界定，这必然导致在反恐怖主义司法实践中，难以恰当地认定那些在行为方式上类似的恐怖主义犯罪和一般普通犯罪之间的区别。《反恐怖主义法》虽然在第3条给出了"恐怖主义""恐怖活动"的概念和行为举例，但依然难以全面概括当前的恐怖主义犯罪行为表现。例如，如何界定"独狼恐怖袭击"和"个人极端"等犯罪行为也是实务界亟须应对与破解的难题。因此，有必要通过以立法修正案或者司法解释的方式，给出《刑法》和《反恐怖主义法》中"恐怖主义""极端主义""暴力恐怖活动""独狼恐怖袭击"和"个人极端"等犯罪行为的定义。

第二，增设相关具体罪名。增设包括利用网络进行犯罪或以袭击网络为目标的高科技恐怖主义犯罪罪名，即有关网络恐怖主义罪名，并配置适当的法定刑。增设资助国际恐怖活动组织罪，对于自愿成为恐怖活动组织成员而实施的资助、帮助行为，认定为实质上的参加行为，以参加恐怖活动组织罪予以刑法处罚。增设国家机关工作人员包庇、纵容恐怖活动组织罪。如果国家工作人员与恐怖活动组织、恐怖活动人员相互勾结，充当其幕后保护伞，甚至包庇、纵容其实施恐怖主义犯罪行为，不但会败坏国家机关的良好形象，更会增加防范和治理这类犯罪的难度。

第三，完善恐怖主义犯罪之刑罚配备。针对恐怖主义犯罪行为的特征表现，一方面，立法上要规定相应的从重处罚情节或者规定较重的法定刑，抑或增加附加刑，以体现刑法对恐怖主义犯罪区别于其他普通刑事犯罪的从重打击态度，② 切实地体现罪责刑相适应原则。建议刑法设定行为人实施的行为既触犯恐怖主义

---

① 贾宇，王政勋.中国反恐怖主义法律问题研究[M].北京：中国政法大学出版社，2018：164.
② 高铭暄，陈冉.全球视野下我国惩治恐怖活动犯罪立法研究[J].法治研究，2013（6）.

犯罪，又触犯危害国家安全或其他公共安全犯罪的，应当选择最严厉的刑事制裁措施予以处罚。建议立法机关增加相关规定：对于恐怖主义犯罪在判决的同时，人民法院可以对其进行减刑、假释作出限制性规定。另一方面，立法上应当明确规定相应的从轻、减轻或免除处罚的从宽处理情节。规定类似的针对恐怖主义犯罪行为人的从轻、减轻或免除处罚情节，其主要意义在于从内部瓦解恐怖活动组织与人员，给予恐怖活动组织与人员改过自新的机会，从而达到预防恐怖主义犯罪的目的。① 另外，需要注意的是，当前中国社会主要矛盾的变化正处在转型时期，抽象危险犯不会立即消亡，并将会在今后较长时期内广泛存在甚至不断增长。我们也应清醒地看到，我国反恐刑法还存在一些问题，诸如缺乏核心暴恐罪名、恐怖主义罪名较为分散地规定在刑法分则的多个章节中，如此分散的规定显然不足以彰显立法者对国家安全、公共安全的重视，不利于有效打击此类犯罪。因此，在适当情况下，立法机关可以根据反恐怖主义斗争的实际情况，增加新的反恐相关罪名，也可以考虑在危害公共安全罪一章里设立恐怖主义犯罪专节。

（二）科学配置恐怖主义犯罪"行刑衔接"

近年来，刑事法与行政法衔接问题逐渐成为法学界尤其是刑事法领域专题研究的热点。《关于全面推进依法治国若干重大问题的决定》指出，要"健全行政执法和刑事司法衔接机制……实现行政处罚和刑事处罚无缝对接"。毫无疑问，行政处罚以行政违法行为为前提，刑罚以刑事犯罪行为为前提。在一个行政违法行为达到犯罪程度的情况下，也即该行为既违反了行政法要受到行政处罚，同时也触犯了刑法要受到刑事处罚，这就涉及行政法与刑事法之间的衔接问题。对此，现行法律也仅作出了一般性的规定。"反恐领域的行刑衔接即行政执法和刑事司法的衔接，主要内容体现在恐怖活动行为的认定与处理、恐怖活动组织与人员的认定标准、恐怖活动资产资金的甄别等方面。"② 然而，至于如何具体衔接，行政法与刑事法均无详细条文规范加以规定，这是值得进一步研究和完善的。在目前反恐怖主义法律实践过程中，刑事法与行政法的衔接情况还不太理想，"行刑衔接"问题仍然是困扰打击恐怖主义犯罪实践的一大难题。

根据最高人民法院裁判文书网和最高人民检察院统计数据显示，全国各级法院和各级检察院以《刑法》分则第二章第 120 条 "危害公共安全罪"之规范，以组织、领导、参加恐怖活动等涉恐类罪名为事实理由，所依法判决、依法批捕和

---

① 贾宇，王政勋. 中国反恐怖主义法律问题研究 [M]. 北京：中国政法大学出版社，2018：254-255.
② 杜邈. 反恐领域的行刑衔接 [J]. 国家检察官学院学报，2016（5）.

依法提起公诉的人数并不多,而且在这些案件中,法律规范与实际情况有一定出入。目前,一些司法机关还面临适用法律条文"不清晰","不敢判"的现实压力和"不愿判"的尴尬局面,恐怖主义犯罪"行刑衔接"之间的矛盾问题依然存在。这里的关键问题在于,立法和司法实践中,行政处罚与刑事司法衔接的具体程序尚存部分缺失。例如,在具体实践层面,增设入境发展恐怖组织罪、劫持人质罪以及呼应国际规约设立相关恐怖主义犯罪等。① 依法打击恐怖主义违法犯罪活动,应重点打击恐怖主义犯罪活动组织中的首要分子、骨干成员,对情节较轻、危害不大、未造成严重后果且悔过的初犯、偶犯以及其他情节显著轻微的,可以采取治安处罚、社区矫正教育转化、约束性措施、重点人管控等综合手段,争取教育挽救大多数人员。

一方面,完善刑法与行政法之实体性衔接,亦可称为"实体性行刑衔接"。具体是指刑法与行政法在对恐怖主义领域的行政违法行为与刑事犯罪行为的规制方面,特别是在法律条文上的相互衔接。② 因此,细化到与恐怖主义违法犯罪相关的"行刑衔接",是指行政执法和刑事司法领域的具体衔接。"刑事法律作为评价和制裁恐怖主义犯罪行为的直接依据,也是反恐法律规范体系建构中的重要内容,其自身的科学性、合理性、规范性以及与反恐行政法律的衔接度,都直接影响着国家反恐怖主义工作的顺利推进和打击恐怖主义目标的实现。"③ 在反恐具体实践中,行政机关的行政执法与刑事司法相衔接是一个复杂的法律问题,它不仅涉及行政权与司法权之间的配合,也涉及不同国家机关的职权配置与相互协调等关系,关乎法治权威性和司法公信力,体现了公平与效率的和谐、自由与秩序的统一④,对预防和打击恐怖主义具有现实意义。

另一方面,完善涉恐行为的具体认定和涉恐违法犯罪行为之程序性衔接,亦可称为"程序性行刑衔接"。相对于恐怖主义犯罪在处罚程序方面的"行刑衔接"而言,"实体性行刑衔接"主要是通过设置刑法分则中的具体罪名、相应法律责任和行政法中的关于恐怖主义违法行为的内容,实现刑法与行政法在恐怖主义领域的相互衔接。恐怖主义活动不仅严重违反《治安管理处罚法》《反恐怖主义法》等法律法规,"情节严重"者还会触犯《刑法》分则中规定的具体罪名之

---

① 姚建龙,王江淮.论我国刑法与反恐法的衔接——以《刑法修正案(九)》为视角[J].犯罪研究,2016(2).
② 舒洪水.论我国食品安全犯罪行刑衔接制度之建构[J].华东政法大学学报,2016(3).
③ 贾宇,李恒.恐怖活动组织与人员认定标准研究——从恐怖主义再界定谈起[J].西北大学学报:哲学社会科学版,2017(3).
④ 杜琪.刑法与行政法关联问题研究[M].北京:中国政法大学出版社,2015:36.

构成要件,从而引发行政执法和刑事司法之间的程序性衔接问题,主要表现在恐怖活动行为、恐怖组织与人员的具体认定和涉恐违法犯罪行为的法律责任等方面。[①]可以看到,"实体性行刑衔接"是"程序性行刑衔接"之合法性的前提保证,而"实体性行刑衔接"是"程序性行刑衔接"的指向性归宿,"程序性行刑衔接"决定了"实体性行刑衔接"能否实现。由此,在恐怖主义犯罪的行刑衔接建构中,我们应把反恐动态的过程分析与静态的衔接研究相结合,在"静"与"动"的结合中,全面把握恐怖主义犯罪的行刑衔接相关立法问题。

(三)强化反恐国际合作相关刑事立法路径

现代的恐怖主义具有显著的国际性特征。反恐国际合作事关维护世界和平、稳定与发展大局,在这个意义上,打击恐怖主义犯罪的国家间的司法合作尤显重要。当前,国际反恐战略主要选择武力打击的手段,这种治标不治本的路径选择,终究不能消灭恐怖主义产生和发展的根源。2006年,联合国发布了《联合国全球反恐战略》,虽然该文件没有国际法上的拘束力,但对目前的国际反恐怖主义工作指明了方向。进行国际刑事司法合作是有效打击和防范恐怖主义犯罪的必然要求,在目前的国际环境下,任何国家的刑事司法机构都无权超越国家主权的管辖范围,这种限制使得整个国家仅依靠自己的能力无法达到有效预防和打击国际恐怖主义犯罪的目的,从而不得不寻求与其他国家的协作与配合。在探讨中国新疆地区暴恐犯罪的社会根源时,我们也必须具有国际的眼光,把新疆地区暴恐犯罪、分裂国家犯罪的国际根源纳入探讨的范围。[②]

第一,惩治恐怖主义刑事犯罪,必须从"惩"与"防"两个方面共同发力。在保持刑法谦抑性原则的同时,也应当同时满足罪责刑相适应原则。从国际上看,各国在惩治恐怖主义犯罪的过程中基本遵循了"惩防并举"的总体思路,但采用军事打击等"治标"手段一般更为各国政府所重视,而基础防范、"去极端化"等"治本"工作则相对薄弱。这一方面是由于军事打击手段更为直接,能够起到立竿见影的效果,而且军事打击手段相对简单,更易为其他国家学习和借鉴。另一方面是由于基础防范、"去极端化"工作内容庞杂,投入的人力、物力、财力等资源巨大,很多时候其成效是隐性的、长期的,甚至是难以量化的,同时防范工作又往往与各国国情紧密联系,一些做法难以被简单复制移植。鉴于此,中国开展反恐刑事立法和反恐国际合作,必须正确对待"惩"与"防"之间的关

[①] 杜邈.反恐领域的行刑衔接 [J].国家检察官学院学报,2016(5).
[②] 贾宇,王政勋.中国反恐怖主义法律问题研究 [M].北京:中国政法大学出版社,2018:163.

系，做到标本兼治、重在治本。① 为防范和打击恐怖主义，反恐执法合作应当集中在刑事司法合作层面，主要包括恐怖主义犯罪的刑事司法协助、引渡和被判刑人员移管等领域。

第二，联合国各会员方实施国内反恐行动与国际反恐战略必须遵循国际法方面的依据。以中国为例，具体来说，一是在指导思想层面，要继续坚持走合作共赢、和谐共生、和平共荣的反恐道路，树立惩防结合的标本兼治观，通过综合施策，把打击与防范、治标与治本有机结合起来。树立统一完善的法治反恐观和刑事打击观，健全完善国际国内反恐法律体系。树立协同互助的新型国际合作观，巩固和发展国际反恐"统一战线"。二是在建立健全相关法律制度层面，要强化联合国的核心作用，尽快推动出台《联合国全面反恐公约》；强化上海合作组织在区域反恐合作中的主导作用，进一步加强安全执法合作，增强应急行动能力。三是在构建中国反恐立法格局层面，要在宪法中对包括反恐国际合作在内的反恐事宜作出明文规定；制定《反恐怖主义法》实施细则和相关司法解释；加强《反恐怖主义法》与《刑法》的衔接、修订《人民武装警察法》《国际刑事司法协助法》等配套法律，为增强打击恐怖主义犯罪的整体法律效果提供更有力的法律支撑。四是在加强反恐国际刑事司法合作层面，要强化引渡的重要作用，完善涉恐引渡程序，积极探索非法移民遣返、异地追诉和劝返、秘密拘捕等涉恐引渡替代措施。五是在加强反恐情报合作方面，要完善涉恐情报交流机制并将其纳入联合国为主导的反恐国际合作框架。六是在发挥武警部队境外反恐作用方面，要坚持法定性、必要性、高效性原则，完善武警部队境外反恐的相关法律保障。

第三，继续坚持标本兼治、依法治理，探索和完善中国特色的反恐怖主义国际合作法律路径。恐怖主义是人类社会共同的敌人，客观的社会形势决定着犯罪化将成为中国刑法立法未来一段时间里改革的基本趋势。党的十九大以来，各级反恐怖主义工作部门坚决贯彻落实中央决策部署，反恐怖主义工作由被动向主动转变。可以看到，《反恐怖主义法》第七章"国际合作"为开展反恐国际合作提供了重要的法律依据。规定了国际反恐遵循的原则、国际合作反恐的具体路径和国际刑事司法合作制度，尤其是第 71 条首次规定了武警出境执行任务的特殊方式。未来，在完善反恐国际合作相关刑事立法过程中，我国应当积极参与反恐国际立法，充分尊重联合国和区域组织的权威，深入贯彻落实国际反恐条约精神，努力推动国内相关立法。应当深化国际刑事司法合作，推进国际反恐情报信息交流，发挥武警部队在境外反恐中的重要作用。国际法为中国在"一带一路"沿线

---

① 王亮. 中国反恐法律机制中的国际合作问题研究 [D]. 西安：西北政法大学，2017.

国家和地区开展反恐国际合作提供了法律保障，各国应当秉持合作共赢的思维理念，以"人类命运共同体"理念与"总体国家安全观"为指引，努力开创反恐怖主义国际合作的新局面。①

五、本章小结

中国目前正处于全面转型时期，同时也面临着"风险社会"带来的诸多挑战，恐怖主义威胁已成为"风险社会"中不容忽视的巨大毒瘤。中国受境内外多重因素的叠加效应影响，反恐怖主义斗争面临的新形势、新情况、新问题不断增多。运用法律手段来应对恐怖主义威胁是国际社会的普遍性选择。一方面，如何进一步完善刑法预防性措施、发挥刑法预防性功能，将是中国刑法未来实施改革的重要内容。怎样正确看待和分析恐怖主义犯罪问题的根源，意味着在政策制定、立法修改和治理机制上采取什么样的战术战略。另一方面，从国际法维护国际和平与安全的角度考量，国际恐怖主义犯罪不断蔓延发展的情势表明，恐怖活动的新特点一直考验着国际反恐法理基础的精准性、确定性和完备性，也在不断地修正着反恐法律体系的内涵与外延。在中国，深入推进反恐维稳工作应当严格把握和执行好党中央的民族宗教政策，既要严格执法，依法打击暴恐分子的嚣张气焰，维护社会稳定，又要讲究工作方式方法，保障人民群众的合法权益。

通过综合考察中国现阶段的反恐刑事法治政策，"宽严相济、以严为主"，"标本兼治、重在治本"，"打早打小、预防为先"是遏制和打击恐怖主义犯罪的反恐刑事政策。当前和今后一个时期，需要坚持问题导向，推进反恐怖主义法律体系建设工作，准确把握宗教极端违法犯罪与正常宗教活动的区别，依法严厉打击恐怖主义犯罪，决不允许游离于法律之外的特殊人员存在。既要精准打击恐怖主义违法犯罪分子，又要依法保护少数民族群众的合法权益，确保良好的政治效果、法律效果和社会效果的统一。为防御恐怖主义这一严重的非传统安全问题，还需进一步完善涵盖反恐刑事立法与专门反恐怖主义法在内的国家安全法律体系，力求使"风险社会"视域下的反恐怖主义工作在法治环境下取得明显实效。

---

① 徐军华."一带一路"与国际反恐：以国际法为视角 [M]. 北京：法律出版社，2019：63.

第三章　网络恐怖主义犯罪的考察与防范治理路径

一、问题的提出

近年来，网络犯罪比例大幅提高，新的网络攻击方式也开始出现，例如通过黑客病毒、植入木马程序、智能远端操控等实施犯罪。网络安全问题也随之相伴而生，世界范围内利用网络作为工具侵害个人隐私信息、侵犯知识产权等网络违法犯罪时有发生，网络电信诈骗、网络恐怖主义（Cyber Terrorism）等已成为全球之公害。就如同全球化现象带给世界各国的正面及负面影响一般，网络给人们的生活带来便利的同时，其潜在的安全威胁也不容忽视。网络恐怖主义犯罪是一种高科技条件下的新型恐怖主义活动。恐怖分子利用暴恐音视频作为宣传恐怖主义的重要方式，歪曲宗教教义、煽动极端主义思想、鼓吹暴力恐怖意识形态；借助新兴媒体、智能手机 APP 等现代信息化手段，传播暴恐思想。

随着科学技术的飞速发展和日益革新，网络空间已经形成了一个具有完整社会功能的活动空间。在信息技术蓬勃发展的时代，恐怖主义犯罪已逐渐不受时空条件的限制，恐怖活动组织与人员利用先进的通信科技设备，以此作为实施恐怖活动的联络工具，导致危害国家安全、公共安全的事件屡见不鲜。恐怖活动组织与人员将现实中的恐怖主义犯罪不断转移至虚拟的网络社会之中，并逐渐将互联网打造成恐怖主义犯罪的新的平台或工具。任何事物都有其两面性，网络在服务人类社会生产生活的同时，也为恐怖主义这一非传统威胁提供了传播扩散的温床，并改变了恐怖主义的组织形态、行为手段和犯罪方式，扩展了恐怖主义的影响范围，形成了网络恐怖主义这一具有独立特点的新型恐怖主义。诸多证据表明，恐怖活动组织与人员已熟练掌握了多种网络技术，并试图培植"圣战"分子的网络专家。包括传播暴恐音视频在内的多种网络恐怖活动，给全球带来了重大威胁。[①]

---

① 李淑华.网络安全治理：防范和打击网络恐怖主义的路径选择[J].情报杂志，2017（8）.

网络恐怖主义是在人类进入网络时代后产生的新现象。恐怖主义还在进一步向网络空间渗透，与网络的结合更加紧密，成为人类社会面临的新的重大威胁。网络恐怖主义煽动在境外、行动在境内；恐怖音视频的制作在境外、传播在境内。① 因此，要彻底铲除恐怖音视频，就必须坚决打掉境外制作、传播的源头和平台。目前，世界各国对网络恐怖主义犯罪的研究起步较晚，研究成果相对匮乏，法律应对与政策治理还不够完善，国际社会形成打击网络恐怖主义的合力还未突破技术等现实困境。本书以全球信息化背景下的网络与恐怖主义犯罪的结合为逻辑起点，剖析网络恐怖主义犯罪的新动向、特征及打击难点等现实挑战，梳理并提出网络恐怖主义犯罪的刑事政策治理路径，以期为国家安全战略构建提供支持。

二、网络与恐怖主义犯罪相结合的具体表现

（一）网络与恐怖主义的结合

以互联网为代表的新兴技术，已对人类生产生活和社会经济产生了深远影响。对网络依赖程度的逐步加深是网络恐怖主义泛滥的重要客观条件。网络的全球性覆盖是网络恐怖主义产生的"硬件"。无论是发达国家还是发展中国家，网络的覆盖率与网民数量都是惊人的。"由于发达国家对网络极强的依赖性，因而（网络恐怖行动）对其网络中枢的打击可能是致命的，由此产生了'戴维效应'，即弱的对手通过掌握先进技术重创敌人的方式可能成为弱国战胜强国的有效方式。"② 由于网络活动具有隐秘性、匿名性、跨时空性等特性，网络成为重要犯罪通道。1996年，斯里兰卡武装组织"塔米尔猛虎组织"针对驻外使馆发动电子邮件病毒攻击，被视为最早有记录的网络恐怖主义事件。随着社交媒体的广泛运用，其互动密集、成本廉价、传播广泛的特征日益凸显，在为用户提供沟通便利的同时，其匿名、复杂、快捷的本质属性也为恐怖主义带来了可乘之机。网络技术赋予了恐怖主义现代化特征，科技的变更迭代也是网络恐怖主义衍化的关键因素和直接动因。在信息网络技术飞速发展的今天，网络恐怖主义犯罪随之在全球范围内呈现出日益高发之态势并衍变出新形态。③

当今世界，人们的生活重心已由单一的现实空间，演变为现实空间与网络虚

---

① 高铭暄，李梅容. 论网络恐怖主义行为 [J]. 法学杂志，2015（12）.
② 王丹娜. 网络恐怖主义与网络反恐 [M]. 北京：清华大学出版社，2020：147.
③ 皮勇. 网络恐怖活动犯罪及其整体法律对策 [J]. 环球法律评论，2013（1）.

拟空间各占一部分。人们可以通过网络信息平台和社交媒体轻易地获得各类恐怖主义信息，在恐怖活动组织与人员的眼中，这些信息正是搜集和利用的目标。一方面，恐怖分子利用网络的开放性、跨国性、隐秘性等特点，将恐怖活动不断转移到网络空间，使网络逐渐成为恐怖主义犯罪的工具和平台。特别是由于网络的无疆界性和高科技性，使得恐怖主义犯罪活动也随之跨越了地理疆域。另一方面，恐怖分子开始利用网络技术的隐蔽性和便捷性，将对激进分子的招募、对恐怖分子的管理以及对恐怖活动的策划由现实空间转至网络空间。从某种程度上来讲，网络恐怖主义是计算机网络与传统恐怖主义紧密结合的最终产物，而网络恐怖主义犯罪就是恐怖分子将网络和恐怖主义相结合的必然结果。[①]

目前，恐怖活动已脱离使用"冷""热"武器进行破坏的阶段，开始与互联网、机器人、核武器、基因生化等高科技紧密联系。尤其是在信息技术进入网络3.0时代后，Facebook、Twitter、Instagram、YouTube、Telegram等网络社交媒体的兴起，使网络空间活动的参与主体变得更加多元，普通公众也从网络信息的"被动接收者"转变为"主动发布者"。例如，网络暴恐音视频已成为恐怖活动组织与人员向境内传播恐怖思想的主要渠道、煽动境内暴恐分子行动的重要工具、境内人员组织暴恐团伙的思想基础和暴恐分子实施暴恐活动的"精神支柱"。国际社会还注意到，恐怖活动组织与人员开始将目光从封闭式的普通网络论坛转向开放的社交平台。社交平台已成为恐怖分子实施网络恐怖主义犯罪的最好的工具，加速了网络恐怖主义的滋生与蔓延，网络恐怖活动已成为恐怖主义犯罪的重要发展方向。

（二）网络成为恐怖主义犯罪的助力平台

网络恐怖主义是时代的产物。随着信息技术的快速发展，网络为恐怖活动组织与人员提供了新的活动工具和犯罪平台，恐怖主义正由物理空间延伸到网络空间，与传统的恐怖活动相比，网络恐怖活动更加"无形"。尤其当网络犯罪与恐怖主义结合在一起时，网络恐怖分子即可能成为继经济驱动、黑客攻击和间谍行为之后的第四种互联网攻击发动者，恐怖主义可能成为实施网络攻击的动机和目的。

恐怖主义相比于其他非传统安全威胁，具有"根深、枝广、易变"等特点。如果把恐怖主义比作当今全球之"瘟疫"，那么网络恐怖主义就是该"瘟疫"的幕后推手。为了增强恐怖袭击的隐蔽性，恐怖活动组织与人员或匿名登录，或使

[①] 闫雨. 我国网络恐怖主义犯罪的立法规制与治理 [J]. 河南师范大学学报：哲学社会科学版，2019（3）.

用隐藏身份，或用暗语交流，已经由起初的依托互联网进行联系、策划恐怖袭击，拓展为依托互联网进行人员招募、培训恐怖分子、宣扬"圣战"极端主义思想、发布并传播暴恐音视频、传授武器装备技术或制爆等特殊技能。可以看到，网络恐怖主义是促使恐怖活动大幅增多的主要原因。网上传播宗教极端思想、制爆技术和反宣渗透活动不断增多，"世维会"等"东突"组织、敌媒借网络媒体滋扰煽宣活动仍频，恐怖分子不断提升极端信息发布的质量与复杂程度。还要看到，随着各国反恐力度的不断加大，恐怖活动组织与人员借助"暗网"（主要指一些存储在网络数据库中、不能通过超链接方式访问，需要运用动态网页技术访问的信息资源集合。亦即不属于那些可以被常规搜索引擎检索的表面网络，意图构建一张广义上的"暗网"）进行犯罪活动的趋势越发明显。

当前，随着大数据应用、移动互联网、云计算物联网三大技术的广泛应用，传统的信息化应用模式悄然发生变化。由于网络信息的全球性、开放性、共享性、快捷性、即时性、传播方式多样等固有特征，网络恐怖主义成了新时代的安全治理难题。网络本身所呈现的匿名性、隐秘性、快捷性、全球性等特征，无论是在人员风险、攻击成本、攻击手段和目标方面，还是在各种信息情报收集和恐袭效果扩大等方面，网络信息化技术都能够为网络恐怖主义主体提供各种"支持"。安全专家认为，恐怖分子在互联网上散布关于劫持人质和斩首的视频片段，是为了制造强大的恐怖心理效应。在韩国和美国人质事件中，恐怖分子先放出关于人质乞求释放和武装分子威胁斩首的视频，随后互联网和阿拉伯电视台出现人质遭斩首的视频片段，血腥场面令人发指。[①] 随着互联网的普及，网络安全问题变得越来越突出。例如，近年来，"伊斯兰国"等恐怖组织，通过非法手段掌控网络社群媒体，运用网络社交平台在虚拟空间"线上"从事恐怖主义活动，宣扬暴力恐怖主义、宗教极端思想、传授制枪制爆以及恐怖袭击等犯罪方法，传播煽动实施爆炸、暗杀、投毒和自杀式袭击等恐怖活动音视频；"9·11"事件发生后，美国联邦调查局查出恐怖分子除以网络邮件进行联络，更运用网络途径宣扬恐怖主义、募集资金、协调行动等，凸显利用网络协助恐袭的新特征；再如，2013年9月，肯尼亚首都内罗毕西门购物中心暴恐事件的制造者，对袭击事件整个过程进行了"推特直播"，以此宣扬其暴力恐怖行为和极端主义思想，同时还向全世界招募"圣战士"参与恐怖袭击活动，进行激进暴力恐怖攻击行动，危害目标国家和地区的和平与安全，导致区域和国际安全环境的持续动荡。通过网络发布血腥视频，不仅能达到制造民众的心理恐慌、炫耀实力、吸引世界关注的

---

① 王丹娜. 网络恐怖主义与网络反恐[M]. 北京：清华大学出版社，2020：149-152.

目的,给国际社会的反恐行动施加压力,甚至还起到妖言惑众、挑起事端、激化矛盾的作用。①

(三)网络恐怖主义犯罪的表现形态

当前,许多西方国家对网络恐怖主义的意涵,大多采用"国际安全与合作中心"在一份名为《网络安全及恐怖主义国际会议提案》(*Proposal for an International Convention on Cyber Crime and Terrorism*)的文件上所使用的定义:"未经合法权利授权之下,故意使用或威胁使用暴力破坏扰乱互联网系统,此种行为将可能造成一人或多人死亡或受伤;造成有形财产的实质毁损、社会失序或严重的经济损失。"学者托马斯(Timothy L.Thomas)指出,近年来的国际反恐行动已查获诸多恐怖分子所使用的电脑,通过分析电脑设备,可发现恐怖分子开始利用网络进行搜集资料、理念宣传、筹措资金、交换情报、远程指挥、组织动员、招募新人及隐匿行踪等活动,托马斯将此类活动统称为"网络恐怖主义策划行为"。同时,还有学者将恐怖分子在网络空间的所有活动,一概视为网络恐怖主义犯罪行为。学者古德曼(Marc D. Goodman)将网络恐怖主义的表现形态分为两大类。一类为"激进恐怖分子在网络空间实施的各种活动",包括通过网络进行宣传、鼓动和募款等"支援性活动",如人员培训、交换情报和筹划攻击、威胁恐吓等"操作性活动"。另一类为"利用计算机网络攻击国家的重要基础设施",即通过计算机、网络攻击与一般民众日常生产生活息息相关的各项基础设施,主要包括大众运输系统、政府官方网站、银行及金融机构等。美国国防部认为网络恐怖主义是非国家行为者利用计算机及电信能力,针对信息资讯、电脑系统、电脑程序实施的犯罪行为,以制造暴力并对公共设施的破坏,或制造社会恐慌,最终迫使政府或国际组织实现其特定的政治主张或意识形态等目的。

网络恐怖主义有两种表现形态:一种是将网络作为辅助工具的工具型网络恐怖主义;另一种是将网络作为攻击目标的目标型网络恐怖主义。②工具型网络恐怖主义是指为了实现恐怖主义的政治主张和行为等意识形态目的,通过计算机网络进行的违法犯罪活动。例如,反侦查、筹资、通联和宣传等行为活动。目标型网络恐怖主义是指意图实现其政治、意识形态等目的的主张和行为,针对网络信息系统、网络空间实施的恐怖袭击,意图制造社会恐慌、危害公共安全、侵犯人身财产等违法犯罪活动,通过网络攻击水电、通信、交通、金融、医疗、卫生等

---

① 潘新睿.网络恐怖主义犯罪的制裁思路[M].北京:中国法制出版社,2017:236.
② 朱永彪,魏月妍,梁忻.网络恐怖主义的发展趋势与应对现状评析[J].江南社会学院学报,2016(3).

部门的计算机系统，使公共设施陷入瘫痪。当前，工具型网络恐怖主义活动异常活跃，从未来发展来看，目标型网络恐怖主义威胁可能更加突出，袭击重点将是金融行业、商业系统，以及高度网络化、智能化管理的水、电、气等供应控制系统，油气管道、客运中心、航空机场枢纽和车站码头管理系统等。

基于已有研究成果并借鉴国外关于网络恐怖主义的界定，笔者认为，网络恐怖主义是恐怖主义与互联网相结合的产物，是恐怖主义在网络上的延伸。具体是指恐怖活动组织与人员基于政治目的或意识形态等其他特定目的，将网络作为犯罪辅助载体，或把网络作为实施恐怖攻击的目标对象，从而达到制造社会恐慌、人员伤亡或经济财产损失等严重社会后果的恐怖主义行为，其最终目的是利用网络为实施恐怖主义犯罪提供服务。维护网络安全是促进国家发展的前提和条件，应当客观把握当前网络恐怖主义犯罪的新动向、特征及打击难点，坚决防范和打击网络恐怖主义及其他违法犯罪活动。

三、网络恐怖主义犯罪的动向、特征与防治难点

（一）网络恐怖主义犯罪的新动向

互联网改变了人类社会生产生活和思维方式，对人类社会的发展进步起到了巨大的推动作用，并形成了网络这一社会活动的新空间。网络是一把双刃剑，在为人类提供各种便利的同时，也为恐怖主义提供了滋生发展的温床，提供了攻击技术、攻击对象、攻击的隐蔽环境等。从理论上来说，现实世界对信息网络的依赖程度越高，网络恐怖主义发生的可能性就越大；信息网络自身越脆弱，网络恐怖主义可能造成的破坏就越大。美国前国防部长科恩曾说："我们越是依赖计算机和信息系统，我们在那些网络恐怖分子面前变得就越脆弱。"[①]

1. 网络恐怖主义成为威胁世界安全与稳定的新方式

网络恐怖主义作为"互联网＋"的版本代表，是现代科技革命背景下恐怖主义活动的新型表现形式。一方面，网络恐怖主义作为新兴的恐怖主义表现形式是传统违法犯罪的延伸和扩充。由于网络恐怖主义牵涉的范围十分广泛，包括网络科技本身存在的局限、黑客病毒、程序安全漏洞、恶意系统程序、电脑蠕虫等恐怖袭击手段不断变化翻新，在某些系统及程序漏洞获得修补的同时，更多新安全软件问世，也随之出现更多新的漏洞，各种变化皆使得网络恐怖主义比传统恐怖

---

① 赵红艳. 总体国家安全观与恐怖主义的遏制 [M]. 北京：人民出版社，2018：143.

主义更加难以被发现。另一方面，与传统恐怖主义相比，网络恐怖主义具有"非现实破坏性"、随意性、突发性和低成本性；恐怖活动组织具有隐蔽性、制造恐怖结果的超时空性，以及与传统恐怖主义的关联性等。恐怖活动组织与人员利用网络信息技术，进一步达到扩散极端主义的目的。例如，在网络空间开展宣传暴恐极端主义思想、制传暴恐音视频、招募补充人员、募集筹集经费、传授恐怖活动技能、远程数据破坏或实施网络恐怖袭击等犯罪行为。①

2. 科学技术成为助推网络恐怖主义滋生发展的新动力

网络恐怖主义通过各种科学技术手段，能够用最小的代价在网络虚拟空间制造恐怖氛围，甚至能够制造比传统恐怖活动影响更大的网络空间和现实空间的双重灾难。② 一方面，全球信息化背景下，恐怖活动组织与人员的制爆规模、技术水平及爆炸装置种类威力不断升级。恐怖组织利用网络技术手段，通过特定网络渠道获取信息，或在恐怖袭击后宣布负责，或为恐怖组织成员提供培训资料和犯罪方案，从而构建了方便组织内外信息传递的线上、线下的运作模式。③ 随着网络恐怖主义肆虐及现代信息技术的快速发展，境内外涉恐违法犯罪人员利用各种非法渠道，传递被封堵的境外网站链接，利用"网盘"等存储空间中的极端信息，进行宣传煽动、秘密勾连和策划指挥，网络恐怖主义新动向已成"白热化"发展态势。另一方面，暴恐音视频成为暴恐分子从事民族分裂、宗教极端和暴恐活动的最主要诱因。就国内而言，从中国警方破获的大量恐怖案件来看，恐怖音视频已经成为中国境内特别是新疆恐怖袭击多发的重要诱因。恐怖分子大多收听、观看过"东伊运"恐怖组织发布的恐怖音视频，受过宗教极端思想的洗脑。④ 近年来，这些恐怖组织制作发布暴恐音视频的数量虽持续减少，但拉拢大学生参加"圣战"、煽动对中国海外利益目标实施袭击内容增多。从国际上看，"伊斯兰国"等暴恐极端组织持续煽动全球穆斯林袭击"异教徒"，不断在网络社交平台发布暴恐音视频和电子书，散播宗教极端思想，煽动全球穆斯林群众用石头、刀、卡车等一切可能的工具袭击"异教徒"，声称将持续在人口密集场所发动袭击。"伊斯兰国"等暴恐极端组织还加大网络传授制枪制爆、毒气使用等方法，并企图将电子设备改造成爆炸装置实施暴恐行动。

---

① 舒洪水，党家玉. 网络恐怖主义犯罪现状及防控对策研究 [J]. 刑法论丛，2017（3）.
② 余丽. 关于互联网国家安全的理论探讨 [J]. 国际观察，2018（3）.
③ 余硕，刘旭. 网络恐怖主义新动向及其治理分析 [J]. 情报杂志，2018（2）.
④ 王丹娜. 网络恐怖主义与网络反恐 [M]. 北京：清华大学出版社，2020：161.

3. "暗网"恐怖活动成为网络恐怖主义更加隐蔽的新表现

利用"暗网"加密渠道，降低制造恐怖事件的成本和技术门槛，大大提高了恐怖组织的行动能力，缩短了恐怖活动的行为周期。"暗网"背景下的恐怖主义存在广义说和狭义说之分。一方面，广义的"暗网"也被扩大解释为所有使用了特殊软件或特殊配置的加密传输信息，从而导致政府监管部门无法有效管控这些网络通信和联络方式。除"Tor"网络（The Onion Router，俗称"洋葱路由器"）等隐蔽网络外，还包括非标准协议加密网络通信（如翻墙工具）、虚拟专用网络（如 VPN 在线代理网络）、加密即时通信软件。特别是翻墙工具和 VPN 代理网络主要被用于穿透国家网络关防，访问被封锁的境外网站和网络服务，加密即时通信软件也经常被违法犯罪人员用作秘密通联的特殊渠道。另一方面，狭义的"暗网"特指通过专门的隐蔽通信工具在互联网上搭建隐蔽网络，其中使用最广泛的就是"Tor"网络，其他典型的网络包括 I2P（Invisible Internet Project，即"隐形网计划"）等，不同的网络空间彼此互不相通。架设在"暗网"上的网站采取特殊措施对真实位置进行深度隐藏，只允许本网络用户访问，普通互联网上的用户和搜索引擎则无法访问和查询该网站信息。据统计，目前全球"Tor"网络上每天约存在 5.7 万个网站地址。网站数量占据前三位的类别主要涉及"色情""毒品"和"政治"类话题。此外，还存在大量制造假钞、武器、黑客类网站。"伊斯兰国"等恐怖极端组织与人员将一些网络在线活动转向"暗网"，利用其进行恐怖主义犯罪活动，进一步增大了"暗网"的社会危害性。

（二）网络恐怖主义犯罪的主要特征

从近年来破获的暴恐案件来看，网络恐怖主义犯罪呈现出如下主要特征。

1. 犯罪手段的多元化

网络恐怖主义导致暴恐极端主义思想比以往任何时间节点都更容易传播扩散，其危害甚至比生化袭击武器的破坏力还强大。第一，利用即时通信工具向他人传播、传授"圣战"及制作爆炸装置技术音视频信息，在用户群内发布相关网络链接地址。"三股势力"人员利用网络即时通信工具勾连、传播宗教极端思想、煽动策划暴恐活动动向十分突出。[①] 第二，恐怖分子利用网络实施宣传动员、网络攻击、资金转移、内部联系、人员招募、危险品购置、情报获取与知识传递等活动。第三，暴恐分子频繁变更网络发布平台。例如，"东伊运"将恐怖音视频作为煽动极端主义的主要手段，频繁变更网络平台域名网站。新域名服务器一般

---

① 钟晨赫. 恐怖活动案件侦查权研究 [D]. 北京：中国人民公安大学，2017.

设立在境外部分反华的欧美国家，恐怖组织利用境外互联网购买或出售物品是其网络恐怖活动的重要表现。第四，翻墙登录敌对网站，转发境外谣言信息。重点地区人员使用"翻墙"软件登录境外敌对网站，也有人将境外"东突"反宣视频上传至国内网站。[①] 第五，暴恐音视频发布数量不断增多、内容多样。暴恐音视频和电子书发布屡见不鲜，策划煽动恐怖袭击的气焰十分嚣张。如新疆拜城县"2·17"暴恐案中，团伙成员多次聚集在主犯出租屋内观看恐怖音视频，逐渐形成极端主义思想，随后便进行制爆试爆活动，预谋实施"圣战"直至案发。

2. 行为方式的隐蔽性

与传统恐怖活动相比，网络恐怖活动更加"无形"。第一，从利用境内网站、网盘等公开传播恐怖音视频，转向利用境外即时通信工具传播链接地址，利用私密网盘、通信群组、关系圈子和加密传输等方式传播暴恐思想，并不断更新和升级版本。恐怖组织依靠网络的虚拟性和隐蔽特性，更易隐藏其中使其难被察觉，以加大侦查部门的监测难度。第二，暴恐分子媒体制作与传播技术日益娴熟，并转向以更隐蔽的方式传播网络暴恐音视频。据统计，大量已发暴恐案件都与恐怖音视频有关，90%的涉案人员交代曾经观看过恐怖音视频，可见暴恐分子受恐怖音视频的"洗脑"十分严重。"基地""伊斯兰国"组建了专门的媒体部门或宣传团队，这些音视频主要通过加密传输、多渠道存储分享等方式传入中国境内，与以往在境内网上公开传播不同，暴恐分子开始利用通讯群组、圈子等非公开隐蔽渠道传播相关链接地址，并且不断更新版本以增加监测难度。第三，恐怖音视频大肆宣扬"圣战"等极端主义思想，暗中传授暴恐犯罪技能，已成为催生境内暴恐活动的重要"思想根源"，网上暴恐音视频成为暴恐活动的"训练教材"，成为危害国家安全和公共安全的心腹大患。加之，网络空间无远弗届，恐怖组织可在世界任何角落从事不法活动。据相关报道，每年恐怖组织利用网上赌球、网上博彩业等洗钱、筹集资金达数亿美元。更重要的是，大量暴恐音视频随之流传到社会，通过手机储存卡、U盘、二手手机等在人际间相互传播，恐怖组织积极拓展新的传播渠道，继续谋求网络生存空间，使之更加难以发现和及时阻断。

3. 意识形态的煽动性

一方面，恐怖组织不仅可像过去那样运用网络进行宣传、攻击关键基础设施或从事其他犯罪行为，更可通过"启发"与"激进化"手段促成"孤狼式"恐怖攻击。网络恐怖主义的现实威胁，最大特点是通过"激进化"的方式"启发"潜

---

① 谭佳宁. 打击网络恐怖主义的国际法问题研究 [D]. 重庆：西南政法大学，2017.

在支持者。"启发"意指具有宗教、种族或社会背景的人士，原已具有某种程度的攻击倾向或反社会性格，在接受媒体宣传、暗示或煽动后，获得执行恐怖主义的指导。网络科技与社群媒体的兴起即成为"启发"的绝佳平台，因为不需要人际间的实体互动，更不必加入恐怖组织，只要网络社群灌输观念，即可产生"激进化"的效果。而"激进化"通常是指采取一种被主流社会拒绝的宗教观，并以此将暴力合理化，促使社会与政治现况的改变。由于网络恐怖活动无须耗费大量时间和金钱招募人员，其训练门槛低亦属间接操作，使恐怖组织更易招揽及保留追随者。另一方面，从网络暴恐音视频内容分析，当前的"启发"与"激进化"不再通过组织"面对面"聚会的形式进行，转为多由"线上"论坛、影音网站及网络社群组织进行，这些形式也成为恐怖主义的最新型态。此类音视频呈现出系列化、多语种的发展趋势，内容涉及煽动"圣战"、教授制枪制爆、炫耀鼓吹实力、招募人员等，且往往在境内发生恐怖事件后第一时间发布、进行声援、吹捧"战果"。这些活动与境内形势的连接更紧密，时效性和煽动性更强，且往往在境内发生恐怖案件后发布。任何恐怖袭击事件抑或网络恐怖活动本身，均能通过网络宣传推波助澜而引起更多关注，更助其宣扬理念。

（三）网络恐怖主义犯罪的防治难点

从近年来已发的暴恐案件来看，打击网络恐怖主义犯罪主要有以下难点。

1. 切断渠道难

恐怖活动组织与人员滥用世界经济全球化、科技信息化的发展优势，不断传播暴恐极端主义思想，变本加厉危害国际社会和人类安全，成为国际安全领域中最为棘手的现实难题之一。如果网络技术侦查手段跟不上，反制能力弱，就难以做到有效侦控。新型网络传播工具层出不穷，现有传统侦查措施也需要跟上科技发展的步伐。比如，凭借现有技术，还难以完全阻截"加密代理""虚拟专网"和"穿透工具"。暴恐分子很容易通过"加密代理""翻墙"软件等从境外网站获取恐怖音视频和下载链接地址。暴恐分子通过境内网站、社交应用等传播渗透行为还难以彻底控制，境内网上勾联传播的渠道尚未彻底切断。

2. 铲除源头难

网络恐怖主义犯罪无国界化引发的犯罪扩张存在反恐困境。实践中，暴恐音视频主要依托Google、YouTube等基于"大数据""云计算"的境外大型网站发布传播，拍摄团队多位于涉恐重点国家的边境地区，拍摄完毕后传至其他国家进行后期加工编辑，之后上传至境外大型互联网站，利用境外大型网站网盘、即时通信工具进行存储传播。其维护人员主要分散在若干欧洲国家，服务器主要位于北美、欧洲等地区，对这类网站进行封堵、技术反制的难度较大且成本较高，交涉和举报时间较长、效率较低的问题明显。网络恐怖主义犯罪可能间接性地引起遍布于多个地区的恐怖活动，造成更多的经济损失和人员伤亡，对其打击和预防难度也随之增加。

3. 管控制裁难

恐怖音视频网下流传时间长，这些音视频流传在社会上，并通过手机存储卡、U盘、二手手机等在人群传播，发现和清理难度较大。特别是以关键词过滤为主的监控方式难以有效监测恐怖音视频，尤其是对二手手机、电脑音像市场的管控难度较大，难以有效阻断恐怖音视频的传播扩散。暴恐分子普遍使用境外加密即时通信工具、手机"黑卡"隐蔽传播暴恐音视频，采取"机卡"分离携带暴恐音视频，增加了发现、侦查和打击难度。目前，我国法律法规针对恐怖主义犯罪的网络空间化引发的刑法评价体系相对较为滞后，特别对观看、持有、上传、存储、下载暴恐音视频等行为的法律认定，以及打击为网络犯罪提供"穿透工具"等行为，尚缺乏明确的法律依据和制裁手段。而网络监管和网络反恐法律的滞后以及现有法律体系中存在的漏洞，使得网络空间成为恐怖分子实施犯罪的平台。

4. 封控"暗网"难

"暗网"因其特殊的加密服务特性而成为恐怖活动组织与人员的"避风港"。相较于常见的恐怖活动行为，"暗网"恐怖主义行为手段更具隐蔽性，实现途径更具技术性，拓展功能更具辅助性。"暗网"普遍采用多层加密、多重跳转代理节点，随机变换信息传递路径等隐蔽措施，确保无论是从普通的互联网上，还是从"暗网"的用户端、目的服务器端、中途跳转节点，以及任何第三方，均无法监控网络通信活动。通常难以被常规搜索引擎发现，用户需通过程序性注册，以动态请求方式借助"Tor"等特定工具登录浏览。[①]"Tor"网络等"暗网"也可以被用作穿透网络关防的工具，用户通过"暗网"连接到一个境外代理节点，再进入普通互联网，访问已被封堵的境外涉及极端内容的网站。由于"暗网"良好的匿名性和抗追踪性特征，大量非法网站依附其上。

当前形势决定未来任务，落实行动决定最终成效。网络是一个无国界、开放性的公共空间，这种复杂性决定了有时仅靠一地、一区甚至是一国的执法力量难以有效应对和防范。通过上述对网络恐怖主义犯罪的新动向、特征及打击难点的分析，本书提出网络恐怖主义犯罪的政策治理路径包括：加强网络信息基础设施

---

① 李超，周瑛，魏星.基于暗网的反恐情报分析研究[J].情报杂志，2018（6）.

安全防护，构筑网络反恐法律体系，不断完善网络恐怖主义防范措施，依法开展网络恐怖主义犯罪刑事打击，深化推进网络反恐国际合作等。

四、网络恐怖主义犯罪的防范治理路径

（一）以总体国家安全观为指导，充分发挥刑事法律在网络反恐中的重要作用

网络空间不是法外之地，维护网络安全是总体国家安全观的重要组成部分。网络恐怖主义及其犯罪的治理，需要通过国际法制和国内法制两个层面来开展。其中，国际法制的实施最终还是要通过转化或吸收的方式依靠国内法制来实现。当前，无论是从法律、政策还是从安全角度出发，网络空间都还是一个没有形成全球共同规范的未知领域，无论是权威、透明度还是责任都不是很清晰。① 预防和打击网络恐怖主义犯罪行为的国内法制度应尽快完善。② 党的十八届四中全会提出，要加强互联网领域立法，完善网络信息服务、网络安全保护、网络社会管理等方面的法律法规，依法规范网络行为，强化针对破坏网络安全等重点问题的治理。③

充分发挥刑事法律在网络反恐中的重要作用，坚持以总体国家安全观为指导，采取有效措施，全面推进网络空间法治化。

第一，在刑事立法层面，为有效应对恐怖主义，实现预防和惩治恐怖活动的法律化、制度化、常态化，并与国际接轨，执法部门在应对网络恐怖主义犯罪等新型犯罪时，应以《反恐怖主义法》《网络安全法》和《刑法修正案（九）》为根本指导。《刑法修正案（九）》以保护计算机系统和数据为主，并重点打击利用计算机和网络实施的相关犯罪：增设违反网络服务商义务的犯罪，第286条之1规定了"拒不履行信息网络安全管理义务罪"；增设利用信息网络实施其他犯罪和帮助他人利用信息网络实施犯罪的规定，第287条之1规定了"非法利用信息网络罪"，第287条之2规定了"帮助信息网络犯罪活动罪"等。《刑法》出现了扩张的内在动因与现实需求，并将"风险社会"和预防犯罪作为刑事立法政策调整的背景，表现为帮助行为的正犯化、预备行为的实行行为化、过失危险行为的犯罪化以及行政犯和义务犯的出现等，彰显了中国依法打击一切形式的恐怖主义

---

① 马国春，石拓.国际涉恐音视频的网络传播及其治理[J].阿拉伯世界研究，2016（1）.
② 徐军华."一带一路"与国际反恐：以国际法为视角[M].北京：法律出版社，2019：186.
③ 李大光.全球化背景下的总体国家安全研究[J].人民论坛·学术前沿，2018（8）.

行为的信心和决心。笔者认为,未来刑法中还可增设包括利用网络进行犯罪或以袭击网络为目标的高科技恐怖主义犯罪罪名,即有关网络恐怖主义罪名,并配置适当的法定刑。①

第二,在刑事打击层面,依法打击网络恐怖主义、涉恐音视频等违法犯罪活动。集中打击网络恐怖主义特别是传播暴恐音视频等违法犯罪行为。开展集中打击,集中梳理一批涉恐怖音视频案件线索,查明情况、固定证据,及时依法打击处理,以免造成现实危害。要扩大战果,顺线追踪、深挖幕后和现实暴恐活动,务求连根拔起、一网打尽。打击网络恐怖主义还应当严格贯彻落实《国家安全法》《反间谍法》《国家情报法》等法律法规,必须将打击违法犯罪与执行法律政策有机统一。

第三,在刑事执法层面,执法部门应当用好用足现有的法律规定和"两高一部"出台的《关于办理暴力恐怖和宗教极端刑事案件适用法律若干问题的意见》,重点打击首要分子、骨干成员,对情节较轻、危害不大、未造成严重后果,且悔过的初犯、偶犯及其他情节显著轻微的,采取治安处罚、社区矫正、教育转化、重点人群管控等政策措施,积极争取教育挽救大多数。在深入开展严厉打击暴力恐怖活动专项行动的同时,讲究法律政策和工作方式方法。认清宗教极端违法犯罪与正常宗教活动的本质区别,既要精准打击网络恐怖活动组织与人员的违法犯罪行为,又要依法保护少数民族群众的合法权益。综合运用多种手段,坚决铲除网络暴恐活动滋生蔓延的土壤,坚决把暴恐违法犯罪分子的嚣张气焰打压下去,全力确保取得良好的政治效果、法律效果和社会效果。

(二)以加强网络社会管理为抓手,依法开展网络恐怖主义犯罪侦查

针对网络恐怖主义活动整体态势开展形势研判,通过对网络恐怖主义犯罪案件的类型、发案量、作案对象、重点人群、作案手段等方面的数据进行科学统计分析,准确把握当前网络恐怖主义的整体态势、发展规律和发展特点。②

1. 跟踪发现预谋中的网络恐怖主义犯罪行为

研究发现,"独狼式"恐怖分子在袭击之前都热衷于搜索、观看网络暴恐音视频。据此,应以网络社会管理为抓手,加强定期巡查,彻底封堵查删危害信息。通过对网络情报信息的深挖和经营,及时发现前瞻性、预警性情报信息,从而提前预防和制止犯罪,最大限度地减少现实危害。一方面,运用大数据手段可

---

① 王志祥,刘婷. 网络恐怖主义犯罪及其法律规制 [J]. 国家检察官学院学报,2016(5).
② 刘军. 网络犯罪治理刑事政策研究 [M]. 北京:知识产权出版社,2017:128.

以分析监测网络恐怖主义网站的 IP 地址等数据信息,结合该 IP 所登录的社交账号发布的言论信息,通过浏览次数与发布言论程度划分其危险等级,并通过 IP 判断其所在区域位置,在恐怖活动没有发生之前,将预谋实施恐怖活动的人员抓获。例如,欧洲政府开发了 POLE 数据模型,POLE(以人、对象、地点和事件为基础)是一个用于存储和记录可疑集体和事件的数据模型的大数据解决方案。如果该模型提前开发,3 个女孩从伦敦前往叙利亚加入 IS 组织的事件就是可以避免的。其中一个女孩是在 Twitter 上和另一个女孩联系的,后者加入 IS 的意图已为当局所知。如今,在 POLE 系统中被记录的人(集体),可以被多次链接到其他各种事件或人物,以此建立一种关联网络,这样就可以追踪到可疑的人。[①] 另一方面,及时发现预谋中的恐怖主义犯罪,还要完善特殊领域的阵地控制建设,加强网络刑事特情与治安耳目的力量建设,为反恐怖长期斗争提供智力支撑保障;加强情报技术研发储备,建立网上网下发现通报、情报交流和会商研判机制,建立健全公安机关与国家安全、武警部队等部门的协同联动机制。

2. 掌握网络恐怖活动组织与人员的动态规律

为了防止境外"三股势力"与国内恐怖主义犯罪分子相互勾结,对境内进行渗透,可以在一定限度内对相关人员和组织的日常通信进行监控,及时发现其实施恐怖主义犯罪的意图和计划,做到事前有所准备。[②] 一方面,通过将不同恐怖活动组织与人员实施网络恐怖违法犯罪行为后遗留下的数据进行对比碰撞,发现不同恐怖活动组织实施网络恐怖主义行为的技术特点,并通过与金融社交网、房产等数据串联,掌握不同恐怖活动组织与人员的活动规律,并有针对性地采取预防和打击措施,减少恐怖活动带来的损失。由于网络恐怖主义犯罪群体分布广泛、人员庞杂、立足单个地方全面摧毁犯罪网络难度较大、成本较高,但立足单个地方开展情报梳理分析却完全可以实现。通过某个地方对网络犯罪情报信息开展深挖扩线,梳理出大批量、大范围的涉恐情报信息。应当注意的是,技术性措施往往采用"无区别对待"模式,即实施技术性措施时,并不区分普通民众和恐怖分子,而是在某一时期针对某一特定地区的所有人同等适用。这一措施如果超出合理程度,极易造成手段与目的的二元背反。因此,如何在防范恐怖主义和保障普通民众的自由以及隐私之间维持合理平衡,需要认真研究。另一方面,掌握网络恐怖活动组织与人员的动态规律需强化三项措施:一是强化基础工作。完善恐怖音视频样本数据库,及时向互联网企业提供恐怖音视频关键词、样本、特征

---

① 王丹娜. 网络恐怖主义与网络反恐 [M]. 北京:清华大学出版社,2020:225-226.
② 贾宇,王政勋. 中国反恐怖主义法律问题研究 [M]. 北京:中国政法大学出版社,2018:288.

值和技术识别特征。加强对互联网企业安全审核人员的业务培训,提高其对网络恐怖活动组织与人员、恐怖音视频的识别判断和处理能力。二是加强监督检查。依托派驻互联网企业网安警务室力量,加强网上重点阵地管控,督促互联网企业加强内容审核,落实屏蔽过滤、删除关闭和注册审核、内容审查等安全防范措施。三是落实责任追究。对未按要求采取有效安全防控措施的互联网企业追究法律责任,依法予以惩治处理。

3. 强化对境外源头的网上侦控与技术反制

其一,根据《反恐怖主义法》等相关法律法规规定,电信业务经营者、互联网服务提供者,应当为公安、安全等机关依法进行防范、侦查、调查恐怖活动提供技术接口和解密等技术支持和协助,积极开展涉恐信息源头的网上侦控。依法加强对大数据的监督和管理,特别是加强对互联网企业掌握的涉及国家利益、国家安全以及个人隐私的数据信息的保护。其二,组织专门力量加大境外网上刑事侦查和内线侦控力度。加强对加密信息的技术管控,深挖境外制作发布恐怖音视频的组织与人员,查清其组织体系、人员身份、现实背景,掌握其活动情况,收集固定证据。网安、技侦、国际合作等专业部门加强协作配合和情报指挥一体化合作渠道,建立健全网上打防管控综合体系,提高网上涉恐活动的预警监测、网络管控等能力。其三,加强对敌技术渗透和技术反制。控制境外网上煽动宣传阵地,掌握制作、传播、访问暴恐音视频的境内人员线索,对境外"东伊运"自建网站和举报、交涉无效的境外发布传播平台、宣传账号实施技术反制,摧毁恐怖极端网站服务器硬件设施。组织专门力量持续开展常态化、密集式、不间断的技术反制措施,促使境外网站主动删除暴恐音视频及其网页链接,关停相关账号。

(三)依法治理暴恐音视频,坚决维护网络空间安全①

没有网络安全就没有国家安全,就没有经济社会的稳定运行,广大人民群众利益也难以得到保障。在互联网技术高速发展的今天,恐怖主义已逐渐不受时空条件的限制,恐怖组织与人员利用先进的通信科技设备实施恐怖活动,危害国家安全、公共安全的事件屡见不鲜。网络空间治理,是维护国家安全绕不过的话题。联合国大会通过的《全球反恐战略》明确了各国应携手打击网络恐怖主义,绝不能让互联网成为恐怖主义滋生蔓延的土壤。

网络让人们的生活更加便利,信息的分享和传播也更加迅速,但潜在的安

---

① 李恒. 依法治理暴恐音视频 坚决维护网络空间安全 [EB/OL].(2022-04-14)[2023-11-27]. http://www.legaldaily.com.cn/commentary/content/2022-04/14/content_8737189.htm.

全危机也不容忽视。2022年4月，家住北京市海淀区的董某被公安机关采取刑事强制措施，其原因是董某在某网站下载并观看了暴恐音视频。有人会问，仅仅是下载观看暴恐视频，为何会触犯法律？根据我国《刑法》第120条之（6）的规定，明知是宣扬恐怖主义、极端主义的图书、音频视频资料或者其他物品而非法持有，情节严重的，处3年以下有期徒刑、拘役或者管制，并处或者单处罚金。本案中董某所下载的正是宣扬恐怖主义、极端主义的音视频资料，违反了刑法相关法律。北京市海淀区公安机关依法对其采取刑事强制措施于法有据有法可依。根据媒体报道，此类涉及网络暴恐音视频的案件屡见不鲜，大部分涉案人员都是出于好奇心或是寻求刺激，下载、储存、转发了暴恐音视频，从而触犯了法律。

网络空间的非接触性、跨时空性、匿名性和便捷性，使得群众对于网络安全的认知度低，但网络绝对不是"法外之地"，网上行为依然是法律所规范的对象。第一，根据《刑法》第120条之（3）的规定，以制作、散发宣扬恐怖主义、极端主义的图书、音频视频资料或者其他物品，或者通过讲授、发布信息等方式宣扬恐怖主义、极端主义的，或者煽动实施恐怖活动的，处5年以下有期徒刑、拘役、管制或者剥夺政治权利，并处罚金；情节严重的，处5年以上有期徒刑，并处罚金或者没收财产。第二，根据《反恐怖主义法》第80条之（2）的规定，制作、传播、非法持有宣扬恐怖主义、极端主义的物品，情节轻微，尚不构成犯罪的，由公安机关处10日以上15日以下拘留，可以并处1万元以下罚款。第三，《网络安全法》第12条规定，任何个人和组织使用网络应当遵守宪法法律，遵守公共秩序，尊重社会公德，不得危害网络安全，不得利用网络从事危害国家安全、荣誉和利益，煽动颠覆国家政权、推翻社会主义制度，煽动分裂国家、破坏国家统一，宣扬恐怖主义、极端主义，宣扬民族仇恨、民族歧视，传播暴力、淫秽色情信息，编造、传播虚假信息扰乱经济秩序和社会秩序，以及侵害他人名誉、隐私、知识产权和其他合法权益等活动。充分发挥刑事法律在网络反恐中的重要作用，要坚持以总体国家安全观为指导，采取有效措施，全面推进网络空间法治化。坚决维护网络空间安全，做到对暴恐信息"零容忍"。维护网络安全，必须依法整治网络违法信息，营造和谐的网络生态环境。

当前，网络日益渗透到经济社会的各个领域，深刻影响着人们的生产、生活和学习。网络安全事关国家安全、社会稳定，事关人民群众根本利益。在未来一段时期，加大对暴恐音视频等突出问题专项整治力度，建设和谐稳定的网络环境，不仅需要过硬的技术，更需要营造良好的网络法治环境，依法惩罚网络违法犯罪行为，才能筑牢网络安全防线，打造网络安全格局，构建网络空间命运共同体。全民反恐是最强大的反恐手段，也是反恐教育的重要目的。只有加强国家安全教育和反恐怖主义法制教育，做到暴恐信息全民举报、全民反恐，筑牢防范打击暴恐活动的铜墙铁壁，才能从根源上彻底消除恐怖主义、极端主义思想。

（四）以维护网络空间安全为依托，全面强化对网络恐怖主义的打击防范力度

网络虽然让人们的生活更加便利，信息的分享和传播也更加迅速，但潜在的安全危机也不容忽视。在打击防范网络恐怖主义的过程中，需要相关责任主体以及广大人民群众全面贯彻落实《反恐怖主义法》中的安全防范内容，依法全面开展互联网监管措施。提升互联网企业的责任感和使命感，将互联网反恐措施内化为互联网行业的自律准则，主动配合政府甄别、清除互联网涉恐相关信息，实现政府与企业在互联网反恐、网络安全等工作领域的良性互动。

1. 开展打击网上暴恐音视频的专项行动

一方面，加大对境外网站信息的封堵力度，封住网络恐怖主义境外来源渠道。搜集掌握境外恐怖音视频发布传播平台和账号，及时发现发布恐怖音视频的动向，判明上传渠道，在固定证据的同时，第一时间予以封堵。对境外发布传播恐怖音视频的平台、链接地址及张贴、传播恐怖音视频的网站，一经发现立即封堵。坚决打击暴恐音视频制作、发布、传播源头，开展清理网上暴恐音视频专项行动，全面清理境内主要商业网站、微博、移动即时通信工具等网络应用软件中的涉暴恐信息，严厉打击和封堵网上宗教极端主义思想与暴恐音视频等内容的传播，整治打击暴恐音视频网下传播渠道，依法查处违法犯罪分子，坚决切断利用网络煽动策划暴力恐怖活动的渠道和通道。另一方面，深化打击暴恐音视频的制作与传播，深挖细查境内暴恐信息传播源头，明确刑事打击重点，严厉打击网络恐怖主义犯罪活动。重点打击参与制作发布、从境外网站下载并在境内网上传播、提供网址煽动观看下载、下载后利用移动存储介质进行传播、组织聚众观看暴恐音视频、受恐怖音视频煽动刺激开展暴恐活动等犯罪行为。①

2. 强化对网上传播渗透渠道的管控力度

一是持续开展对"翻墙"在线代理网站网页、虚拟专网（VPN）、手机"翻墙"APP软件的专项整治工作。配合网信办等部门加强对外交涉力度，与境外互联网企业合作建立快速举报的处置渠道。二是强化网络监管力量建设，建立健全

---

① 王秀梅，魏星星. 打击网络恐怖主义犯罪的法律应对 [J]. 刑法论丛，2018（3）.

部门联络沟通会商和指挥协调机制，调动各方资源、力量和手段，全面落实网上监控处置、防范控制、侦查打击措施，及时发现、封堵和处置涉恐有害信息。三是开展对网上"穿透"工具的集中清理整治，全面清理境内网上"翻墙"软件、VPN等程序的下载链接，强制关闭境内外网络恐怖主义相关代理网站、网页虚拟专网和相关下载链接，依法处理境内网上传播、制售"翻墙"软件工具的网站和人员。加强对提供恐怖音视频客户端软件下载的手机应用网站的打击整治专项行动，及时清理、下架有关软件。四是加强封控处置和管理控制，坚决切断恐怖音视频利用互联网和二手手机市场传播的渠道。建立打击整治长效工作机制，实现"打掉发布源头，切断传播渠道，铲除扩散土壤，消除现实危害，全力维护网络秩序、净化网络环境，全力维护社会稳定民族团结"的总目标。

3. 全面加强情报信息的搜集甄别能力

第一，强化情报信息引领，公安、安全、军事机关在其职责范围内，加强反恐怖主义情报信息搜集工作，依据搜集的有关线索、人员、行动类情报信息，因工作需要，根据国家有关规定，经过严格的批准手续，可以采取技术侦查措施。第二，加强对境外即时通信工具的侦控、对暴恐案件涉案电子设备的勘验、对抓获的暴恐极端分子的审查，及时发现获取恐怖音视频情报信息线索，重视对境外涉暴恐网站与应用的技术渗透，及时发现访问、下载恐怖音视频的境内人员等情报信息线索。第三，从网吧、二手手机市场、宗教等重点场所阵地以及涉恐关注群体人员中，发现获取网络恐怖主义音视频情报信息线索。科学针对境外即时通信工具展开技术封控，组织技术力量开展情报信息线索的侦控攻关，及时发现并有效切断境外恐怖音视频向境内传播渗透渠道。第四，网络恐怖音视频的传播具有顽固性和再生性，情报信息搜集主要关注五类平台：（1）各种境内网盘、文档分享、视频分享、音乐下载、语音聊天室、即时通信工具、手机音视频APP应用工具、音视频发布网站。（2）微信、QQ等各种即时通信工具及其群组。（3）各种语音聊天平台、搜索引擎和电子邮箱。（4）各种手机音视频工具、手机APP软件和下载链接。（5）境内网站、微博、论坛、贴吧等。

（五）以搭建"网络空间命运共同体"为桥梁，深化推进网络反恐怖主义国际合作

1. 把反恐工作深深扎根于人民群众之中，坚决打赢网络反恐人民战争

网络安全为人民，网络安全靠人民，维护网络安全是全社会的共同责任，需要政府、企业、社会组织、广大网民共同参与，共筑网络安全防线。未来反恐工

作不仅要强化打击恐怖主义犯罪,更要防范其宗教极端主义等意识形态领域的煽动在网络上对人民群众的无形侵蚀,持续加强技术反制和国际执法合作,坚决打掉境外制作发布恐怖音视频的源头和平台,依法打击网络恐怖主义犯罪活动,以便有效应对网络恐怖主义的新挑战。建立"专群结合、全民参与"的全社会反恐、防恐常态化工作机制,群众的力量至关重要。只有紧紧依靠群众、发动群众,人民群众广泛参与,才能真正对恐怖活动形成围剿之势,最大限度地将暴恐犯罪摧毁在萌芽状态。[①]

暴恐信息需整治,全民反恐需力行。反恐事关国家安全,与人民群众的切实利益相挂钩,积极协助、支持配合有关部门开展反恐怖主义工作是每个公民应尽的法律义务,主动检举揭发涉网络恐怖违法犯罪活动,应当做到以下三点:一是拒绝观看、持有暴恐音视频,一旦发现相关暴恐信息应当立即删除,切勿点击观看,非法持有暴恐音视频同样是违法行为。二是拒绝传播暴恐音视频,禁止下载、上传、转发暴恐信息,切勿帮助恐怖信息传播。三是及时举报暴恐信息,拨打110举报电话或发送举报短信至12110,协助司法机关整治网络乱象,维护互联网和谐秩序。全民反恐是最强大的反恐手段,也是反恐教育的重要目的。只有做到暴恐信息全民举报、全社会参与,才能从根源上彻底免疫恐怖主义、极端主义思想,筑牢防范打击暴恐活动的铜墙铁壁。

第一,宣传典型案例。党政机关及反恐怖职能部门应挑选典型案件,与媒体新闻等部门协作配合开展反恐法治宣传教育。揭批恐怖主义、极端主义的邪恶本质,使人们切实意识到传播、持有暴恐音视频等网络恐怖主义也是严重的犯罪行为。

第二,丰富宣传方式。利用互联网、广播、报纸、电视等媒体渠道和微信、微博、短信等渠道,揭批网络恐怖主义的现实危害性和应承担的法律后果,加强舆论宣传和警示教育,切实增强群众对网络恐怖主义的免疫力。开展法制宣传,通过以案说法、现场讲座、采访法律专家等形式,宣传相关法律责任。

第三,完善举报奖励机制。畅通多形式的举报渠道,鼓励群众通过网络违法犯罪举报网站、110报警电话、短信报警平台等提供涉恐怖音视频情报及信息线索,对提供线索有功人员及时予以奖励。通过宣传发动,提高全民反恐意识,使恐怖分子和恐怖信息在网上无处可藏,形成全社会严打、严治、严防的全民反恐良好氛围。

---

① 黄志雄.网络空间规则博弈中的"软实力"——近年来国内外网络空间国际法研究综述[J].人大法律评论,2017(3).

2. 加强国际合作是防范和打击网络恐怖主义的必然要求

目前，国际恐怖主义已进入新一轮活跃期，国内外反恐战场常常勾连为一体，"一带一路"倡议下的反恐国际合作，同样面临着网络恐怖主义的严重威胁与挑战。① 网络已成为世界各国打击恐怖主义的主战场之一。② 网络的开放性、跨国性、便捷性决定了网络安全是全球面临的共同挑战，维护网络安全是国际社会的共同责任。鉴于严峻的网络反恐斗争形势，1996 年，第 51 届联合国大会第 210 号决议提及，"各国必须高度重视恐怖分子利用电子产品、有线通信系统与网络工具进行的犯罪行为"。2014 年，第 68 届联合国大会通过的《联合国反恐战略》首次将打击网络恐怖主义犯罪写入全球反恐战略框架内容之中。2016 年 12 月，中国国家网信办发布《国家网络空间安全战略》，将维护网络空间安全上升到国家安全的战略高度。特别是大数据背景下，网络空间已成为国际反恐战略要地，维护网络安全成为 21 世纪各国政府维护国家安全的优先目标。联合国安理会 2129 号决议对成员国打击网络恐怖主义作出了明确规定。通过加强同各国的双边、多边网络安全对话交流和信息沟通，积极参与全球和区域组织网络安全合作，营造良好的网络安全外部环境；深入参与、积极引导网络空间国际规则制定进程；深化在政策法律、技术创新、标准规范、应急响应、关键信息基础设施保护、打击网络犯罪、网络反恐等领域的国际合作。③ 各国也应在全球治理格局中放眼全局，立足本国国情，采取更具针对性的措施和办法，强化国际联合的反恐机制建设，携手合作。④ 为有效应对网络恐怖主义犯罪，需要联合多地、多国执法机关的力量，深入推进区域协作和国际合作，加强相关部门的协作与沟通，必要时联合采取行动，依法坚决制止和严厉打击，绝不能任其大行其道、肆意妄为。在未来，要继续深化网络反恐国际合作，积极与有关国际互联网企业建立合作渠道，促使其支持配合开展境外源头打击工作。⑤ 依法加强网络空间综合治理，加强关键信息基础设施的网络安全防护，科学建立网络安全情报信息统筹机制和规范技术平台的开发运用，通过制定网络安全标准来不断增强网络安全防御能力，确保大数据等核心数据的绝对安全，强化群众预防宣传教育，及时建立反恐

---

① 贾宇,李恒.恐怖活动对"一带一路"倡议实施的威胁评估与对策研究[J].宁夏社会科学,2017（1）.
② 陈健,龚晓莺."一带一路"沿线国家共同应对网络恐怖主义研究[J].新疆社会科学,2017（5）.
③ 李彦,马冉.网络恐怖主义犯罪国际法治理研究[J].河南财经政法大学学报,2019（1）.
④ 张吉军."后伊斯兰国"时代的国际恐怖主义及其治理分析[J].南亚东南亚研究,2019（6）.
⑤ 康均心,虞文梁.大数据时代网络恐怖主义的法律应对[J].中州学刊,2015（10）.

情报预警机制。[①] 以期实现全天候全方位感知和有效防护,最终做到维护国家网络空间主权安全,全面构建"网络空间命运共同体"。

五、本章小结

互联网技术高速发展的今天,恐怖主义也向网络空间伸出毒手,打响了一场没有硝烟的网络战争。人类社会愈加依赖网络空间,恐怖主义势力向网络空间大肆拓展,使得网络空间成为恐怖活动的重要阵地,网络与恐怖主义犯罪相互交织,助推恐怖主义活动跨越地理疆域,突破时空界限,对网络安全、国家安全构成重大威胁。网络与恐怖主义犯罪深度结合,网络本身所呈现的匿名性、隐秘性、快捷性、全球性等特征,使得网络信息化技术在筹集资金、黑客攻击、招募暴恐成员、搜集攻击目标、情报信息分析和恐怖效果扩大等方面为恐怖组织提供"支持"。网络已成为恐怖主义犯罪的助力平台,网络恐怖主义呈现出两种表现形态:工具型网络恐怖主义和目标型网络恐怖主义。

网络安全的治理,是维护国家安全绕不开的话题。人类社会进入网络 3.0 时代以来,网络恐怖主义犯罪表现出三类新动向:一是网络恐怖主义成为威胁国家安全与社会稳定的新方式。二是科学技术成为助推网络恐怖主义滋生发展的新动力。三是"暗网"恐怖活动成为网络恐怖主义更加隐蔽的新表现。从目前破获的暴恐案件来看,网络恐怖主义犯罪呈现出三大特征:犯罪手段的多元化,行为方式呈现隐蔽性,意识形态更具煽动性。打击网络恐怖主义犯罪的难点在于切断渠道、铲除源头、管控制裁和封控"暗网"。本书通过分析上述风险挑战,提出网络恐怖主义犯罪的治理路径。第一,以总体国家安全观为指引,构筑网络反恐法律体系。第二,以加强网络社会管理为抓手,依法开展网络恐怖主义犯罪侦查。第三,以维护网络空间安全为依托,全面强化对网络恐怖主义的打击防范力度。第四,以搭建"网络空间命运共同体"为桥梁,深化推进网络反恐怖主义国际合作。

---

① 曾粤兴,周兆进. 反恐模式:大众参与模式之建构——基于传统反恐模式的反思 [J]. 宁夏社会科学,2015(5).

第四章　网络时代"独狼式"恐怖主义犯罪考察与防范治理路径

一、问题的提出

当前,网络恐怖主义对互联网空间、计算机系统乃至国家经济社会安全造成的伤害较为严重,网络恐怖主义已成为最棘手、最现实的网络安全问题。诸多互联网平台或传媒介质成为网络恐怖主义分子尤其是"独狼"分子实施恐怖袭击的重要战场。一方面,"独狼"分子在网络各类平台上发表极端言论,煽动民族、种族情绪大搞对立冲突,意图制造恐怖气氛;另一方面,互联网也是"独狼"交换信息资源的重要渠道。

2020年以来,许多国家或地区基于各种因素的影响,先后推迟举行总统、议会、地方政府等各类选举,"颜色革命"导致的政权更迭或引发的局部动荡随时可能在这些国家发生。由于全球经济下行压力不断增大,地缘政治变迁带来的风险显著升高,各国的社会安全隐患持续加剧的同时,也给恐怖活动组织与人员提供了更多便利条件。

网络空间已成为"陆、海、空、天"之外的"第五空间"[1]。在总体国家安全观指导下,构建网络空间的安全防御体系是当前互联网治理的重要任务。早在上个世纪末,柏林·科林就提出了"网络恐怖主义",并指出其本质是网络与恐怖主义的结合。[2]"群体的无意识行为取代个体的有意识行为,这正是当今这个时代的主要特征之一。"[3]肇始于"无领袖抵抗"的"独狼式"恐怖主义,也被称为

---

[1] 于志刚. 网络安全对公共安全、国家安全的嵌入态势和应对策略 [J]. 法学论坛,2014(6).

[2] COLIN B.The future of cyberterrorism, crime and justice international[J].*Crime and Justice International*,1997.

[3] [法] 古斯塔夫·勒庞. 乌合之众:大众心理研究 [M]. 上海:上海译文出版社,2019:1.

"个体恐怖主义"。"独狼"一词最初是由美国"白人至上主义者"阿利克斯·柯蒂斯提出的,他鼓动那些"白人至上分子"采取单独行动,尽最大努力把非白人清除。柯蒂斯则把他的信众称为"独狼",美国联邦调查局在对他的抓捕行动中也采用了"独狼"这一代号。"独狼式"恐怖主义正是被其所处的群体无意识行为裹挟的牺牲品,这一群体丧失了自我思考能力,变得缺乏理性。恐怖活动组织正是利用这一点,通过网络对个人施加影响并让他们变得冲动和偏信,从而走向极端并实施极端行为。

当前,意识形态领域主导权斗争形势复杂严峻,美国等西方反华国家图谋对我国策动各类"颜色革命",网络有害信息渗透对政治安全的影响持续加大,疫情导致的经济问题传导引发政治安全风险加剧,社会矛盾风险冲击政权安全依然强烈。当前,我国反恐怖斗争总体形势是境外风险大于境内风险,内地风险大于边疆地区风险,边疆地区的深层次风险大于表面风险,网上风险与网下风险挑战并存。在互联网技术革新快速发展的背景下,"独狼式"恐怖主义也日渐在网络空间蔓延滋生,成为网络恐怖主义袭击的重要形式。网络时代"独狼式"恐袭仍是最直接、最现实威胁。

二、网络时代"独狼式"恐怖主义犯罪理论探讨

国际"独狼式"恐怖主义犯罪是一种新型恐怖主义犯罪表现,有别于传统的组织型恐怖主义犯罪,是组织型恐怖主义犯罪在适应当代社会发展和环境改变过程中,对自身形态和运作模式进行调整后的结果。身处后疫情时代,国际恐怖活动定将进入新一轮活跃期,大国周边局势也很不平静,外生性、输入性暴恐活动风险突出,"一带一路"等海外利益安全风险不断上升。

"独狼"作为一种新生的恐怖主义犯罪行为表现,与传统的集团性恐怖主义及其组织化的暴力形式不同,它不是传统恐怖主义的分支或派生性范畴。[1] 事实上,"独狼式"恐怖主义与传统型恐怖主义并不是两条平行线的关系,而是传统型恐怖主义在适应现代社会发展和环境变化的背景下,不断调整自身形态和运作模式缓慢演进的结果。[2] 独立行动的"独狼"与高度科层化的恐怖活动组织之间

---

[1] DAVEED GARTENSTEIN-R.Lone wolf islamic terrorism: abdulhakim mujahid muhammad(Carlos Bledsoe)case study[J].*Terrorism and Political Violence*,2014.
[2] JELLE V B and BEATRICE D G.Hatred of the system: menacing loners and autonomous cells in the netherlands[J].*Terrorism and Political Violence*,2014.

绝非毫无关联。显而易见，"独狼"的动机与目的也并非完全出于其信仰，也有可能出于世俗物质追求或社会矛盾激化，甚至可能只是因为精神问题或认识错误而实施犯罪行为。许多"独狼"或"袭击者"都会对自己的暴力行为进行合理性和合理化解释，从而减少其良知受到的折磨。

网络时代背景下，国际社会对"独狼式"恐怖主义的定义仍旧众说纷纭，并没有形成统一的权威观点。美国联邦调查局认为，"'独狼式'恐怖主义是指个人不依靠外力支持而独立实施行动，在憎恨和仇隙的情感驱使下制造恐怖氛围，致使无辜群众伤亡，破坏社会生产生活秩序的行为"。詹金斯认为，"恐怖主义就是使用武力或者威胁使用武力，企图达到政治改变之目的，并表明推翻现存的领导阶层，类似军事政变与革命的行为"。[1] 美国战略与国际研究中心学者拉奎尔则指出："恐怖主义无法以单一名词给予界定。"[2] 印第安纳大学马克·哈姆教授认为，"独狼式"恐怖主义区别于有组织恐怖主义和国家恐怖主义。在他看来，"独狼式"恐怖主义是指一个不受上级领导，与恐怖组织或恐怖网络不存在隶属关系的袭击者，依靠自身谋划的策略方法由个体实施的政治暴力行为。[3] 杰弗里·康纳和卡罗尔·罗利福林曾合作发布过"独狼式"恐怖主义研究报告，该报告对"独狼"的定义是"一种由个人单独行动运用暴力或暴力威胁制造恐怖氛围，企图改变政治现状，以追随个人意识形态为目的；实施者不属于任何组织，不接受任何命令或指挥，以及任何外在的物质支持"。[4] 杰弗里·西蒙博士则认为，"独狼式"恐怖主义只能由单个人实施的界定并不准确。"独狼式"恐怖袭击者不仅可以是一个人，还可以是有一两个帮助犯共同行动的小团体。[5] 另有学者指出，"独狼式"恐怖主义者具有行动独立性、无组织性、非受领导性、意识形态激进等四方面的特征。还有学者试图从"犯罪者、实施者意愿、意识形态和分类"四个方面解构"独狼式"恐怖主义的概念。[6]

当前，尽管学界对"独狼式"恐怖主义的定义莫衷一是，但在某些方面也达成了一定的共识：第一，其实施者为个人或小团体且不隶属于某个组织，没有上级领导，表现为一种"孤单的个体"，但是其行动可能受到世界主流恐怖活动组

---

[1] 王鹏程. 孤狼式恐怖主义发展与因应策略之研究 [J]. 国防杂志，2016（4）.
[2] 翁明贤. 国际恐怖主义与反恐行动的发展趋势 [J]. 展望与探索，2003（6）.
[3] HAMMMS.SPAAIJR. *The Age of Lone Wolf Terrorism*[M]. New York: Columbia University Press, 2017.
[4] JEFFREYC.CAROLRF. *Report: Lone Wolf Terrorism*[M]. Washington, D.C.:Georgetown University Press, 2015.
[5] CHRISTOPHER H. JEFFREYD.Lone Wolf Terrorism: Understanding the Growing Threa[J].*Terrorism and Political Violence*，2014.2.
[6] BAKKER E, ROYVZJ. Lone-Actor Terrorism: Definitional Workshop[J]. *Countering Lone-Actor Terrorism Series*，2015.2.

织的"精神引导"或受到一定的物质支援或帮助。第二，自我决定行动，抑或受外部指导与控制。一般是为了实现政治、宗教、社会地位等目标，或者仅仅出于制造恐怖的社会氛围、破坏社会稳定秩序等目的。第三，仅仅基于个人报复。该情形通常萌发于网络虚拟空间，随意性较大，破坏性较强。"独狼式"恐怖袭击的"创新性"在于其行为方式的"独特性"，以上特征导致侦查部门一般难以提前掌握恐怖主义风险苗头。笔者认为，"独狼式"恐怖主义是指个人或小团体，无须经历集体的领导、决策和组织等过程，采用暴力、破坏、恐吓等方法，选择攻击目标、方式和工具，制造社会恐慌、危害公共安全，进而胁迫国家机关或国际组织，以实现其自身意识形态的政治主张或行为。需要注意的是，不管是个人还是小团体，都有可能受到主流恐怖活动组织的煽动和教唆，以及接受一定的犯罪技术和物质援助。[①]

三、网络时代"独狼式"恐怖主义犯罪的特征、原因分析与治理

"独狼式"恐怖主义具有与团体性、组织性恐怖主义截然不同的行为特点和犯罪动机，在社会危害性和犯罪预防等方面对反恐怖防控体系构建提出了更为严峻的挑战。有学者指出，相较于传统的团体性、组织性恐怖主义犯罪，"独狼式"恐怖主义具有全球化、网络化、独立化、灾难化等特征。此外，"独狼式"恐怖袭击突发性极强，侦查识别和预防的难度极大。[②]

（一）网络时代"独狼式"恐怖主义犯罪的特征

1. "独狼式"恐怖主义的扩散具有全球化特点

"独狼式"恐怖分子利用互联网和社交媒体等手段宣扬极端思想，以网络为传播信息的媒介，利用网络实现恐怖活动的募集、筹资、培训、指挥、宣传等一系列犯罪行为，犯罪手段更加多元、行为方式更加隐蔽、非接触式攻击比例增加、恐怖主义犯罪成本更低、危害性更大。21世纪以来，世界政治多极化和经济全球化发展不断加深，互联网信息技术飞速发展，恐怖活动组织与人员也搭上了全球化的便车，在互联网技术支持下呈现出崭新形式，并不断向全球扩张。尤其是各种网络聊天软件和社交平台的兴起给恐怖主义的全球化传播提供了便捷渠道。其中，含有暴力恐怖内容的音视频文件、图片、文本文档等的传播，为极端

[①] 兰迪，冯卫国.恐怖犯罪典型案例评析[M].北京：中国政法大学出版社，2021：19-22.
[②] 孟铮.浅析"独狼"式恐怖主义及公安机关的治理对策[J].犯罪研究，2017（1）.

主义思想提供了繁殖的温床。同时，金融支付领域中的恐怖融资也出现隐蔽化等特点，通过区块链技术、虚拟货币进行非法的暴恐融资操作简单且隐蔽，成为"独狼式"恐怖主义最常用的融资手段。

2. "独狼式"恐怖主义的煽动具有网络化特征

当前，恐怖活动组织与人员已经有组织、有预谋地蔓延到社会热点和意识形态领域，将网络媒体平台政治化、工具化。"独狼"在网络上表现为碎片化的个体，他们会尽可能地使自己"去组织化"和"去中心化"，从而逃过网络监管者的智能化识别。他们也越来越倾向于利用网络技术开展宣传、招募和融资等暴恐活动，对国家安全和社会治理构成巨大威胁。一方面，互联网强大的示范效应使得宗教极端主义思想和民族分裂主义思想得到大肆宣扬，其煽动性通过网络不断扩大。另一方面，"独狼式"恐怖袭击者在现实生活中往往是性格孤僻、思想极端、不合群的个体，侦查机关难以提前有效掌握其犯罪动机和目的。虚拟空间的匿名身份特性使"独狼"的独立性和自主性极大提高。"独狼"在匿名效应的作用下抛弃了所谓的社会压力和心理负担，线上线下判若两人。

3. "独狼式"恐怖主义的袭击者具有独立化特点

"独狼式"恐怖主义的"独立化"倾向，使得袭击主体具有极强的隐蔽性。他们零散分布在世界各地，可能出现在社区的休憩亭、马路边的大树下、人头攒动的公交车上等，行为人彼此独立存在，互相既没有隶属关系，也不存在资金和武器弹药的交接。在整个袭击计划中，不论是时间还是地点，不论是袭击目标还是武器选择，都由"独狼"自行决策。在这种割断了与恐怖活动组织与其他人员实际联系的恐怖行动中，"独狼式"恐怖袭击的独立性、隐蔽性大为提高，其获得成功的概率也大大增加。例如，2017年发生在美国拉斯维加斯的一起恐怖袭击中，枪手突然出现在露天音乐会场开枪射击，十余分钟造成500多人受伤，59人丧生。[1] 有调查发现，"独狼式"恐怖主义袭击者的身份多样，男女老少皆有，有已婚的也有单身的，有受过高等教育者也有目不识丁者。[2] 由于网络恐怖主义通常借助社交媒体传播，青年人是主要的受众群体之一，加之疫情之后部分国家失业率提高，大量青年人成为待业群体，恐怖活动组织通过网络更易吸引青年人加入，并对其进行极端主义煽动洗脑，使其成为潜在的"独狼式"极端分子。

---

[1] 新华网. 美国2017: 恐袭和枪击之痛[EB/OL].(2017-12-17)[2023-3-23].http://www.xinhuanet.com/world/2017-12/27/c_129776308.htm/.

[2] 胡辉, 刘洪广. 独狼恐怖主义犯罪及其治理探析[J]. 铁道警察学院学报, 2016（5）.

4. "独狼式"恐怖主义袭击的突发性强

一方面，与传统恐怖组织策划大规模恐怖袭击不同，"独狼式"恐怖袭击具有较大的随意性，尤其是在袭击目标的选择上。由于没有层级、缺少严密管理和恐怖组织领头人制约，"独狼"可以自由地选择包括医院、超市、地铁、机场和政府大楼在内的任何目标作为袭击对象。只要能够营造恐怖氛围，达到既定目的，不论有多少无辜平民伤亡也在所不惜。另一方面，网络恐怖主义也开始向航空、金融、关键基础设施等重大领域渗透，而且其发生的时间具有不确定性。"独狼式"恐怖主义袭击者往往是在"激发事件"和"他人无意识帮助行为"下突然发动暴恐袭击，无论是"激发事件"还是"他人无意识帮助行为"，都具有不可预测性。只要能够实现预期目的，选择何者作为袭击目标，选择何时发动恐怖袭击并不重要，这也就导致了"独狼式"恐怖主义袭击必然具有随机性和突发性等特征。

5. "独狼式"恐怖主义袭击具有灾难性特征

疫情期间，恐怖活动组织利用少数群体对政府隔离管控措施予以抵抗，导致一些穆斯林群体出现极端化表现，诱发"独狼式"恐怖袭击发生，这种方式可大大减少恐怖活动组织的损失，从而造成最大的社会影响。"独狼式"恐怖主义袭击对象所具有的无规律性，严重影响社会稳定与人民生命财产安全，导致人人自危，维护社会秩序稳定成为最主要的公共事务。若是无法妥善处置此类突发事件，政府权威和公信力将遭受重大挑战。根据世界恐怖主义数据库（Global Terrorism Database）的统计，仅2019年全球就发生将近8500起恐怖袭击事件，造成20300人死亡，其中袭击者5460人，受害者14840人。在于特岛惨案中，有77人丧命，300多人受伤；波士顿马拉松爆炸事件导致4人死亡，260多人受伤；奥兰多酒吧枪击案则造成50人死亡，53人受伤。如此重大的人员伤亡不仅是对受害者家庭的沉重打击，也是对国家安全和社会稳定的极大破坏，对于人类社会来说也是一场灾难。

（二）网络时代"独狼式"恐怖主义犯罪的治理

网络时代背景下，恐怖主义线索、情报的收集、应用对于"独狼式"恐怖主义犯罪的治理有特殊意义。这要求反恐工作重点在以下几方面发力。全方位收集"独狼式"恐怖主义活动线索，及时获取深层次、预警性、内幕性情报信息，完善反恐怖防范基础信息数据资料库，确保在发生各类突发事件时，能在第一时间对获取的情报信息进行甄别和分析，对可能发生的恐怖活动实施有效监控。

1. 情报应用是前提：将"以人为核心"作为反恐怖情报信息工作的主攻对象

以"人"这一核心要素为突破口，以此作为情报信息分析研判工作的主攻对象，及时从重点关注人群中发现、剥离出重点"独狼式"涉恐嫌疑人员。完善反恐基础信息数据库，提高情报信息支撑能力。加强侦查机关警种间情报信息整合、共享、协作和联动，全面掌握重点关注人员和可疑物品的流动动向，形成情报与指挥、研判、行动有效对接，使情报共享始终跟进侦控，发现异常举动能实时掌控预警，发现重点嫌疑人能及时深查细控，发生暴恐案件能迅速处置，形成区域性防控体系。

第一，依托反恐情报信息中心，紧紧围绕"独狼式"涉恐重点人员的"吃、住、行、消"等数据信息，全面掌握该类人员的活动轨迹和相关社会背景。科学构建立体化、信息化社会治安防控体系，摸清重点关注人员底数，掌握其现实表现和思想动态，及时开展社会危险性评估，有效发现、管控各类涉恐可疑人员。"以人为核心"即科学运用国家反恐情报信息中心平台，对活跃在区域内各种恐怖活动组织的详细信息，包括人员底数、宗教信仰、攻击手段、活动范围、招募方式等信息进行统计，开展数据整理、加工和存储。特别针对涉恐重点人员活动轨迹进行实时监控、碰撞比对，关注重点人员可疑动向，及时做好相关措施。围绕重点阵地采取适当形式和方法，对涉恐重点人员开展基础调查和滚动排查，全面掌握各类涉恐情报线索。"以人为核心"还包括串联起人员勾联聚合、讲经习武、筹集资金、购买制爆原材料等可疑迹象，围绕涉恐重点人员构建严密的情报信息主导侦查分析研判机制，确保提前发现、及时打掉其实施暴恐活动的图谋。加强国际社会在互联网领域围绕反恐怖情报信息的交流与合作，构建国家间情报信息共享平台，及时发现并迅速消灭风险苗头。

第二，深化大数据挖掘技术应用，建立情报信息综合研判制度，不断拓展情报信息的研判领域，注意发现、分析恐怖活动的规律和特点，掌握其发展趋势，有针对性地开展反恐怖防范工作，牢牢掌握反恐怖工作的主动权。充分运用技侦、网侦、图侦等专门技术手段，及时掌握可疑通联、购买敏感物品、安装小众通联软件、在重点部位频繁活动等情报信息。统筹应用互联网、物联网、大数据、区块链、人工智能等技术手段，围绕各类活动轨迹触点，及时监测发现"独狼式"涉恐可疑人员活动轨迹，加强情报信息的收集掌握。在具体工作中，也可与银行反洗钱部门建立完善反恐怖融资协作机制，对可疑资金交易进行监测与预警。充分利用大数据、云计算等平台工具，全面构建多警种合成作战、多手段同步上案的联侦工作机制，促进反恐怖行动由力量联合向信息融合方向发展。"以人为核心"即建立涉恐重点人员日常排查和信息采集录入机制，全面做到凡查必录、即查即录、入网入库，及时将有涉恐可疑迹象人员纳入侦查视线，逐人建档建卡，分级列管列控。例如，利用大数据技术开展涉恐情报信息分析，动态掌握涉恐重点人员活动轨迹信息，筛查涉恐可疑线索和人员可疑行为。重点围绕民航、铁路等交通运输线路关注重点人群信息以及围绕重点国家入境人员、下落不明人员和负案在逃人员信息开展情报分析研判。

第三，完善风险预警评估情报信息平台。各国反恐相关部门应通过对"独狼式"恐怖主义犯罪数据库的整合分析，尽快总结分析"独狼式"恐怖主义犯罪的特点及相关规律，着力完善相关恐怖活动的风险评估平台，并将所涉风险进行细致分类，在平台监测或获取到存在"独狼式"恐怖主义犯罪高风险或危机的可能性时，应迅速由平台发送预警信息至各国反恐职能部门。此外，各国还可通过签订双边或多边条约的方式，建立区域性风险评估平台合作机制，在监测到有国际"独狼式"恐怖主义的风险或危机已接近时，由风险评估平台发布统一预警指令，尽快将"独狼"纳入合作国红色通缉追捕犯罪清单中，建设高效覆盖的追捕机制，以实现在短时间内达成跨国移交涉恐犯罪嫌疑人之目的。同时，我国各部门也应做好接力工作，在第一时间通过相关平台发布风险预警信息，及时提醒我国驻外机构、境外企业及人员等做好安全防范工作，以维护我国人民、法人组织在外合法权益。此外，特别要重视所驻国内局势不稳定或重要时间节点时期其国内恐怖组织及国际恐怖活动态势，防止"独狼"衍生于相关恐怖活动组织，更要做好重要时间节点时期"独狼式"恐怖主义犯罪数据库的更新与完善工作。

第四，优化情报信息共享中心平台。情报信息工作是打击防范恐怖主义的重要手段，"独狼式"恐怖主义犯罪也不例外。国际"独狼"也充分利用互联网渠道，获取恐怖主义犯罪需要的各种资源，进行一系列的预备、实施和宣传造势等行为，做好情报信息工作是打击"独狼式"恐怖主义犯罪的关键核心，应通过各类科学技术攻破"情报壁垒"及"情报障碍"，大力提高反恐怖职能部门情报侦查能力，建立统一、权威、高效的反恐怖情报机制，密切跟踪敌情动态，及时获得第一手情报，由专业人士分析研判并提出应对方案。打击"独狼式"恐怖主义，不仅要做好情报信息收集工作，更要完善情报信息共享、协作机制。反恐部门应运用互联网技术在已有情报共享平台基础上继续完善国家反恐怖情报信息中心平台，要高度注重情报信息的共享性、保密性与及时性。相关专业人员需进行高强度的保密培训并取得相关情报工作资格，能够胜任情报信息数据的收集、分析、研判、整理、共享等工作。情报信息具有高时效性，超过了必要时间，可能导致情报毫无意义或造成不可估量的毁灭性影响。因此，需不断结合国际"独狼式"恐怖主义最新动向创新情报信息收集机制，拓宽情报信息渠道，构建高效便捷的情报信息数据库，建立情况通报、核查反馈等工作机制，在堵源头、查轨迹、抓蛇头、打团伙、挖幕后等方面形成合力，牢牢掌握"独狼"的行踪动向。

2. 安全保卫是保障：实现海外利益安全可控，提升海外人员反恐素养

党的二十大报告强调，要加强海外安全保障能力建设，维护我国公民、法人在海外合法权益。近年来，全球政治民粹主义和经济民族主义甚嚣尘上，"三股势力"仍"作威作福"于全球部分国家与地区，尤其身处后疫情时代旋涡之中，国际环境波诡云谲，我们更应主动做好应对工作。

第一，增设海外利益安保力量。海外企业安保力量较为薄弱是我国当前面临的现实问题，负责海外企业保护业务的民间安保公司的保卫力量有待进一步加强，市场准入等相关配套制度也需不断建立健全。

第二，强化驻外企业的内部安保工作。积极做好人员审查，防止"独狼"暗中渗透。而且海外企业内部安保人员要重视反恐科目的训练和演习，不断更新反恐理论，提高实战技能，对于新出现的恐怖活动组织以及恐怖主义犯罪新手段、新方法，应立刻开展研讨分析，提出应对之策并通过模拟演练及时进行反馈。针对不同风险等级地区，应持续优化反恐力量的区域配置，保证海外反恐力量可以灵活处置突发事件。至于安全防范薄弱环节，应预估可能发生的各种结果，做好防范处置准备，切实强化责任担当、使命担当，提高打击"独狼式"恐怖主义犯罪能力。

第三，着力提升海外人员反恐能力。在中东、中亚等高风险地区经营的企业，应当按照等级防控要求设置应急避难场所，并且定期开展反恐演练，以培养海外人员遇袭时躲避、逃生等基本技能，确保遇到"独狼式"恐怖主义犯罪风险预警时，相关人员可以从容应对，实现危害最小化。同时，还可以对海外人员开展必要的培训，使海外人员能够基本识别涉恐信息，对相关涉恐人员及物品提高警惕，真正提升海外人员的安全防范意识，强化对恐怖主义犯罪可能造成危害的警觉性。在开展能力培训的同时也要注重加强网上反恐宣传，坚守网宣阵地，提升民众反恐意识，挽救易被极端组织洗脑的激进分子和潜在人员。

3. 侦查打击是手段：推动构建恐怖主义犯罪案件特别侦查制度

恐怖主义犯罪案件的侦查与普通犯罪案件的侦查具有显著区别。与普通犯罪案件侦查相比，恐怖主义犯罪案件侦查具有难度大、标准高、要求严等特点。强化此类案件的侦查措施的主要目的，就是侦测出独狼恐袭可能锁定的侵害目标。

恐怖主义犯罪案件侦查不仅要全面运用传统侦查方式和手段，还要重点掌握和加强内线侦查、外线监控和技术侦查等方法。

第一，充分发挥有关单位、基层组织和人民群众的整体力量，在恐怖组织、恐怖分子经常活动或可能活动的重要场所开展阵地控制。如及时控制恐怖分子的可能作案地、流窜地和落脚地，以便发现和掌握恐怖活动的线索和迹象。对于行踪不定和下落不明的嫌疑对象架网布控，蹲点守候，力求不错漏一个潜在恐怖分子。对于涉嫌从事地下讲经、宣扬宗教极端思想等非法宗教活动的；涉嫌从事制售、传播暴力恐怖、宗教极端和民族分裂出版物的；涉嫌从事非法网络宗教传播活动的；为恐怖活动组织、恐怖活动人员、恐怖活动实施提供培训、武器、信息、资金、物资、劳务、运输、技术或者场所等支持、协助，便利准备实施恐怖活动的；涉嫌制造、非法管有爆炸性、毒害性、放射性、传染病病原体等物质以及以其他形式准备实施恐怖活动的列为专案开展侦查工作。

第二，灵活运用各类刑事侦查措施。一是关于背景核查。侦查机关综合运用各类信息系统，对入境涉恐重点人员逐人进行核查。发现有涉恐可疑人员的，均应纳入重点考察范围。二是关于基础调查。《反恐怖主义法》规定，公安机关对于恐怖活动可以行使广泛的行政调查权。例如，对已经入境的涉恐重点关注人员，应由属地派出所加强对其日常活动范围以及接触的关系人员和物品等的监控，对发现的涉恐可疑情况等不稳定因素应及时报告，强化情报信息分析研判，视情决定是否纳入重点考察范围。三是关于技术侦控。对需要重点考察的涉恐人员，应按照合成作战机制相关要求，协调相关网安、技侦等部门落实技术侦查措施，重点核查其是否存有暴恐音视频、浏览暴恐极端网站、使用小众软件、与关系人有可疑通联等，并视情提交国家层面或原籍地专业部门协助分析研判。四是关于查控重点人员。采取人力盯靠和信息监测相结合，及时发现异常聚集、散布宗教极端思想、接触或购买危险物品等可疑动向。对于纳入重点考察的入境涉恐重点人员，发现有恐怖活动嫌疑的，可根据其现实危险程度，采取相应的调查和约束性措施。对于涉嫌犯罪的，立即采取针对性侦查措施；对于可能造成现实危害的，应迅速收网抓捕；对符合涉恐重点人员认定条件的，应及时列管列控。

第三，关于技术侦查。《反恐怖主义法》第45条规定："公安机关、国家安全机关、军事机关在其职责范围内，因反恐怖主义情报信息工作的需要，根据国家有关规定，经过严格的批准手续，可以采取技术侦查措施。"从国内实践来看，技术侦查主要包括外线跟踪、麦克风侦听、电信监控、电子监视、邮件检验、密搜密取、信息化侦查、记录监控和技术反制。将技术侦查措施运用到反恐情报工作中,可以弥补人力情报工作方法的不足,能够获取、分析、研判那些核心的、内部的、秘密的情报信息源,力争为打击恐怖犯罪活动提供强有力的证据支撑。例如,通过数据挖掘技术与社会网络分析等方法,能够获取大量的开源情报信息,及时掌握恐怖活动组织与人员的最新动向。特别是通过技术侦查手段,利用空间模式挖掘技术,挖掘结果可以用于推测恐怖活动组织与人员的聚集窝点、地下讲经点、伊吉拉特活动中转站等空间位置数据,为实现精准精确打击恐怖活动提供有力支撑。同时,采用电子监听、电话监听和电子监控等技术侦查手段秘密监控嫌疑对象的去向、行踪、接触人员、联络内容和隐藏物品等情况,侦破其恐怖活动的实施计划及行动方案,达到遏阻恐怖主义犯罪事件发生的目标。此外,利用"传统通信技术手段+现代信息化技术",强化应用整合,信息共享,建立综合信息通信平台,实现实时"图文并茂""面对面"的扁平化情报侦查指挥,提升反恐作战指挥能力,为第一时间发现、处置、抓捕"独狼"提供有力支撑,不断满足反恐怖行动综合处置需要。此外,侦查机关应当扎实推进"一标三实"、实有人口管理等相关工作,依托大数据平台强化实名制信息搜集,进一步整合共享各类情报信息,综合运用各种技术侦查手段,加强对"独狼"及相关涉恐重点人员开展阵地管控。

第四,提升内线侦查工作力度。应以"底数清、情况明、不漏查、不失控"为目标,对"独狼式"恐怖主义犯罪数据库进行分级分类管理,分为"低、中、高"三个风险等级甚至更加细化,密切关注各类恐怖主义犯罪的现实表现和活动动向,健全完善情报信息实时分析、分类管理、等级预警等动态管控机制,积极培养内线人员,以便深入"独狼"内部,根据需要实施内线侦查工作。

第五,重视对"独狼"及相关人员的外围监控。一方面,可利用相关单位、基层组织及民众力量,在"独狼"经常活动或可能活动的重要场所展开阵地控制,如在恐怖主义高发区、恐怖人员逃匿藏身处等地发掘恐怖行动线索和迹象,提高破案效率。另一方面,利用"架网"控制、蹲点观察等手段,尽力控制和防范潜在的"独狼",以避免漏网之鱼。

4. 源头治理是关键:深化推进网络反恐怖去极端化工作

根据《反恐怖主义法》的规定,极端主义是以歪曲的宗教教义或其他方法表现或者实施的煽动仇恨、煽动歧视、鼓吹暴力等主张和行为。极端主义犯罪表现形式各异,宗教极端主义危害尤甚,具有极强的政治性和反社会性。若是纵任其自由发展,极易演变为暴力恐怖主义。因此,唯有消灭极端主义的意识形态,铲除恐怖主义的思想根源,才能从根本上打赢反恐怖战争。

第一，积极通过法治方式在群众中开展"去极端化"工作。注重引导人民群众积极参加反"独狼式"恐怖主义法治教育，充分发挥人民群众的主体力量，推动构建反恐人民战争。要大力提高人民群众对恐怖主义的认知，普及识别恐怖主义特征方法。开展反恐专家进课堂、进社区、进乡村、进军营等宣讲活动。建立情报信息奖惩机制，对提供相关信息、线索的群众授予荣誉称号，并适当给予奖励。充分利用微信、微博、贴吧、论坛等社交媒体官方账号，畅通民间检举揭发恐怖主义行为渠道，及时对举报线索开展查证和反馈。要提高人民群众应对暴力恐怖袭击的自我防卫能力。鼓励社区群众团结互助，积极化解暴恐袭击可能带来的危害后果，阻断极端思想传播渠道，消除"独狼式"恐怖主义滋生土壤。要善于利用脸书、油管和博客等新兴网络媒体揭露极端恐怖主义思想的危害性和欺骗性，揭批反制极端恐怖主义嚣张气焰。持续加大《反恐怖主义法》的宣传力度，全面贯彻保护合法、制止非法、遏制极端、抵御渗透、打击犯罪的基本原则，让群众知晓反恐怖主义的必要性和正义性，对传播极端恐怖主义思想和煽动群众走向极端主义的行为进行精准打击。

第二，切实加强互联网"去极端化"工作。① 加大对互联网的监控力度，第一时间获取涉恐预警信息。"独狼式"恐怖分子为提高恐袭成功率，经常会在互联网上阅读激进且含有极端主义内容的网页，通过各种途径学习掌握制爆等技术。因此，侦查机关应加强对论坛、贴吧和社交软件等网络平台的管理，明确网络服务提供者的责任，借助各种力量查找"独狼"留下的蛛丝马迹，及时切断极端主义、恐怖主义言论的滋生源头，并对相关言论的真实性进行分析研判。此外，还可以引领互联网企业提供密切协作，配合侦查机关开展工作，实现互联网监控全覆盖，形成官方和社会的整体合力。相关职能部门也要通力合作，搭建多渠道交流平台，定期分享有关情报线索和办案经验。

5. 技术治理是支撑：努力消除网络"独狼式"恐怖主义生存发展空间

第一，充分利用大数据、人工智能和云计算实时掌握潜在"独狼"分子的活动轨迹，对可疑人员进行分级监控，一旦发现异常动向，及时采取有效措施防止"非独狼"向"独狼"转化。

第二，通过网络安全专业技术手段重点围绕暴恐分子冒用他人有效证件，利用伪假证件"漂白"身份、改头换面等手段从边境口岸"回流"入境等行为开展甄别工作。如侦查机关要及时获取当日从各口岸入境的重点关注人员数据，以掌握每日入境人员总体情况。收集掌握入境关注人员在本地的落脚点、接应人或关

---

① 李恒. 网络恐怖主义犯罪的现实表现、风险挑战与政策治理[J]. 宁夏社会科学，2020（2）.

系人、通信工具号码、虚拟身份账号等，对应纳入本地实有人口管理的入境重点关注人员。

第三，网络舆情监控是实现网络综合治理的重要手段。如避免对一些有过激言论的网民做出极端行为，提高对数据和情报信息的利用效率；尽快培养一批训练有素的网络舆情监管专门人才，打造网络舆情监管队伍；完善网络舆情语言识别系统，实现网络监管全覆盖。

四、本章小结

党的二十大报告指出，推进国家安全体系和能力现代化，坚决维护国家安全和社会稳定。后疫情时代，要持续坚持问题导向和系统观念，聚焦反恐怖反分裂斗争重点任务，严密防范、打击敌对势力的各类渗透颠覆破坏活动，运用新兴技术高效识别各类"独狼"及相关涉恐人员，深入贯彻落实反"独狼式"恐怖主义对策措施，着力加强反恐怖综合能力建设，全面提升反恐怖各项工作水平，扎实打好反恐怖人民战争，坚决捍卫国家安全和社会大局和谐稳定。

后疫情时代，极端主义发展势头迅猛，暴力恐怖主义犯罪在南亚、东南亚及中亚滋生蔓延，不仅造成当地及周边地区社会动荡不安，也给"一带一路"倡议带来了严峻挑战，对我海外利益安全带来严重威胁。针对恐怖主义犯罪的有关对策已进入制度、宗教等深层社会治理阶段，防范和惩治极端主义活动是反恐怖主义的治本之策。基于此，借鉴国际反恐怖斗争成功经验，积极探索应对"独狼式"恐怖主义犯罪的防治路径是当前反恐怖工作的重要一环。

"独狼式"恐怖主义已成为当今国际恐怖活动犯罪的新常态，国际恐怖主义也进入后疫情时代的新一轮活跃期。在互联网技术革新发展背景下，"独狼式"恐怖主义也日渐在网络空间滋生蔓延，成为网络恐怖主义的重要表现。网络时代"独狼式"恐袭仍是最直接、最现实的威胁。探讨网络时代背景下"独狼式"恐怖主义犯罪的概念、生成机制，掌握"独狼"袭击者实施犯罪的行为特征以及治理难点，是实现有效治理"独狼式"恐怖主义的必然要求。在全面贯彻落实总体国家安全观的大背景下，推进"独狼式"恐怖主义犯罪治理，情报应用是前提，侦查打击是手段，源头治理是关键，技术治理是支撑，国际合作是桥梁。国际社会要进一步加强协调合作，继续坚持标本兼治，致力于消除恐怖主义滋生的根源，力求有效打击恐怖分子，全力阻遏恐怖势力蔓延。

第五章 以情报信息为中心的"靶向"反恐怖机制构建

一、问题的提出

(一)以情报信息为中心的"靶向"反恐机制构建的背景

全球反恐形势正发生着深刻变化,受境内外极端民族宗教等复杂因素影响,国际反恐怖斗争形势面临着诸多新风险,没有一国能够独善其身。自我国开展打击暴恐活动专项行动以来,公安机关抓获涉恐案件人员数千名,维护了我国社会大局总体稳定。但是,我们也要看到,一段时期以来,暴恐行动更加周密、目标指向更加明确,"境外煽动境内、境内联系境外、境外指导境内"的态势依然没有改变,特别是"一带一路"倡议实施下的中国海外利益涉恐威胁风险持续加大。①《反恐怖主义法》以总体国家安全观为指导,立足中国国情,面向当前和今后一个时期国际国内反恐斗争的新动向,为中国依法开展反恐工作奠定了坚实的法律基础。作为一部指导反恐怖主义工作的专门法律,《反恐怖主义法》将反恐怖主义纳入国家安全战略。该法在考虑现有法律规定和借鉴国外有效做法的基础上,通过总结中国开展反恐怖主义斗争的实践经验,参考其他一些国家和地区的法律规定,专门对反恐怖主义情报信息工作体制、机制作出明文规定。国内外反恐斗争经验表明,做好反恐怖主义工作必须充分认识情报信息的重要性,不断增强情报信息意识,提高情报信息工作的水平,以适应当前反恐怖主义斗争形势的需要。如果没有及时、准确的情报信息,反恐工作就会失去方向,陷于被动局面,恐怖活动组织与人员等敌对势力各种不安定因素就会发展蔓延,给国家安全和社会政治稳定造成严重危害。②

---

① 贾宇,李恒.恐怖活动对"一带一路"倡议实施的威胁评估与对策研究[J].宁夏社会科学,2017(1).
② 郎胜,王爱立.中华人民共和国反恐怖主义法释义[M].北京:法律出版社,2016:163-181.

法制完备赋予了相关国家机关执行情报工作的法源依据。《国家情报法》第2条规定：国家情报工作坚持总体国家安全观，为国家重大决策提供情报参考，为防范和化解危害国家安全的风险提供情报支持，维护国家政权、主权、统一和领土完整、人民福祉、经济社会可持续发展和国家其他重大利益。《国家安全法》第28条规定："国家反对一切形式的恐怖主义和极端主义，加强防范和处置恐怖主义的能力建设，依法开展情报、调查、防范、处置以及资金监管等工作，依法取缔恐怖活动组织和严厉惩治暴力恐怖活动。"当前，非传统安全威胁对各国带来的风险明显上升，全球依然面临现实和潜在的局部战争威胁。为全面推进依法治国、建设社会主义法治国家和推进平安中国建设，需要进一步强化反恐怖主义工作，更好适应中国国家安全面临的新形势。

情报信息在维护国家安全过程中具有十分重要的地位，也是掌握反恐怖斗争主动权的核心。反恐怖工作情报信息是关键，把情报信息作为反恐怖关键环节来抓，充分发挥情报信息的前瞻性、先导性和预警性作用，着力提高反恐情报信息服务实战、引领实战的能力和水平，动态掌握并主动发现危害国家安全、公共安全等情报信息是衡量反恐怖工作水平的重要标准。纵观全球，恐怖主义犯罪严重危及人类社会的生存与发展，世界许多国际组织和国家将反恐怖工作一并纳入国家安全战略。一方面，搜集、获得、分析和使用有关恐怖活动组织与人员的情报信息对于防止恐怖主义犯罪行为至关重要。例如，美国先后通过《反洗钱法》《爱国者法》《国土安全法》及《情报改革与恐怖主义预防法》，以确立中央情报局局长对各情报机构在情报搜集工作上的主导地位，并通过立法扩大执法部门在技术侦查、电子监听和情报分享方面的合作权限。情报信息可通过公开和秘密来源搜集，并可以从本国或国外的其他侦查机关获得。另一方面，情报搜集活动特别是技术侦查必须受到法律规制，由司法机关予以全程监督。任何影响国家安全和涉及个人隐私的行动都必须是法律允许的并受法律监督。特别是与个人有关的任何技术搜查、监听监视或电子数据搜集必须依法授权。

（二）以情报信息为中心的"靶向"反恐机制构建的提出

在大数据、云计算、信息化飞速发展的背景下，情报信息的功能作用将会更加凸显。情报信息能够反映恐怖组织与人员的现实情况，揭示恐怖活动的规律特点及内在联系，能够为侦查调查恐怖活动提供线索支持，为打击和预测恐怖活动、进行科学决策提供服务。反恐情报信息是为预防和打击恐怖主义犯罪，收集和获取有关于恐怖活动组织、恐怖活动人员行为、事件等有价值的信息。反恐情报信息具有高度的时效性、超强的综合性、缜密的逻辑性、微弱的关联性、孤立的分散性特征,这些特征也决定了反恐情报信息不同于普通犯罪情报信息。

《反恐怖主义法》第四章"情报信息"第43条至第48条具体规定了国家反恐怖主义情报中心及情报信息工作体制机制、情报信息基层基础工作、情报信息之技术侦察、有关部门提供安全防范工作中获取的信息、情报信息研判等处理与预警、保密义务等内容。同时,上述条文突出强化对各类涉恐可疑人员动态侦控,增强涉恐情报信息搜集、获取、传递、共享、分析能力,扎实提升涉恐情报信息综合研判水平,为有效防范暴力恐怖活动提供了法律支撑,为切实提高对暴恐可疑活动的预知、预警、预防能力提供了法律依据。[①] 国内学界认为,广义的情报即"情报信息"或称"资讯""情资",也有西方学者将其称为"资料",主要是指观察、通信、报告、媒体或依靠其他来源获得的资讯,通常为片段、零散的消息,由于内容未经分析和处理,其可靠性与实用性仍有待商榷。情报工作包括产生情报的过程,即情报搜集和情报处理,包括利用情报进行的各种行动,即产出情报(知敌的工作)、反情报(防敌的工作)、情报战(攻敌的工作)等过程。狭义的情报是为国家或集团、组织战略、决策乃至谋略所不可或缺的依据之一。由此可以认为,信息是广义的情报,情报是狭义的信息。情报是将所搜集来的资讯、信息,经过处理、比较、评估等程序后,分析获得的具有价值且可参考运用的知识。美国情报学者蓝森指出,情报工作即提供决策与行动所需的消息,情报为一种动态观念,是一项没有明确起点或终点的过程。[②] 情报包括从搜集、处理到分发、运用,周而复始进行期间各阶段中的每一项功能。以情报为中心的"靶向"反恐就是要求相关部门进一步加强情报信息的统筹协调,跨区域协作配合和部门联动,整合各种情报侦查资源和手段,在基本掌握违法犯罪事实的基础上,搜集固定证据,依法严厉打击为首骨干和顽固极端分子,加强对重点人员的管控力度,彻底消除涉恐隐患和潜在威胁。

二、以情报信息为中心的"靶向"反恐怖机制构建的可行性

(一)以情报信息为中心的"靶向"反恐契合国家安全战略要求

1."靶向"情报

《国家安全法》第52条指出:"国家安全机关、公安机关、有关军事机关根据

[①] 王爱立. 中华人民共和国反恐怖主义法解读 [M]. 北京:中国法制出版社,2016:173-192.
[②] 朱源葆. 新编情报学精粹 [M]. 台北:士明图书文化出版社,2016.

职责分工,依法搜集涉及国家安全的情报信息。国家机关各部门在履行职责过程中,对于获取的涉及国家安全的有关信息应当及时上报。"中国兵家在论及情报时大多用"情""知""计"来指代"情报"。《孙子兵法》中也多次使用"情"字,但用得更多的是"知"。据统计,在《孙子兵法》中,"情"字共出现了7次,而"知"字则出现了79次。这里要指出的是,"知"字显然是动词,"情"字则是名词。"知"与"情",是一个问题的两种表述,翻译成英文,应该分别是know和knowledge,也就是我们今天所说的"知识"。① 知识与情报密不可分。美国中央情报局前局长肯特说:"情报的意义就是知识,虽然这种知识不能包括所有的知识,但至少是一种极为广泛复杂的知识。"西方军事学家克劳塞维茨在其经典专著《战争论》中也提到:"所谓情报,是指敌人和敌国的全部知识材料,也是我方各种想法和行动的根据与基础。"简而言之,情报就是按照预定计划,通过公开或秘密方式搜集所得的信息,经过分析、研判等程序后,适用于解决各类情况或需求的报告。申言之,凡属信息、资料或消息,经过搜集、整理、分析、研判等程序后,认为完整、正确,足以用于预测未来事物可能的发展趋势并以此作为"靶向",而为最终决策服务。"靶向"一词,顾名思义就是对特定目标采取的针对性行动。笔者认为,"靶向"情报即指针对特定目标,运用专业手段取得的有价值的信息资源。

2. 以情报为中心的"靶向"反恐

《国家情报法》第2条规定:"国家情报工作坚持总体国家安全观,为国家重大决策提供情报参考,为防范和化解危害国家安全的风险提供情报支持,维护国家政权、主权、统一和领土完整、人民福祉、经济社会可持续发展和国家其他重大利益。"反恐怖主义工作是实施国家安全战略的重要一环,是为减少、阻止恐怖主义的发生,以及为减少其危害性所开展的战略行动,其中最重要的是了解恐怖分子的心理、动机和目标,可以采取的手段包括法律手段和行动技术手段。《孙子兵法》云:"知己知彼,百战不殆;不知彼而知己,一胜负;不知彼不知己,每战必殆。"这是对情报信息工作最简明扼要的表述。2016年11月29日,时任国务委员、国家反恐怖工作领导小组组长、公安部部长郭声琨同志在全国反恐怖主义工作视频会议上强调:"要整合各类情报信息资源,健全完善研判核查机制,着力提升预测预警预防能力。"反恐怖主义情报信息工作,是指反恐怖主义部门依据法律赋予的职权,运用各种手段,及时获取有关恐怖组织、恐怖分子、恐怖活动及其嫌疑的情况、信息、线索和动向,为反恐怖主义防范、侦察、处置工作提供服务的专门工作,是集搜集、传输、研判、反馈以及网络建设等为一体的系

---

① 张薇.国家安全情报研究(上册)[M].北京:金城出版社,2021:6.

统工程，是反恐怖主义工作的重要组成部分。情报信息是夺取反恐怖主义斗争胜利的法宝，是掌握反恐怖主义斗争主动权的根本性举措；没有情报信息，反恐怖主义斗争将陷入被动，甚至会造成无可挽回的损失。

国际、国内反恐怖主义斗争的经验教训和工作实践充分表明，要打赢反恐怖主义这场战争，必须以战略思维和战略眼光，把情报信息工作置于反恐维稳的首要位置。第一，情报是总体国家安全战略和反恐决策实施的基础，是维护国家安全、社会稳定，保护国家利益的工具，也是进行反恐技术行动的有效依据。反恐怖主义斗争是同各种恐怖组织、恐怖分子及其他敌对势力、敌对分子的生死较量，而决定胜负的最基本前提就是情报信息工作。只有及时获取恐怖组织、恐怖分子的阴谋计划、活动动向及其他相关信息，才能在斗争中立于不败之地，才能抓住战机，主动进攻，先发制敌，把恐怖活动粉碎在预谋阶段。第二，情报工作是总体国家安全战略的重要组成部分，作为国家的支柱和政府决策的支架，也是支撑国家安全的重要环节，维护国家利益的重要手段，并依赖于恐怖活动形势不断变化而发展。反恐怖主义斗争的基本目标和根本要求是防止恐怖活动危害的发生，因此，反恐怖主义部门要运用各种秘密的、公开的手段和措施，提前发现和掌握有关恐怖组织、恐怖分子的阴谋计划、活动动向及其他相关情况，只有这样，才能有针对性地进行反恐怖主义的侦查、处置、防范工作。情报信息工作贯穿于反恐怖主义工作的始终，情报信息为反恐怖主义的侦查、处置、防范工作指明方向和划定重点范围。同时，通过反恐怖主义的侦察、处置、防范工作，可以进一步获取更多、更深层次的情报信息线索，为后续工作的开展提供指导。因而，情报与国家兴衰存亡密不可分，对国家发展、科技进步意义重大，在国际政治、维护和平领域中具有重要作用，尤其是在安全政策制定及其执行过程中，有关情报整合、分析研判、组织管理、政策影响等环节和要素可能发生连带关系，情报与国家安全系有机结合体。

目前，国内学术界对于反恐情报信息进行了多维度的系统性研究。通过文献分析发现，相关研究主要可以归为三类：一是对反恐情报信息理论与实践中的重大问题进行研究。二是对反恐情报信息及其情报预警体系构建进行研究。三是对反恐情报信息定量与定性分析，对大数据背景下的反恐情报信息工作以及情报体系构建进行研究。以上研究成果都坚持以问题为导向，在研究路径上采取现状研究（发现问题）、风险与挑战研究（分析问题）、对策研究（解决问题）的"三分法"逻辑结构，已经取得了诸多有益的研究结论和实际成果，具有相当的科学深度、应用价值和实践意义。笔者对比现有文献研究发现：一方面，情报主导侦查的价值实现，在很大程度上依靠分析研判。一些学者针对反恐情报开展定量分析，但定量分析必须与具体实践相结合，仅仅是预设"模型"的逻辑推演，是否具有科学性、可行性和操作性还值得进一步深入探讨。另一方面，情报信息分析是情报学中的一个重要概念，其基本含义是研判主体对收集获得的情报信息进行多种形式的甄别、判断、评估，以确定其真伪、价值和有效性等。情报信息分析处于情报工作的核心和顶层位置，因此对情报信息的分析就成了情报研究领域的重中之重。事实上，与恐怖主义犯罪的斗争就是比谁下手快，从发现线索到破获案件的时间越短，将恐怖分子在行动之前打掉的可能性就越大。因此，全面贯彻《反恐怖主义法》，以坚决防止发生暴恐案件为出发点和立足点，既要全面加强社会面的治安防控，又要提高反恐情报主导侦查能力，充分发挥反恐情报信息分析的现实作用，深入推进反恐情报预警预防能力建设，巩固提升情报主导反恐侦查工作的科学化、制度化和规范化水平，确保情报信息的主动性、时效性和精准性。笔者认为，以情报为中心的"靶向"反恐是以涉及恐怖主义、极端主义的重点人员、刑事治安案件、敏感物品、情报线索等各种有形、无形的信息资源为特定目标，通过对信息的搜集、整理、归纳、分析、研究和判断，形成有利于打击、预防涉恐犯罪的情报，为反恐决策提供情报信息支撑，为预警预防和侦查破案提供方向和线索。

（二）以情报信息为中心的"靶向"反恐迎合法治实践需求

"中国高度重视反恐怖主义情报工作，始终密切关注境内外恐怖势力动向，公安机关、国家安全机关等有关部门相继建立了反恐怖主义情报机构，强化涉恐情报的搜集、预警，并取得了一定成效。但当前反恐怖主义情报信息工作还存在一些问题，不能满足反恐斗争的需要，如信息来源不足、各级各类反恐职能部门之间情报信息的共享缺乏畅通的机制与渠道，使得很多情报信息难以发挥及时预警作用。因此，我们有必要整合各方面的情报资源，统筹情报搜集、研判、共享、核查、反馈和通报工作，建立统一、权威、高效的反恐怖主义情报信息体系，实现反恐怖主义情报信息的统一研判应用。针对情报信息工作中存在的问题，《反恐怖主义法》专设情报信息作为独立一章，规定了反恐怖主义情报机构与工作机制、反恐怖主义情报工作中的特别权力、情报信息的研判与应用、反恐怖主义情报工作中的权利保护，这为中国反恐怖主义情报工作提供了法律支持。"[①]

---

① 师维，孙振雷，孙卫华等.中国反恐怖主义法研究[M].北京：中国人民公安大学出版社，2016：121.

"法治就是通过法律体系的运行来满足主客体之间需求与被需求、满足与被满足的关系,而国家安全法治就是通过涉及国家安全内容的刑事法律体系的运行,来形成国家安全主客体之间需求与被需求、满足与被满足的和谐关系。"[①]《反恐怖主义法》第44条规定:"公安机关、国家安全机关和有关部门应当依靠群众,加强基层基础工作,建立基层情报信息工作力量,提高反恐怖主义情报信息工作能力。"一方面,从反恐斗争总体策略来讲,情报是对抗恐怖主义的制胜关键和重要手段。在政策指导层面,要制定反恐战略、完善政策规划、加强机关协调。在情报功能方面,要提出威胁评估、增强情报搜集成效、瓦解犯罪意图。在危机应对层面,要加强事前准备、增强急难抢救、重视善后复原。在危险品管制层面,要建立通报系统、加强安全管理、落实追踪查核。在法律规范层面,要完善法制建设、提供必要职权、发挥严惩效果。另一方面,从反恐基层情报工作实施来讲,应当依靠群众,加强基层基础工作。国家建立反恐怖情报数据库,重点地区建立涉恐情报分析研判中心;强化反恐怖情报会商研判机制,开展涉恐情报归口管理,广泛运用"大数据""云计算"等技术;实施扁平化运行,深度挖掘和综合研判。推行情报主导侦查模式,整合各类信息资源,全量获取实时数据,突破信息壁垒;交通运输、金融、通信等单位依法做好个人信息采集与保存,配合反恐部门建立信息查询系统。

情报信息工作是维护国家安全层面重要的一环,尤其是在国家安全法制政策制定及其执行过程中,对有关咨询认知、组织管理、政策影响等可能发生的问题进行深度研判。其一,反恐情报信息随恐怖活动之变而变,在恐怖活动变化的新趋势下,反恐情报工作具有与普通的犯罪情报相区别的若干特征,因此,恐怖活动事件的情报信息具有很强的时效性。其二,恐怖活动事件的发生往往出乎意料,持续的时间一般较短,意味着反恐情报部门在搜集和研判情报过程中存在时间上的约束。因此,反恐部门应树立"全国一盘棋"思想,发挥反恐办的统筹协调指导作用,调动各成员单位和工作联系单位的主动性和积极性,注重协调行动、密切配合,注重资源整合、信息共享,注重部门联动、区域协作,突出"靶向"反恐实际效用,切实形成工作合力。

(三)以情报为中心的"靶向"反恐符合防范恐怖犯罪客观要求

反恐怖主义情报信息往往具有隐蔽性、综合性、分散性等特点,对于通过侦查手段和其他途径收集获取的有关犯罪活动的各种情况和线索,必须进行再加

---

① 康均心.全球反恐背景下国家安全法治体系构建[J].山东大学学报:哲学社会科学版,2017(2).

工、整理、分析、研判，才能使这些信息具有真正的价值。可以说，搜集情报只是获取了情报工作的原材料，能否使搜集到的情报真正发挥作用，最关键的环节是对情报进行科学的筛查、研判，并采取及时有效的安全防范和应对处置措施。[①]《反恐怖主义法》第43条第1款、第2款规定：国家反恐怖主义工作领导机构建立国家反恐怖主义情报中心，实行跨部门、跨地区情报信息工作机制，统筹反恐怖主义情报信息工作。有关部门应当加强反恐怖主义情报信息搜集工作，对搜集的有关线索、人员、行动类情报信息，应当依照规定及时统一归口报送国家反恐怖主义情报中心。《反恐怖主义法》第47条规定：国家反恐怖主义情报中心、地方反恐怖主义工作领导机构以及公安机关等有关部门应当对有关情报信息进行筛查、研判、核查、监控，认为有发生恐怖事件危险，需要采取相应的安全防范、应对处置措施的，应当及时通报有关部门和单位，并可以根据情况发出预警。有关部门和单位应当根据通报做好安全防范、应对处置工作。情报信息按照知识属性分为原始情报、传来情报、政治情报、军事情报、科技情报、社会情报、经济情报、环境情报、人物情报；按照活动取向分为搜集、研判、保护、行动等。以情报为中心的"靶向"反恐机制要求相关部门应对有关涉恐情报信息进行筛查、研判、核查、监控，认为有发生恐怖事件危险，需要采取相应的安全防范和应对处置措施的，应当及时通报有关部门和单位，并根据情况发出预警；同时应当根据通报做好安全防范、案件侦查和应对处置工作。

法律是社会政策的片段，当前对恐怖主义犯罪的治理应强调社会政策的结构性反应，而非仅倚重刑罚手段。防范和惩治恐怖主义犯罪的刑事立法价值，一方面要与国家反恐形势发展相结合，另一方面要与刑法的功能和其在法律体系中的地位和性质相协调，同时必须维护法律基本价值在反恐领域的有序而合理的组合关系。[②] 在《反恐怖主义法》实施背景下，以情报为中心的"靶向"反恐在防范涉恐犯罪案事件中必须做到以下几点。首先，各级反恐怖工作领导小组成员单位、重点目标单位在反恐办的统一指挥协调下，监管落实好本单位、本行业系统涉及反恐相关情报工作，坚持打防并举与标本兼治相结合，坚持去极端化与源头治理相结合。其次，整合反恐怖领导小组成员单位、相关反恐专业警种的涉恐情报资源和案件线索，集成使用多警种、多部门的专业力量、专门手段开展反恐工作。再次，完善涉恐情报信息由反恐办统一归口处理、多部门会商研判机制，形

---

① 师维，孙振雷，孙卫华等.中国反恐怖主义法研究[M].北京：中国人民公安大学出版社，2016：124.
② 何荣功."预防性"反恐刑事立法思考[J].中国法学，2016（3）.

成重大活动适时研判、敏感时段定期研判、涉恐警情随时研判的工作模式，打破地域间、警种间、层级间和部门间的情报壁垒，推动情报共享和线索侦查同步开展。最后，对特定涉恐情报线索和重点目标做到信息采集"每日必清"；调查核实"每人必见"；分析研判"每线必查"；动态管控"每环必盯"，切实做到"来知源头、到知落脚、走知去向、动知轨迹"，最终达到整体可控的实际效果。①

三、"靶向"反恐怖情报信息搜集内容机制构建

（一）以情报信息搜集内容为"靶向"：拓宽情报渠道来源

1. 以危害国家安全活动情报为"靶向"

《国家安全法》第53条规定："开展情报信息工作，应当充分运用现代科学技术手段，加强对情报信息的鉴别、筛选、综合和研判分析。"危害国家安全活动情报的鉴别、筛选、研判内容包括：（1）国内重大活动的安全保卫情报，重点搜集境内外"三股势力"和国际恐怖极端组织涉国内行动性、预警性情报线索，做好情报搜集研判、线索梳理、人员监测和情况通报等工作。（2）以"防回流""防入境""防极端"为重点，加大对境内外勾连，特别是境外派遣人员入境，指挥境内人员活动线索的搜集力度。围绕境外"东伊运"向南亚地区和中亚地区转移活动的突出动向，针对性加强情报信息搜集，突出可查、可侦、可控综合情报。（3）针对中国以"一带一路"沿线为重点，特别是海外利益安全威胁预警增多情况，加大恐怖极端势力可能对中国海外机构、人员、设施实施暴恐活动相关情报信息的搜集和通报力度。（4）加强搜集"IS"等国际恐怖极端组织涉及中国的可疑动向。（5）欧美等国家反恐政策、反恐法治调整情况。（6）国际重大恐袭事件详细情况及对我国反恐工作的启示。

2. 以涉恐重点组织与人员为情报"靶向"

《反恐怖主义法》第2条、第3条规定，国家反对一切形式的恐怖主义，依法取缔恐怖活动组织……反恐怖相关工作部门应当遵循依法实施、公秘结合、社会控制的原则，以便发现涉恐重点组织与人员的活动情况和情报线索，掌握活动轨迹，查找犯罪证据，查控涉案物品，查缉犯罪嫌疑人。涉恐重点组织情报包括：（1）以培训办学、行会、商会、乡会等为掩护，传播极端主义思想的。（2）发展成员、组织体能训练，有涉恐嫌疑的。（3）与涉恐人员相互勾结，为其

---

① 李恒. 基于域外情报导侦模式下的我国反恐情报工作探究 [J]. 情报杂志，2017（5）.

办理、制作伪假护照的。(4)可能与国际恐怖组织有联系,疑为建立分支机构的,等等。涉恐重点人员情报包括:(1)来自涉恐重点国家、"三股势力"活跃地区,有涉恐嫌疑的。(2)有设法出境参加恐怖组织嫌疑的。(3)传播、教授制造枪爆物品和剧毒等危险物品技术,有涉恐嫌疑的。(4)通过互联网传播等渠道与恐怖组织、涉恐人员联系或传播恐怖信息的。(5)购买易制爆化学品,有涉恐嫌疑的。(6)涉嫌制作、传播极端主义宣传品,或以其他方式宣传极端主义思想的。(7)来自涉恐重点国家和地区,有涉恐嫌疑的。(8)有国际恐怖组织、极端组织背景或与之有联系的。(9)涉嫌参与恐怖融资活动的。(10)扬言以爆炸、杀人或其他危害公共安全的极端行为报复社会、要挟政府等。

3. 以易遭受恐怖袭击的重点目标为情报"靶向"

易遭受恐怖袭击的重点目标情报包括:(1)县级以上党政机关驻地。(2)外事使领馆驻地及其人员寓所;涉外宾馆、酒店、饭店及其他目标;外国人集中居住区。(3)军队、武警部队驻地,县级以上公安机关、消防、公安派出所,从事军警教学、科研单位。(4)核(生、化、爆、剧毒)物品研制、生产等单位目标,油气开采、储存、加工单位目标以及输油管道等设施目标。(5)大型金融单位、国家级旅游景区、有影响的旅游景点等目标。(6)机场、火车站、地铁站、客运轮渡码头、客运公交站,水利水电工程,县级以上供电、供水、供气、电信、通信、金融系统和发电站、加油站等,大中专院校、中小学校、幼儿园,县级以上医院和人员密集的体育活动中心等民生目标。(7)涉及国家级政治、经济、文化、历史等重点基础设施建筑物,商用建筑物,有影响力的城市标志性建筑物,国道、高速公路、铁路运输线建道、隧道、桥梁等。

4. 以重点行业及重点部位为情报"靶向"

《反恐怖主义法》第46条规定:"有关部门对于在本法第三章规定的安全防范工作中获取的信息,应当根据国家反恐怖主义情报中心的要求,及时提供。"重点行业及重点部位情报包括:(1)生产经营类行业。如来自涉恐活跃地区和涉恐重点国家的人员在本地开设公司、企业,经营餐饮、小商品生意等行业的数量及基本情况。(2)销售加工类行业。如易被利用购买或获取制毒、制爆原材料的化工商店、易燃易爆物品销售点等重点行业的数量及基本情况。(3)易涉足日常经济活动场所。如涉恐嫌疑人员可能涉足的汇兑类机构、物流、房屋租赁、网吧等场所的数量及基本情况。

5. 以网络、媒体的重点新闻内容为情报"靶向"

主要体现在收集网络、媒体的有关新闻报道,跟踪各地涉恐局面变化。恐怖组织的网络消费、社交、邮件数据和音视频，反映了其活动轨迹。要依法把网页、微博、QQ、社交App数据等纳入监管范围，注意收集互联网、移动网、物联网、社交媒体等有关情报信息数据。延伸警务通功能，提高警务移动终端的人、车、地、物、网等情报信息的采集能力。在执法办案中，要确保生物检材情报信息的完备与准确。在深化道路和重点场所高清监控网络化建设的基础上，推进小区、单位自建视频监控并接入公安监控视频网络，消除监控死角。提高视频监控的整合程度，实现"网、场、屋、人、车"等的实时采集和智能识别。落实旅店、出租房屋、网吧、洗浴、娱乐场所、民宿等入住人员实名制登记和登记管理系统安装，并及时向公安机关上传数据。[①]

（二）以人、物、地为"靶向"：提升涉恐要素管控能力

1. "靶向"排查，管住重点"人"

以重点人群为核心，发现和掌握通过何种途径影响社会稳定或开展涉恐极端活动的苗头和迹象，目的是及时发现、核实、处理情报信息和相关线索。围绕辖区内重点关注人员的"吃、住、行、消"，发挥基层组织作用，专门工作与群众工作结合，切实摸清关注人员底数，提升主动发现能力。既充分发挥各类信息化资源优势，又不完全依赖信息化手段，把24小时分析、研判机制与摸清关注人员、关注群体底数相结合，掌握现实表现和思想动态，及时开展评估，有效发现管控各类涉恐可疑人员，做到分类管理、等级预警、行知动向、动知轨迹、实时掌握思想变化的动态管控机制，分类落实教育转化、管控、防范等措施。

2. "靶向"清查，管住重点"物"

开展危爆物品、制爆器材专项治理行动和枪支弹药、管制刀具专项治理行动。强化涉恐要素管控，围绕废旧厂房、矿山、物流寄递等危爆物品重点领域，通过开展民用爆炸物品集中清查整治、深化治爆缉枪专项行动、集中开展网上清理整治、严厉打击武器弹药走私等犯罪活动，清查易被用于从事刀斧砍杀、冲撞、纵火、爆炸、枪击等恐怖袭击的生产、生活资料，分门别类加强监管管理。全面清查、收缴流散社会的非法危爆物品，特别加强制爆、剧毒等危险化学品管理秩序整顿力度，加强废旧液化气罐、灭火器罐管理，严格落实散装汽柴油等实名制登记购买，严防落入暴恐分子手中造成危害。恐怖活动物品的情报信息搜集与判定包括：一是通过网络购买或盗窃制爆原材料，包括化学物质、有毒物质、武器、可供制造违禁品的物品，以及通过利用社会管理漏洞，以非法方式获得

---

① 贾宇. 中国反恐怖主义法教程[M]. 北京：中国政法大学出版社，2017：190.

特定单位的门禁卡、工作证、饭卡、制服、设建筑计图等。二是没有正当理由筹集、接收、传递、转移、运送上述物品,通过各种渠道获得恐怖活动所需的相关知识。经常通过各种虚假理由,利用网络或实体店形式,大量购买、筹集特定领域的装备、管制物品。三是私下购买敏感物品,暗中练习搏击、格斗等技术,深入研究制造爆炸物的方法,愿意接受军事训练,没有相关学科背景及合法身份,却四处询问敏感物品信息。四是重点群体、敏感人群长期通过互联网、即时通联工具、实地打听询问等方式搜集最新的政府部门出入境护照办理工作动向,意图掌握出入境管理部门办理护照工作的动态,使用虚假证件进行护照办理等。[1]

3. "靶向"检查,管住重点场所

开展重点目标安全隐患专项治理行动。通过对重点目标、重点部位、人员密集场所等的安全检查,对党政首脑机关、标志性建筑物、重要基础设施,火车站、民航机场、客运码头、地铁等公共交通系统,城市广场、大型商圈、学校、医疗机构、旅游景区、大型活动场馆、口岸等人员密集场所,无人驾驶航空器和"低慢小"(主要指低空飞行物)目标,二手车交易市场、网吧、出租屋、歌舞厅等场所,及时排查出涉恐隐患和工作短板,严格落实"三防"(人防、物防、技防)措施。加强对专业人员工作责任心的教育和反恐知识技能的培训,增强发现、识别爆炸物等可疑物品的能力和对可疑人员的观察、识别、排查能力。《反恐怖主义法》第44条规定:"公安机关、国家安全机关和有关部门应当依靠群众,加强基层基础工作,建立基层情报信息工作力量,提高反恐怖主义情报信息工作能力。"据此,应当加强走访、巡查等日常工作,依托群防群众组织及时更新基础警务情报信息,保证基本情报信息的实时性和真实性。积极建立警民互动情报信息平台,通过警民微信群、QQ群、警务App,提高安全情报信息的互动和即时性。促进出租屋情报信息社会化采集,既通过房屋中介、物业和楼管收集租赁情报信息,也鼓励业主主动上报租住人员和租房用途情报信息,并将居住证办理与房屋租赁关联起来,减少监管漏洞。加强与社区居委会合作,认真落实高危人员情报信息采集;强化阵地控制,落实重点人员动向;加强情报信息网络布建,将触角深入社会深层。[2]

---

[1] 贾宇,王政勋.中国反恐怖主义法律问题研究[M].北京:中国政法大学出版社,2018:331.
[2] 贾宇.中国反恐怖主义法教程[M].北京:中国政法大学出版社,2017:189-190.

（三）以活动轨迹为"靶向"：开展涉恐人员轨迹研判

1. 以活动轨迹研判为"靶向"

涉恐人员轨迹是指在逃人员、回流人员、其他可疑人员、经研判较为敏感人员等的轨迹。反恐怖相关成员单位通过情报侦查发现即将发生暴力恐怖活动，或者个人、组织意图招募人员参与从事暴恐活动的，应第一时间向属地反恐怖工作领导小组报告。

2. 轨迹研判的方法与重点

《反恐怖主义法》第45条规定："公安机关、国家安全机关、军事机关在其职责范围内，因反恐怖主义情报信息工作的需要，根据国家有关规定，经过严格的批准手续，可以采取技术侦查措施。"该条文赋予了反恐怖职能部门可以运用技术侦查措施，通过反恐情报中心按照轨迹研判、预警工作标准和流程，开展轨迹分析、研判工作。一方面，恐怖分子实施暴恐袭击前一段时间，必定会对实施目标、行为对象进行"摸底""打探"，对犯罪工具准备、行动实施方式、逃跑路线进行精心谋划。有关机关特别应当对恐怖活动人员的一些特殊行为表现进行情报搜集与判定，主要包括：（1）对特定政府机关、大型活动场所的安保人员装备配置数量、进出口通道、障碍物进行观察、拍摄搜集；（2）对人员密集场所各楼层设施、通道、出口、监视监控设备进行观察拍摄，测绘并搜集该地区及周围区域的平面图；（3）个人对航空设施周边的建筑物、控制（观测）塔、照明设施及其跑道进行细致观察拍摄，特别对类似军事、警务、爆破等知识有浓厚兴趣；（4）同一可疑人员多次、反复出现在重要机关、基础设施附近、禁区外拍照、观察、逗留，持有重要基础设施、标志性建筑物、其他非游客兴趣点照片的人员；（5）对恐怖主义犯罪活动通过各种方式表达同情，没有违法犯罪记录却暗中多次资助恐怖活动，并持有爆炸物、毒物原材料，或私藏仿真武器等。[①] 另一方面，要实时比对、跟踪各类活动轨迹，及时推送涉恐人员的轨迹；汇总各地平台轨迹核查结果；指导各地反恐情报预警工作。各地反恐情报平台对可疑人员活动轨迹应当及时按照相关规定开展工作。如开展口岸入境"防回流"专项行动，公安机关侦查部门严格落实考察期制度，对在重点国家有过停留，但入境审查未发现问题的人员，采取多种手段，严格落实口岸查缉管控和落地管控措施，及时掌握其现实活动情况。具体包括：第一，历史及新增涉恐在逃人员名单。第二，在逃人员的最新活动轨迹。第三，回流人员的最新活动轨迹。第四，其他涉恐可疑人

---

① 张薇. 反恐情报研究 [M]. 北京：金城出版社，2021：59.

员活动轨迹。在研判方法上既充分发挥各类公安信息化系统和数据资源优势,又结合人工进行分析研判;围绕"吃、住、行、消",对研判对象的家庭成员、同行人员、同案人员开展多维分析;视情启用技侦、网侦、图侦、刑侦、情报等相关手段合成作战;发挥综合研判协作机制作用,对研判对象的通信情况、网络账号、视频图像、寄递物流、车辆等网上网下虚拟轨迹开展关联分析。[①]另外,加强合成研判预警能力。明确专门力量队伍、统筹汇集分析各类基础摸排和感知发现的涉恐可疑情况迹象,及时判明性质、评估威胁,并组织开展相关调查侦查工作。发现有涉恐活动等现实危害的,应当及时布控并精准打击。发现可疑情况线索,但暂不掌握具体活动或暂不够打击处理的,列为涉恐重点人落实具体管控措施。

四、"靶向"反恐怖情报信息分析研判机制构建

(一)"靶向"反恐情报信息分析研判机制的构建意义

情报信息分析研判是对所收集到的原始数据进行判断和识别,以确定信息的准确性和可靠性,为有关部门提供决策依据。新型分析技术目前被大量运用于情报的分析研判工作中,尤其是在分析恐怖活动组织结构方面运用广泛。这些技术包括数据抓取(发现最具价值的数据)、关联性分析(在已知问题和未知因素之间建立联系)、时间序列分析(发现时间趋势)、可视化分析(使用新形式表现复杂数据)以及自动化的数据库集合(减少保存数据的必要性)。情报信息的分析研判是对情报成果进行定性的阶段,其实质内容是对情报进行分析、研究、判断,最后确定情报的价值。这也是对所收集到的原始数据信息深入判断和识别,以确定信息的准确性和可靠性,为反恐怖工作部门提供决策和依据。通过对所收集到的反恐情报信息进行快速、详尽和准确的分析研判,为反恐工作部门提供有价值的侦查线索和方向,是有效防范和打击恐怖主义的重要保证。

情报信息分析研判的动态性特点是由恐怖主义活动发展变化的根本属性所决定的。尤其是在情报主导反恐侦查工作中,不少信息带有对抗性、时效性和动态性,恐怖事件的发生与发展存在诸多可能性甚至是不可预测性。在充满变数的较量里,及时而准确地掌握恐怖活动组织与人员的情报信息,迅速进行分析并得出结论,就意味着把握了主动权和制胜权。如果不能实时地掌握第一手情报信息,

---

① 贾宇,李恒. 恐怖犯罪活动组织和人员之情报信息搜集研究[J]. 情报杂志,2017(2).

则工作永远是被动的。情报信息分析的时效性是由情报信息的可逝性决定的，即情报信息的价值是有时间性的，因客观条件的变化发展，会使本来具有价值的情报信息遭到破坏。因此，想要充分发挥情报信息的使用价值，就必须在有限的时间内对其进行分析并利用。反恐怖实践表明，情报信息主导侦查必须以"人"这一核心要素为突破口，以此作为情报分析研判工作的主攻对象，及时从重点关注人群中发现、剥离出重点涉恐嫌疑人员。

《反恐怖主义法》第43条第3款规定："地方反恐怖主义工作领导机构应当建立跨部门情报信息工作机制，组织开展反恐怖主义情报信息工作，对重要的情报信息，应当及时向上级反恐怖主义工作领导机构报告，对涉及其他地方的紧急情报信息，应当及时通报相关地方。"情报信息是支撑国家安全的重要环节，是维护国家利益的重要手段，并依赖于社会形势的不断变化而发展。反恐情报作为特殊情报，对预防恐怖主义活动，发出早期预警信号，减缓与制止恐怖活动组织与人员的早期行动具有重大作用，及时有效地对反恐情报进行研判是取得反恐斗争胜利的重要保障。《国家安全法》第51条规定："国家健全统一归口、反应灵敏、准确高效、运转顺畅的情报信息搜集、研判和使用制度，建立情报信息工作协调机制，实现情报信息的及时搜集、准确研判、有效使用和共享。"据此，地方各级反恐领导机构应推进情报主导反恐战略实施，增强反恐情报机构的研判能力，发挥情报研判辅助决策、引领反恐实战效用，提高反恐部门预知预测、预警预防、精确打击、科学决策和应急处置能力。

（二）"靶向"反恐情报信息分析研判机制的组织领导与职责任务

1."靶向"反恐情报信息分析研判机制的组织领导

《反恐怖主义法》第43条第1款规定："国家反恐怖主义工作领导机构建立国家反恐怖主义情报中心，实行跨部门、跨地区情报信息工作机制，统筹反恐怖主义情报信息工作。"根据该规定，国家反恐怖主义情报中心隶属于国家反恐怖主义工作领导机构，其主要职责是统筹中国反恐怖主义情报信息工作。[1] 反恐情报部门由国安、武警和公安机关指挥中心、情报、刑侦、网安、技侦等部门组成，负责分析研判工作具体事宜。省级公安反恐部门是综合情报研判机构，各业务警种是专业情报研判机构，综合及其他警种情报研判机构确定分管领导和专职研判人员自行开展日常研判。地市级国安、武警、公安指挥中心、国保、刑侦、

---

[1] 师维，孙振雷，孙卫华，等.中国反恐怖主义法研究[M].北京：中国人民公安大学出版社，2016：120-122.

治安、禁毒、经侦、技侦、网安等相关警种和反恐部门定期开展涉恐风险评估和情报集中研判。县（市、区）公安（分）局可参照地市级标准建立反恐情报分析研判工作组，开展情报信息研判工作。

根据《反恐怖主义法》的规定，总体上，省、市、县三级反恐部门成立专业情报信息分析研判队伍，整合公安内、外部情报资源，建立情报指挥侦查一体化的工作运行模式，开展专业情报信息分析研判工作，最大限度将信息资源转化为情报产品，并最终将情报产品转化为打击成果。（1）地级反恐部门负责对县级报请立案立线的涉恐可疑人员进行审批，对同意立案立线的，由负责反恐工作的警种组织协调国保、治安、技侦、网安等警种进行严密侦控，为深入研判提供可查可控保证。（2）将涉恐可疑人员与在侦涉恐案件线索关系人或涉恐重点人员进行串并分析。如发现涉及相关案件线索，应及时列管列控，并根据案件线索具体性质明确管控等级。（3）未发现涉案涉线的，判明涉恐可疑人员在涉恐活动中的作用和地位，如属组织策划骨干分子，还是一般参与人员等。（4）分析涉恐可疑人员在本地涉恐活动的性质和目的。如策划实施暴力恐怖袭击、试爆制爆或购买作案工具、从事"伊吉拉特"活动、纠集发展暴恐极端团伙成员、宣扬传播暴恐思想、筹集恐怖活动资金等。（5）分析可能采取的暴力破坏活动方式，如爆炸、砍杀、放火、冲撞等。（6）分析涉恐可疑人员在本地策划实施暴力活动的阶段，如策划阶段、发展团伙阶段、组织实施阶段等。

2. "靶向"反恐情报信息分析研判机制的职责任务

根据《反恐怖主义法》第43条第3款的规定，在各级地方层面，由地方反恐怖主义工作领导机构建立跨部门的情报信息工作机制，也就是说，在地方各级反恐怖主义领导小组之下，建立与国家反恐怖主义情报中心相对应的情报信息机构，主要负责协调本地区内各情报部门的工作，统筹本地区内所有情报部门搜集到和筛选出的恐怖主义情报。据此，该机制下各部门的职责任务主要包括：（1）将整合和研判出来的情报为本级反恐怖主义执法部门提供情报支援，引导或辅助本级反恐怖主义行动的实施；（2）将上述情报进行筛选和整理之后，对重要的情报信息，向上级反恐怖主义工作领导机构报告；（3）将涉及其他地方的紧急情报信息，及时通报相关地方。① 同时，根据《国家安全法》第54条规定："情报信息的报送应当及时、准确、客观，不得迟报、漏报、瞒报和谎报。"地市级以上反恐部门负责情报综合分析研判和指导，建立情报信息日常报送职责机制，完善反恐情报研判体系及相应工作机制。其他警种负责建立本部门反恐职责的研

---

① 贾宇. 中国反恐怖主义法教程[M]. 北京：中国政法大学出版社，2017：187.

判体系和机制；结合自身职能优势，建立情报分析室开展本条线的专业及综合研判；向集中研判推送情报线索；签收、查证和反馈反恐情报部门集中研判推出的研判指令。县（市、区）公安（分）局负责建立本辖区的反恐情报研判体系和机制；围绕本辖区涉恐警情、案事件等开展专业及综合研判，向上级反恐部门推送情报线索；签收、核实、查证和反馈上级研判推出的研判指令；做好源头信息的采集、录入、维护、考核和上报工作，为情报信息分析研判夯实基础。

省级反恐部门应当依托地市级反恐情报信息平台，对列控的涉恐重点人员开展日常管控，实时掌握其活动轨迹等，并及时推送给下级反恐部门，督促落地管控措施。积极指导地市级反恐部门按照"双头抓、双向管"的模式，做好对跨地区活动涉恐重点人的协查协控工作。国家反恐办及公安部指导协调全国公安机关对涉恐重点人员的动态管控和基础摸排工作，及时将符合列控标准的人员纳入涉恐重点人员管控，为各地侦查调查涉恐重点人员提供数据支撑。

五、本章小结

反恐怖斗争实践经验表明，先情报后行动，大情报小行动，情报是掌握反恐斗争主动权的核心，是克敌制胜的关键。严打严防境内暴恐活动，强化情报预警，注重精准打击，深入推进严打暴恐活动专项行动，坚决把暴恐威胁制止在萌芽状态、消灭在未发阶段。在大数据、云计算、信息化飞速发展的今天，反恐怖斗争中情报信息价值更加凸显，基于反恐怖斗争的需要，有必要构建以情报信息为中心的"靶向"反恐机制。这一机制契合国家安全发展战略目标、迎合法治实践必然趋势、符合防范恐怖主义犯罪的客观要求，具有实践性和可行性。

将以情报信息为中心的"靶向"反恐机制作为出发点，构建情报信息搜集内容和情报信息分析研判机制。笔者在"靶向"反恐的情报信息搜集内容机制构建中提出三个"靶向"：一是以情报信息内容为"靶向"，拓宽情报渠道来源。二是以人、物、地为"靶向"，提升涉恐要素管控能力。三是以活动轨迹为"靶向"，开展涉恐人员轨迹研判，从而确保情报信息内容搜集的精准性和全面性，为下一步分析研判打好坚实基础。笔者认为，对搜集到的情报信息进行快速、详尽和准确的分析研判是有效防范和打击恐怖主义的重要保证。此外，笔者在本章中总结了"靶向"反恐情报信息分析研判机制的组织领导与职责任务，"靶向"反恐情报信息分析研判机制的目标与内容，及其指导下的"靶向"反恐情报信息分析研判的侦查实战化应用。

第六章　反恐怖警务执法工作机制构建

一、问题的提出

当前，恐怖活动的策划、组织、指挥、联络、实施、协助、支持等行动经常在不同国家和地区同时进行，网络技术的发展为这种跨国恐怖活动提供了既便利又安全的条件，在这种情况下，包括中国在内的任何一个国家都无法置身事外。同时，随着中国对外开放程度的加大，跨国经济、体育、文化活动不断增加，对恐怖活动的防范意识和防范能力亟须不断提升。

二、反恐怖警务执法工作机制构建的合理性与合法性

恐怖活动由来已久，它的历史同海盗、绑架、暗杀和抢劫一样久远。恐怖活动是自古已有的暴力犯罪的一种极端形态，恐怖活动犯罪随着社会的发展而成为有系统的理论和主张、有严密的组织体制、有一定社会目的的国际性犯罪。自20世纪30年代首次发生恐怖主义劫机事件以来，恐怖主义犯罪逐渐成为一个全球性的问题。随着各国民族矛盾、宗教冲突和贫富差距的加剧以及现代信息技术的普及，恐怖主义犯罪事件从20世纪60年代后期以来有增无减，恐怖犯罪活动异常猖獗，而且组织蔓延、活动频繁、规模扩大、性质恶劣、手段残忍。[1]恐怖主义对国际社会构成的威胁与危害不断上升，已成为影响世界和平与发展、破坏国家稳定与安全的重要因素。恐怖主义是全人类的共同敌人，中国坚决反对一切形式的恐怖主义和"双重标准"，坚持以联合国为主导的国际反恐合作机制，坚持将反恐纳入区域性国际组织合作的范围，坚持务实的双边反恐合作。与中国国内的反恐实践一致，中国坚持国际反恐应在打击恐怖主义的同时，注重解决产生

---

[1] 杨治长.恐怖主义犯罪问题概论[M].重庆：重庆出版集团，2010：5.

恐怖主义的根源问题；采取综合治理的方式，真正解决恐怖主义问题。[①]

《反恐怖主义法》将反恐怖主义纳入国家安全战略，强化防范和惩治恐怖活动，加强反恐怖主义工作，形成各级党政负责、部门齐抓共管、全社会共同参与的全民反恐格局，这对于维护国家安全、公共安全和人民生命财产安全具有重要意义。公安机关作为反恐斗争的排头兵和主力军，要自觉站在维护国家安全和社会稳定的战略高度，清醒认识到《反恐怖主义法》颁布施行的重要意义，切实增强反恐怖主义工作的政治责任感、法律责任感和社会责任感，将贯彻执行《反恐怖主义法》作为全面加强和推动中国反恐怖主义工作的重要契机，不断创新反恐怖主义工作体制机制，着力提升反恐怖主义工作能力和水平，进一步加强反恐防范，持续深化严打暴恐活动，持之以恒地进行源头治理，切实做好《反恐怖主义法》的贯彻实施工作。该法在现行有关反恐怖主义法律规定的基础上制定，与现行有关法律、行政法规构成中国反恐怖主义制度。这些法律法规赋予了公安机关可以采用相应手段、措施的权力。各级公安机关要牢固树立法治思维，善于运用法治方式和法治手段，用好用足法律武器，严格规范公正文明执法，做到既严密防范、打击恐怖活动，又严格遵守法律、尊重和保障人权，实现政治效果、法律效果和社会效果的有机统一。

从国家安全角度分析，《国家安全法》第3条规定："国家安全工作应当坚持总体国家安全观，以人民安全为宗旨，以政治安全为根本，以经济安全为基础，以军事、文化、社会安全为保障，以促进国际安全为依托，维护各领域国家安全，构建国家安全体系，走中国特色国家安全道路。"反恐怖主义工作是全党全国全社会的共同责任，应严格落实反恐怖工作责任制，切实形成全民反恐工作合力，坚决筑牢防范暴恐势力的铜墙铁壁。党的二十大报告指出，国家安全是民族复兴的根基、社会稳定是国家强盛的前提。统筹发展和安全，增强忧患意识，做到居安思危，是中国共产党治国理政的一个重大原则。特别是人类社会进入21世纪后，恐怖主义及其犯罪问题再次成为全球性热点问题。恐怖主义犯罪作为非传统安全问题中的一部分，被世界上许多国家列为当代最严重的全球性威胁和挑战。恐怖主义是一种社会政治活动，其根源和活动方式亦是随社会群体的信仰、价值观的变化而变化。由于恐怖主义是一种思想理念的冲突，而只要其所谓思想理念"正当性"持续存在，利益、主张与价值便无法调和。党的二十大报告进一步明确了以总体国家安全观为指导，坚持国家利益至上，以人民安全为宗旨，以政治安全为根本，统筹外部安全和内部安全、国土安全和国民安全、传统安全和

---

① 李伟，范娟荣，杨溪. 国际反恐合作的中国方案[M]. 北京：五洲传播出版社，2019：1.

非传统安全、自身安全和共同安全。阐述了维护国家安全的重大意义、工作目标，列举了渗透颠覆、暴力恐怖、民族分裂、宗教极端等突出的危害国家安全的活动，指明了维护国家安全的"合力"路径。①《中国国家安全研究报告（2014）》从多方面分析了中国国家安全面临的新环境和新情况，该报告指出，如果不对恐怖主义势力加以遏制，国家安全将会遭受沉重打击。《国家安全法》第28条规定，国家反对一切形式的恐怖主义和极端主义，加强防范和处置恐怖主义的能力建设，依法开展情报、调查、防范、处置以及资金监管等工作，依法取缔恐怖活动组织和严厉惩治暴力恐怖活动。作为负责任的大国，严厉打击恐怖主义，依法科学反恐，不仅是维护中国的国家安全，也是对国际安全贡献力量。面对国际恐怖主义的挑战，任何一个国家都不可能独善其身。只有各国密切合作，才能有效打击恐怖犯罪，挤压恐怖主义生存空间，根除恐怖主义危害。维护国家安全不仅要重视本国安全，还要重视共同安全。针对恐怖主义威胁的全球性特征，积极推动相关国际制度的形成，通过打造命运共同体，推动各方形成互利互惠的共同安全局面。②

从反恐怖警务工作执法实践角度分析，习近平总书记强调："反恐怖斗争事关国家安全，必须采取果断措施，保持严打高压态势，建立健全反恐工作格局，完善反恐工作体系，加强反恐力量建设。"③《反恐怖主义法》规定，坚持"专门工作与群众路线相结合"的原则，要想取得反恐怖主义斗争的胜利，既需要反恐怖主义工作领导机构、有关部门的工作人员依法做好反恐怖主义工作，也需要其他单位和个人的协助、配合。但如果反恐怖主义工作领导机构、有关部门的工作人员滥用职权、玩忽职守、徇私舞弊，或者违反规定泄露国家秘密、商业秘密和个人隐私等，必将打击普通民众的反恐热情，严重影响中国反恐怖主义斗争的效果。为了预防这种现象，并对相关行为人予以惩罚，《反恐怖主义法》第94条规定，反恐怖主义工作领导机构、有关部门的工作人员在反恐怖主义工作中滥用职权、玩忽职守、徇私舞弊，或者有违反规定泄露国家秘密、商业秘密和个人隐私等行为，构成犯罪的，依法追究刑事责任；尚不构成犯罪的，依法给予处分。反恐怖主义工作领导机构、有关部门及其工作人员在反恐怖主义工作中滥用职权、玩忽职守、徇私舞弊或者有其他违法违纪行为的，任何单位和个人有权向有关部门检举、控告。有关部门接到检举、控告后，应当及时处理并回复检举、控告

---

① 总体国家安全观干部读本编委会.总体国家安全观干部读本[M].北京：人民出版社，2016：128-129.
② 贾宇.中国反恐怖主义法教程[M].北京：中国政法大学出版社，2017：78.
③ 中共中央党史和文献研究院.习近平新时代中国特色社会主义思想学习论丛（第三缉）[M].北京：中央文献出版社，2020：97-98.

人。[①] 实践中，笔者调研时发现，国内反恐怖职能部门当前还存在一些问题与风险。一是部分反恐怖主义工作成员单位对非传统领域安全重视程度不够，少数地方和部门没有牢固树立总体国家安全观，重视传统安全忽视非传统安全，反恐怖工作措施表面化。二是对职责任务认识不清。少数地方和部门还存在着"反恐仅仅是公安一家的事"的错误认识，对本部门、本行业应该承担的反恐怖职责任务认识不清，不能有效运用政治、法律、教育等综合手段施策。三是应急防范工作仍存在漏洞。人员密集场所等重点防范目标的人防、物防、技防措施总体还有漏洞，防范意识、联勤联动和应急反应还存在不足。四是反恐情报信息获取能力较弱。高科技手段和公开渠道来源的情报信息较多，内幕性深层次情报搜集能力不足等问题还相继存在。

公安机关等反恐部门应以"主动进攻、及时破案、教育转化、防止危害"为指导思想，针对新疆"三股势力"等极端组织向内地渗透活动综合施策，采取教育、管理、侦查打击等有力措施，有效遏制暴恐活动向内地的渗透。《反恐怖主义法》第66条规定："公安机关应当及时对恐怖事件立案侦查，查明事件发生的原因、经过和结果，依法追究恐怖活动组织、人员的刑事责任。"公安机关作为防范、处置、打击恐怖主义犯罪的主力军，面对恐怖组织活动转型升级，务必转变观念，与时俱进，以习近平新时代中国特色社会主义思想为指导，进一步强化应对恐怖事件袭击的强硬措施，做到未雨绸缪、有的放矢，全面提升打击、处置、预防恐怖活动的能力。大力推进公安机关反恐怖实训是有效应对恐怖威胁的关键环节。要深入开展宗教极端主义治理，打击恐怖主义犯罪，强化情报线索侦查，深化基层矛盾源头治理和城市重点目标安全防范。颁布施行《反恐怖主义法》是贯彻落实总体国家安全观、加快国家安全法治建设、构建国家安全法律制度体系的一项重要举措，能够为反恐怖警务工作机制提供有力支撑。

三、反恐怖扁平化警务运行机制构建

（一）反恐怖扁平化警务指挥机制

《反恐怖主义法》第56条规定，应对处置恐怖事件，各级反恐怖主义工作领导机构应当成立由有关部门参加的指挥机构，实行指挥长负责制。反恐怖主义工作领导机构负责人可以担任指挥长，也可以确定公安机关负责人或者反恐怖主义

[①] 贾宇. 中国反恐怖主义法教程[M]. 北京：中国政法大学出版社，2017：309.

工作领导机构的其他成员单位负责人担任指挥长。跨省、自治区、直辖市发生的恐怖事件或者特别重大恐怖事件的应对处置，由国家反恐怖主义工作领导机构负责指挥；在省、自治区、直辖市范围内发生的涉及多个行政区域的恐怖事件或者重大恐怖事件的应对处置，由省级反恐怖主义工作领导机构负责。

一方面，反恐怖主义工作中的应对处置指挥机构，是指为有效预防和应对恐怖事件，减少或避免恐怖事件所造成的或可能造成的危害，消除其对社会产生的负面影响而建立起来的以指挥长负责制为核心，其他团体、单位和公众共同参与的，全面领导恐怖事件应急处置工作的机构体系。《反恐怖主义法》第31条规定："公安机关应当会同有关部门，将遭受恐怖袭击的可能性较大以及遭受恐怖袭击可能造成重大的人身伤亡、财产损失或者社会影响的单位、场所、活动、设施等确定为防范恐怖袭击的重点目标……"地级市公安机关反恐部门应以指挥中心为龙头，实行对重点目标和街面巡防力量的扁平化指挥，提高联动快速反应处警能力。根据街道分布情况和治安状况，结合网格化、动态化、等级化巡逻、防控要求，增强街面巡防的针对性、实效性和灵活性，健全社会治安防控体系建设。为进一步提升城市反恐怖指挥体系的管理水平，提高接处警、警力集结、现场处置的速度和效率，加强对社会治安局势的掌控，增强打击暴力恐怖等现行犯罪的快速反应能力，依托警用地理信息系统（PGIS）和巡区网格数字化编号，建立警情案件态势显示系统，把握警情重点区域和案件高发时段、部位。依托城市报警监控系统、GPS定位系统、350兆无线通信系统，准确掌握案发地点、犯罪嫌疑人的运动方向和巡防力量的布点和所处位置；推行一级接处警勤务模式，就近指挥调动警力出警处置，建立起扁平化指挥调度机制；制定突发事件工作预案，提高快速反应和应急处置水平。

另一方面，根据反恐怖警务实战和勤务部署的需要，按照扁平化指挥模式的构成要素，建立三个层级的指挥机构，赋予每个层级相应的指挥权限和指挥权威，明确相应的工作职能职责。指挥调度室承担地级市紧急警情先期处置、重大勤务部署、警力指挥调度、勤务管理检查监督等职能，负责主城区接警及警情指令下达。承担对地级市公安机关录入警务综合应用平台和各类资源库信息的把关审核、公布通报、清理删除、综合研判、评估考核，为公安机关提供信息查询和信息交换，发布警情浮动常量和打防控管阶段性、预警性、警示性信息；全面、及时、准确汇总、研判、上报全市公安机关动态类、突发类、重大类涉稳、信访和案事件情报信息。加强统筹协调，跨区域协作配合，密切警种和部门联动，整合各种情报侦查资源和手段，指挥调度室的勤务部署、布警要求和预警性、警示性打防控管信息，启动等级防控方案，调动辖区警力开展处置工作。

（二）反恐怖警务日常运行机制

改革开放以来，中国逐步打破"城乡"分割的二元化社会组织结构，全面构建"城乡一体化"建设之后，各地区之间的人口流动愈加频繁，彻底改变了原来的地域性人口阻隔和人口流动相对阻塞的情况。①《反恐怖主义法》第36条规定："公安机关和有关部门应当掌握重点目标的基础信息和重要动态，指导、监督重点目标的管理单位履行防范恐怖袭击的各项职责。公安机关、中国人民武装警察部队应当依照有关规定对重点目标进行警戒、巡逻、检查。"一方面，地市级公安机关警务指挥中心调度处依据110刑事、治安警情数和每日刑事案件发案情况，以及刑侦、特巡警、治安、交警、消防等部门确定的报警常量，综合兼顾重要节日或重要活动保卫期间工作需要和突发群体性、暴力恐怖事件的布控需要，研究制定社会面治安防控勤务工作的三级方案，实现勤务指挥工作的精确指导。另一方面，按照《公安机关110现场取证及处警人员着装携装规定》着装、携装，并保持警容严整，车辆整洁，装备性能良好。对发现的可疑人、事、物、场所，要主动进行盘问、检查；盘问、检查应该遵循"依法、文明、公正、安全"的原则。接处指令，接受群众询问、报警和求助，遇到重大情况和突发事件时，积极主动地依法履行职责，并及时反馈或报告。对发现的案件或抓获的违法犯罪嫌疑人，按照管辖规定移交；移送案件或违法犯罪嫌疑人时，应当提交抓获经过、涉案物品和证据和加盖公章的《案件（线索）移送单》及其他相关材料。盘查、警情处置、事务处理完毕后，及时登记具体情况和处理结果。警灯、警报器和武器、警械使用时，严格依据有关法律、规定进行。同时，提高警务快速反应能力建设，切实强化反恐民警的责任担当、使命担当，提高机动打击能力，确保恐怖事件发生后高效处置，最大限度减少人员伤亡和财产损失。

（三）反恐怖立体化社会治安防控机制

加快推进立体化社会治安防控体系建设，提升整体防控暴恐活动的能力。有效遏制暴力恐怖犯罪、个人极端暴力犯罪，是防控体系建设的重要目标之一。对立体化社会治安防控体系建设，习近平总书记高度重视，近年来多次作出重要批示，要求加快构建全方位、立体化的公共安全网。这要求我们做到以下几点。一是健全完善情报指挥一体化工作机制。要针对情报指挥方面存在的缺乏整体研

---

① 屈耀伦. 风险社会下中国反恐立法和策略的检讨与完善[J]. 北方法学，2018（1）.

判、指挥实战不够顺畅、影响打防效能等突出问题，依托警综平台设置专门模块，将各类治安要素和动态关注信息汇聚到一个系统，强化情报综合研判预警，健全运转高效、覆盖全警的实战指挥体系，实现情报决策、扁平指挥，及时发现问题隐患、即时预警推送，有针对性地强化重点管控、精确打击，切实增强打防管控工作的主动性、针对性、实效性。二是加快推进情报信息资源一体化。针对当前公安信息化建设中业务系统分散割裂等突出问题，尽快推动实现公安专业数据、政府各部门管理数据、公共服务机构业务数据、互联网数据这四大类数据的集成应用，实现"资源、数据、应用"三共享，全面掌握控辖区内人、地、物、事、组织等基本信息及吃、住、行、消等动态信息，实现对社会治安要素的全时空感知，实现基层基础工作高效规范、业务有机协同、数据动态鲜活、信息高度共享，为增强社会面整体防控能力奠定坚实的基础。三是织密社会治安防控网络。要紧紧围绕提升预防打击犯罪、保障公共安全这一核心战斗力需要，在社会治安防控中充分依靠整个体系的作用，坚持社会面、重点行业和重点人员、社区村庄、单位和行业场所、信息网络、技术视频等各防控环节一体规划、一体建设，有机衔接、高效运行，做到信息流、业务流、管理流融合，打防管控一体研判、一体部署，形成整体合力。结合"十四五"规划的制定，按照缺什么补什么的原则，加强治安防控基础建设，特别要加强各类通道查控设施建设，重点加强环京、环沪、环粤和环疆及出疆通道检查站建设，科学布设省际和重点城市检查站点，落实长途客运实名制购票乘车管理，会同铁路、交通、民航公安机关全面掌控重点关注人员、可疑物品流动信息，形成区域封控体系，严防暴恐分子流入流出。要把防控体系建设与群防群治、面上防控和专项行动结合起来，全力服务当前反恐维稳斗争。

（四）反恐怖警务作战单元与警情分析研判机制

恐怖主义犯罪的方式与手段时刻在发生改变，新的犯罪手法和作案工具也在不断涌现。[①]特别是恐怖主义的"常态化"以及反恐形势的新变化，要求反恐专业部门强化预防和打击暴恐活动的能力。[②]首先是建立警务作战单元。将派出所、责任区刑警中队、业务警种、专门巡逻力量、勤务卡点、内保人员、保安力量细化为最小作战单元。县（市、区）公安机关根据防控等级及时段不同，结合警力

---

① 赵秉志，张拓.晚近20年中国反恐刑法修法问题研究[J].华南师范大学学报：社会科学版，2018（1）.
② 王林.关于"全民反恐"战略提法的几点思考[J].北京警察学院学报，2017（3）.

实际状况，设定不同防控等级时段的勤务指挥岗、巡逻岗、社区岗、治安岗、卡点岗等岗位和警力数据。其次是开展警情分析研判。全面落实反恐怖工作"五零"目标。一要做到基础信息常态化。坚持情报信息服务反恐实战，对新流入城市的重点地区人员，要落实48小时内见人、见证、见随身携带物品、见住地"四见"要求；在反恐大排查中，做到人人要见面、逐人要甄别、电话要掌握、证件要核对、物品要彻查、居所要检查、疑点要彻查；在基层摸排中，要做到重点敏感人群信息全部采集、录入系统，并进行相关比对、背景调查和分析评估，深挖涉恐情报线索。二要拓展反恐信息搜集渠道。启动情报信息扁平化沟通联络机制，加强情报共享和信息碰撞，密切掌握境内外恐怖活动的特点和本地涉恐敌情动向，大力整合公安、金融、交通运输、邮政、卫生计生等部门掌握的社会信息资源，建立健全信息资源交流交换机制，实现信息共享，更好服务反恐怖工作。三要落实反恐责任体系，做到涉恐情报信息归口处理。要建立军队、武警、国安、公安、教育、民族宗教部门反恐情报工作联络员制度，充分发挥部门职能优势，建立反恐怖信息收集网络，深度分析，综合研判。四要做到重点人员动态化管控。建立涉恐人员"滚动排查、情报研判、动态管控"工作机制，全部落实逐人建档，一人一档，一人一策，一人一工作专班，明确管控措施和责任，确保实时掌控。要依托公安"大情报"管控平台，将涉恐重点人员纳入"常控"，做到来知动向、行知轨迹、走知去向，有效防止发生现实危害。同时，建立与敏感关注群体来源地的联系协调机制，及时掌握涉疆重点关注群体在原籍实情和现实表现，有针对性做好管控工作。例如，地市级公安机关及其反恐办要建立完善"110警情接处警系统、警情案件态势显示系统、岗位勤务动态管理系统、图像监控传输系统、无线通信系统、指挥调度GIS、GPS、视频指挥系统、勤务检查效果评估系统"等九大信息系统，并将八大信息系统整合到勤务指挥调度信息平台，减少基层多头报送负担，为决策指挥提供依据，为一线打防暴力恐怖犯罪提供指导。最后是研发"110刑事警情常量浮动监测比对系统"和"三色预警信息系统"，强化对110警情和刑事案件的实时监测、每日比对、定期分析。例如，反恐侦查部门对在侦涉暴力恐怖专案进行集中攻坚，在基本掌握嫌疑人违法犯罪事实的基础上，强化搜集固定证据，打早打小、快查快破、掐尖打头、区别对待，依法严厉打击为首骨干和顽固分子，加强对一般涉案人员的日常管控，彻底消除涉恐隐患和威胁。再如，法国在"查理周刊"案件后，为打破情报壁垒，法国国内情报局新成立了一个由法国国内情报局、巴黎国内情报局、地方情报局、法国对外安全总局、军队情报局、国防安全保卫局、反洗钱部门和海关构成的跨部门的反恐协调机构（DGSI），各单位派驻人员联合办公，以便部门之间快速处理情报，该机构主要对法国国内情报局主管负责。①

四、反恐怖巡逻防控警务机制构建

（一）网格化巡逻防控机制

反恐部门应主动将网格化管理纳入地方反恐防暴体系建设，逐级明确各级网格范围、网格责任人和工作职责、制度，打造集防范、控制、管理、整治、服务于一体的网格化防控体系，形成共建共享格局。② 一方面，城区巡防区域总体上由干道巡防区、社区巡防区、流动巡防区、卡点巡防区四类巡防区构成。干道巡防区包括城市主干道、辅道及街、路、巷等墙外、房外区域；社区巡防区包括小区、单位、商业店铺、行业场所等墙内、房内区域；流动巡防区包括广场、公园、商贸区等人员密集区域，其周界由派出所具体划定；卡点巡防区包括主城区治安卡点及周边邻近区域，其周界由派出所具体划定。另一方面，从便于实战出发，将四类巡防区以网格形式划分为若干小巡区。健全完善街面巡防网、小区自防网、单位内防网、流动巡防网、卡口堵控网、视频监控网等巡防网。其中街面巡防网重点覆盖干道巡防区和无人巡防、值守时段的流动巡防区、卡点巡防区，流动巡防网主要覆盖流动巡防区，卡口堵控网主要覆盖卡点巡防区，小区自防网、单位内防网重点覆盖社区巡防区，视频监控网辅助覆盖相关巡防区域。

（二）动态化巡逻防控机制

一是110接处警、巡逻警车按照"有警出警、无警巡逻、在巡逻中接处警"的原则使用，并根据上级指挥中心统一调度执行相关勤务。将刑事警情和治安形势的研判作为部署巡控力量的基本依据，根据辖区重要目标分布和警情变化等情况科学安排巡逻勤务，适时调整工作部署，采取机动灵活的战略战术，增强工作的针对性、实效性和灵活性，做到"动态部警，重点设防"。二是主城区内巡控力量在巡逻时段内要保持通信畅通，反应迅速。按计划开展巡逻防控工作，一旦接到指令，必须在规定时间内迅速到达现场，按照各类勤务规范开展处置工

---

① 邬进平. 情报对抗视角下的法国反恐失败 [J]. 中国社会科学报，2016（10）.
② 李恒，王传磊. 新形势下边境地区网格化防范处置恐怖犯罪探索 [J]. 河北公安警察职业学院学报，2015（4）.

作。当发生各类重大暴力恐怖等突发案件时，巡控力量应坚持"应急在先，处突为本"的原则，快速互动、相互支撑、密切配合，形成优势力量封控中心现场和外围周边区域，全力防止重大突发案件发展蔓延及次生灾害的发生。三是巡逻防控区域的设置要建立在派出所社会化治安巡逻防控工作基础上，依据本地治安状况、路网情况以及投入的警力和单位时间可控范围等因素综合考虑。在巡逻防控区域内要确定案件多发路段为"必巡路段"。重点要害、易发案部位、人员集聚地、重要交通路口为巡逻"必到点"，规定必到的频率，并选取若干"必到点"作为巡逻重点。

（三）等级化巡防机制

1. 构建常态型巡逻防控机制

同时满足下列条件的，可以启动常态型巡逻防控。

（1）地级市派出所辖区内近期治安、刑事警情稳定，无重大案件发生。

（2）市内看守所、拘戒所等重点部位无事故发生；医院、学校、银行、爆破炸药仓库等重点部位无案（事）件发生。

（3）地级市网络媒体、论坛或省内门户网站无造谣生事、在本市范围内策划煽动大规模聚集闹事等信息。

（4）地级市内及邻近地区无群体性事件、涉藏（疆）闹事事件、涉恐事件、自然灾害、疫情灾害、事故灾难、安全事件发生。

（5）上级公安机关无要求加强治安巡逻防控通知。

2. 构建严控型巡逻防控机制

满足两条以上下列条件的，应当启动严控型巡逻防控。

（1）地级市各类重点人员活动情况异常，市内短期内治安、刑事警情高发，或有重大案（事）件发生；邻近地区发布案件高发预警且通报有流窜作案可能。

（2）市内监所等重点部位发生看守对象逃逸、聚众闹事等事故；医院、学校、银行、爆破炸药仓库等重点部位发生重大案（事）件。

（3）主流网站、论坛或省内门户网站出现造谣生事及何时何地在本市范围内策划煽动大规模聚集闹事等信息，并已经有闹事人员开始聚集。

（4）地级市内及邻近地区社会秩序出现混乱，可能发生大规模群体性事件，大规模暴乱、骚乱事件，严重暴力恐怖犯罪事件，严重涉藏、涉疆等群体性事件，重大自然灾害，重大疫情灾害，重大事故灾难，重大安全事件。

（5）上级公安机关发布通知要求加强巡逻防控。

3. 构建严控加强型巡逻防控机制

满足三条以上下列条件的,应当启动严控型巡逻防控。

(1) 地级市内治安、刑事案件短时间内高发且发案地区广、影响范围大,或发生重特大暴力恐怖案件。

(2) 地级市内监所等重点部位发生看守对象逃逸、聚众闹事、伤亡等事故;医院、学校、银行、爆破炸药仓库等重点部位发生重特大案(事)件。

(3) 地级市内举行影响范围大、影响力大的会议、赛事、演出或遇重大节日、敏感时期发生安全事故、打砸抢烧等情况。

(4) 地级市内及邻近地区社会秩序出现混乱,发生大规模群体性事件,大规模暴乱、骚乱事件,严重暴力恐怖犯罪事件,严重涉藏、涉疆等群体性事件,重特大自然灾害,重特大疫情灾害,重特大事故灾难,重特大安全事件,严重涉中国主权问题,严重涉中国海外利益安全等案(事)件时。

(5) 上级公安机关发布紧急通知要求加强巡逻防控。

五、反恐怖应急处置预案机制构建

(一) 反恐怖应急处置预案的编制依据、工作原则与范围

1. 反恐怖应急处置预案编制依据

《反恐怖主义法》第55条规定:"国家建立健全恐怖事件应对处置预案体系。国家反恐怖主义工作领导机构应当针对恐怖事件的规律、特点和可能造成的社会危害,分级、分类制定国家应对处置预案,具体规定恐怖事件应对处置的组织指挥体系和恐怖事件安全防范、应对处置程序以及事后社会秩序恢复等内容。有关部门、地方反恐怖主义工作领导机构应当制定相应的应对处置预案。"本条是关于建立健全国家、部门、地方多层次恐怖事件应对处置预案体系的规定。反恐怖主义应对处置预案,是指针对潜在的或可能发生的恐怖事件,按照类别和影响程度而事先制定的应急处置方案。其主要包括恐怖事件应对处置的组织指挥体系和恐怖事件安全防范、应对处置程序以及事后社会秩序恢复等内容。恐怖事件会导致群死群伤以及重大财产损失等严重后果,造成社会恐慌,影响群众正常生产、生活,危及公共安全甚至是国家安全,破坏民族团结,具有极大的社会危害性。为了最大限度地减少恐怖活动可能导致的危害,《反恐怖主义法》确定了防范为主、惩防结合和先发制敌、保持主动的反恐怖主义工作原则,并在这一原则指导下进一步完善了针对恐怖事件的应对处

置制度。制定科学、有效、合理的恐怖事件应对处置预案，预防恐怖事件的发生，及时、有效地处置恐怖事件，打击恐怖活动犯罪行为，将恐怖事件的危害降至最低限度，是应对处置恐怖事件的客观需要。为规范处置恐怖袭击事件和有关应急准备工作，确保及时、依法、高效、果断、妥善地处置恐怖袭击事件，维护国家安全和社会稳定，保护公众生命财产安全，要以《突发事件应对法》《国家安全法》《反恐怖主义法》等法律法规和《国家突发公共事件总体应急预案》《国家处置恐怖袭击事件基本预案》等为依据，建立横向与纵向相结合的反恐怖应急处置预案。在横向上，《反恐怖主义法》第32条与第42条规定了重点目标的管理单位与驻外机构在制定反恐怖主义应急预案上的职责。其中，重点目标管理单位的职责是制定防范和应对处置恐怖活动的预案、措施，定期组织培训和演练；驻外机构应当建立健全安全防范制度和应对处置预案，加强对有关人员、设施、财产的安全保护。在纵向上，《反恐怖主义法》规定，国家建立健全恐怖事件应对处置预案体系，国家反恐怖主义工作领导机构应当针对恐怖事件的规律、特点和可能造成的社会危害，分级、分类制定国家应对处置预案；有关部门、地方反恐怖主义工作领导机构应当制定相应的应对处置预案。①

2. 反恐怖应急处置预案编制工作原则

预案是在严格调查研究的基础上制定的。调查研究应全面覆盖恐怖事件的诸要素，如国际、国内各种矛盾的发展可能引发的恐怖主义动向，在哪些方面、哪些地区易发恐怖案件，今后可能发生哪些类型的恐怖行为等。反恐怖主义应对处置预案的制定应当遵循以下原则。

第一，以人为本原则。全力维护公众生命财产安全、国家安全和社会稳定，最大限度地避免和减少人员伤亡，减少财产损失和社会影响。

第二，统一指挥原则。按照统一领导、分级负责、属地为主的原则，在各级党委、政府以及反恐怖工作领导机构的具体领导和指挥下，各相关部门和单位充分发挥职能作用，密切配合，协同应对。

第三，快速高效原则。处置工作应当快速反应，坚决果断，抢救生命，消除危害，稳妥善后，准确、及时发布信息，依法及时惩治制造恐怖主义袭击事件的组织与人员。

第四，科学合理原则。预案的内容要符合当地的社会状况、城市建筑和交通布局。对于本地的潜在恐怖势力以及可能的恐怖袭击目标也应当有大致的判断，

---

① 贾宇.中国反恐怖主义法教程[M].北京：中国政法大学出版社，2017：216.

制定相应的防范措施。

第五，内容全面原则。预案应当包括多种预防和应急处置措施，特别是事后救援需要多个部门的协作，因此，预案应当涵括整个流程所需要的程序和人员力量。考虑到城市恐怖活动可能带来的极大破坏和恐慌，需要制定备选方案，一旦原来的方案难以实施，就可以选择其他方法进行处置。[①]

3. 应急处置案件的范围

此类案件是指适用于给国家安全、国家利益、公众生命财产和社会秩序造成重大危害、属地反恐怖工作领导小组认为需要启动指挥部处置的恐怖主义犯罪案事件。这些案件的范围和处置方式主要包括以下内容。

第一，针对核装置、人员密集场所、党政军首脑机关、城市标志性建筑物、国家重要基础设施、涉外场所以及其他重要场所、目标的。

第二，劫持公众或者重要知名人士、外交人员等，造成重大影响和危害的。劫持交通工具，造成或者可能造成严重危害的。

第三，涉及铁路恐怖袭击事件处置，由铁路部门和地方共同处置，属地反恐办予以支持配合。

第四，涉及民航恐怖袭击事件处置，按照现有职责由有关部门承担，属地反恐办予以配合。

（二）反恐怖组织指挥体系的机制构建

《反恐怖主义法》第56条规定，反恐怖组织构建应当建立省（直辖市）级指挥部、地市级指挥部、现场指挥部三级指挥体系。

第一，设立省（直辖市）级指挥部。省（直辖市）反恐怖工作领导小组启动省级指挥部，在省（直辖市）政府的领导下，组织、协调省（直辖市）级反恐怖力量开展处置工作；向国家反恐怖工作领导小组报告处置情况；指导下级指挥部的工作。省（直辖市）级指挥部设在省（直辖市）反恐办或公安指挥中心。

第二，设立地市级指挥部。恐怖事件事发地所在的地市（州）反恐怖工作领导小组启动市级指挥部，在当地党委、政府领导下，组织、协调本地市（州）反恐力量开展处置工作；具体落实省指挥部下达的各项指令和任务。地市级指挥部设在地市（州）反恐办、公安局指挥中心。

第三，设立现场指挥部。在事发现场成立现场指挥部，反恐怖工作领导机构负责人可以担任指挥长，也可以确定公安机关负责人担任指挥长。统筹落实上级

---

① 贾宇.中国反恐怖主义法教程[M].北京：中国政法大学出版社，2017：217.

下达的指令和任务部署，由事发地公安局局长指挥现场处置力量开展工作，指导现场处置工作。

（三）反恐怖处置工作机制

1. 分工协作与预警

按照《反恐怖主义法》第61条的规定，不同类型的恐怖袭击事件现场处置工作，需要区别具体实际情况，按照职责任务由有关反恐专业部门负责，除了公安机关具有恐怖事件应对处置的职责外，中国人民解放军、中国人民武装警察部队也参与恐怖事件的应对处置工作。世界各国普遍重视反恐怖专门处置力量建设，一般都建有应对处置特别小组和快速反应部队，如法国的"国家宪兵突击队"、意大利的"特别行动勤务组"、俄罗斯的"阿尔法特种部队"、中国的"雪豹突击队"等。同时，各部门也大力加强联动协作和情报搜集工作，形成反恐合力。例如：核辐射恐怖袭击事件，主要由公安、环保、卫计、检验检疫等部门和军队、武警负责；生物恐怖袭击事件，主要由公安、卫计、检验检疫等部门和军队、武警负责；化学恐怖袭击事件，主要由公安、环保、卫计、安监等部门和军队、武警负责；爆炸、放火、冲撞、砍杀、枪击等恐怖袭击事件，主要由公安、卫计等部门和武警负责；劫持人质、交通工具恐怖袭击事件，主要由公安、卫计等部门和武警负责。根据涉恐案事件程度，属地反恐办启动反恐怖情报信息会商研判机制，组织公安、国安和军队、武警情报部门及有关地方、部门，搜集、核实、研判、通报相关涉恐情报信息，开展风险评估，提供决策支持。相关反恐部门主动搜集涉恐情报线索，并及时向上级反恐办报告研判意见，提出预警处置等相关建议。[①] 恐怖事件的应对处置，仅凭一个或几个政府职能部门通常是无法完全胜任的。将层次关系、功能结构以及职权与职责不同的部门、机构进行有机整合，实现资源共享和有序、高效地运转对于及时应对处置恐怖事件意义重大。[②]

2. 先期处置与上报通报

《反恐怖主义法》第58条第1款规定："发现恐怖事件或者疑似恐怖事件后，公安机关应当立即进行处置，并向反恐怖主义工作领导机构报告；中国人民解放军、中国人民武装警察部队发现正在实施恐怖活动的，应当立即予以控制并将案

[①] 李本先，梅建明，李孟军. 中国反恐情报及预警系统框架设计 [J]. 中国人民公安大学学报：社会科学版，2012（4）.
[②] 师维，孙振雷，孙卫华，等. 中国反恐怖主义法研究 [M]. 北京：中国人民公安大学出版社，2016：175-176.

件及时移交公安机关。"根据该规定,现场处置的职责集中于公安机关。在其他情形的恐怖活动中,公安机关也承担着先行的工作。例如,《反恐怖主义法》第9条规定,任何单位和个人都有协助、配合有关部门开展反恐怖主义工作的义务,发现恐怖活动嫌疑或者恐怖活动嫌疑人员的,应当及时向公安机关或者有关部门报告。政府应当理性地应对恐怖主义的威胁。无论在任何一种宗教信众群体中,还是在任何一个民族和种族人群中,恐怖分子都只是极少数的人。[①] 发生恐怖袭击事件后,事发地党委、政府及反恐部门,应当迅速采取应急措施,并立即报告上级反恐办。其中,事发地公安反恐部门应当会同先期处置,报告上级公安机关,并迅速收集汇总信息,及时分析研判,掌握事件发展和处置情况;报告省(直辖市)级反恐怖工作领导小组组长。同时,将根据事件情况拟采取的处置措施,通报需要参与处置的反恐专业部门、省级反恐应急处置力量、专业检测鉴定机构及其上级主管部门;指导事发地采取应对措施,了解现场处置工作中存在的困难;部署相关地区、部门加强防范工作;根据事件情况向上级反恐领导小组提出启动指挥部建议并做好保障工作。[②]

3. 处置实施

第一,开展情况研判。在接到群众报案或巡警报告后,尚未产生指挥长的情况下,一般由现场处置的公安机关中职级最高的人员担任的现场指挥员,协同应急处置人员赶赴现场,应用指挥职权对现场进行封锁,通过收集各单位获得的信息来判明情况,协调各具体处置单位,同时提出定性意见和事态发展预测。迅速对事件现场进行实时监控、跟踪,了解事态发展变化情况,判明事件性质、危害程度,采取相应的处置措施。属地情报侦查部门应迅速搜集、研判、报告事件和涉恐嫌疑人背景情况、相关线索等情报信息。决策层应立即召集决策人员以及有关专家研究事件、果断定性、迅速发出处置命令,并随时根据事态的发展进一步修正。在整个接报阶段,信息系统、指挥系统和决策系统要始终保持联络畅通。这一阶段的现场指挥员要及时反应,合理使用自身职权。同时,反恐怖主义工作领导机构应迅速确定指挥长。

第二,实施封控处置。公安、武警等反恐力量对重点场所部位第一时间封控管制,疏散人群并甄别现场及其他重要场所的防护措施;做好警戒和管制;根据处置需要对特定区域实施交通和通信管制。

[①] 曹雪飞. 对近期"东突"势力频繁活动的警务视角分析与应对策略[J]. 中国刑警学院学报, 2014(4).

[②] 李恒. 反恐怖警务工作实践研究[M]. 北京:中国人民公安大学出版社, 2017:120-125.

为及时、高效地处置恐怖事件现场,需从以下几方面提升处置人员的处置能力。一方面,要从警察的防范思想、应对预案、组织指挥、器械装备等方面全副武装起来,并突出擒拿格斗、精准射击、快速反应等实战训练。例如,在车站码头、学校、水电气站等公共复杂场所,可设置应急处置综合演练模型,进行反恐应急处置演练。有条件的公安机关要分期分批安排民警赴新疆等战训基地接受专业培训,认真学习反恐理论、理念及处置原则、方法、措施,开阔视野,提升"专业化"处置技能和水平,做到有备无患。另一方面,要强化反恐实战技能培训。坚持一切围绕实战、一切为了实战,经常性地开展多层次、全方位的实战演练,加强体能、技能、战术训练,真正练出硬功夫,不断提高实战意识和实战处置的能力和水平。当前,对境内的恐怖主义威胁仍不能掉以轻心,处在反恐处突第一线的基层公安机关要切实强化实战演练,提升战术指挥素养,提高科学训练水平和实战能力。特别是一线实战单位,要正确掌握使用致死强制力武器,瞬间击毙恐怖分子。

第三,开展救援抢险。公安、卫计和军队、武警等救援和抢险力量要迅速集结,做好现场救护工作;搜救人员清除障碍,在安全区域检伤分类、紧急救治并及时转送伤员,防止二次破坏和次生灾害的发生,保护重要设施和其他公私财物。

第四,其他专业处置。组织有关力量,开展防护、急救、控制污染源以及勘验、检查、鉴定、监测等工作,判明有害物质性质、种类、危害范围和态势等。并且注意全面取证,采取公开与秘密相结合的办法对现场情况进行录音、录像、拍照;跟踪、监视策划组织恐怖活动的恐怖分子,迅速组织调查的方向,收集受害人、目击证人以及知情人留存印象中的无形痕迹,条件适合的可为恐怖犯罪分子制作画像,划定侦查范围,确定其行踪,有效组织缉捕工作。[1]

基于暴恐袭击的特点,在专业处置的训练方面,有几点需要特别予以重视。一是从作案使用的手段来看,暴恐袭击类的恐怖事(案)件主要有汽车冲撞、燃烧爆炸、刀斧砍杀等,威力大,破坏力强,除了有效的防范应对和基本技能训练外,专业处置的训练科目设置应充分考虑速度、装备、应变、协作等方面,而不能局限在程序、指令和规矩上,这样往往会贻误战机。二是从作案的形式来看,暴恐袭击类的恐怖事(案)件虽然有"独狼"行动,但在我国主要还是以团伙、组织为主。这就要求将"绝对快、相对准"和"直通战场、对接实战"的理念融入训练当中,实现技战高度融合,提升反恐制胜能力。速度快可以减少伤亡,装

---

[1] 贾宇.中国反恐怖主义法教程[M].北京:中国政法大学出版社,2017:223-224.

备使用得当可以提高处置效果，应变能力强可以一招制敌，协作配合好可以达到心领神会和提高综合打击效果。

六、本章小结

国家安全是安邦定国的重要基石，维护国家安全是全国各族人民根本利益所在。统筹发展和安全，增强忧患意识，做到居安思危，是我们党治国理政的一项重大原则。恐怖主义作为非传统安全中的重要问题，已被世界上许多国家和地区列为当代最严重的全球性威胁和挑战。为有效打击和防范恐怖主义，须清醒认识到反恐怖警务工作的必要性，根据当前国内外反恐怖主义斗争形势，从国家安全视域出发，构建反恐怖巡逻防控警务机制、反恐怖应急处置预案机制等，形成反恐怖警务工作理论体系。全国公安反恐部门要坚持打防结合、标本兼治，牢牢掌握反恐怖斗争的主动权。

当前，全国政法机关及反恐职能部门应当坚决贯彻以习近平同志为核心的党中央的治疆方略和反恐怖斗争决策部署，毫不动摇地坚持严打方针，继续深化严打暴恐活动专项行动，始终保持高压震慑态势，不断夺取新时代反恐怖斗争新胜利。从严从实从细抓反恐怖工作各项措施的落实，需要全国各地区各部门振奋精神、坚定信心，充分发挥职能作用，齐抓共管，形成强大合力。要做到统一思想和提高认识，始终绷紧反恐怖斗争这根弦，坚持把反恐怖工作置于突出地位，以最高标准、最严要求、最周密措施坚决防止暴力恐怖案事件的发生。要做到情报信息和侦查打击到位，在提升反恐怖预测预警和精准打击能力上下功夫，打好严打严防暴力恐怖活动攻坚战。要做到反恐怖防范和应急准备到位，强化社会面整体防控，严格落实反恐怖防范分级预警与响应规定。要加强反恐安全防范教育宣传，不断增强群众和重点行业从业人员的识恐防恐能力。要打好新疆反恐维稳组合拳，最大限度化解各类风险隐患。要扎实抓好专项督导检查发现问题的整改落实，加大对安保反恐措施的检查和指导力度，确保反恐怖工作责任和措施要求落实到位。牢固树立全国"一盘棋"思想，坚持一手抓当前、一手谋长远，一手抓专项打击、一手抓源头治理，全力打好反恐、防恐组合拳，全面推动反恐怖主义斗争各项措施的贯彻落实。

第七章　非传统安全视野之反恐怖情报信息法源依据与实践路径

一、问题的提出

（一）"安全"的意涵

关于"安全"（security）一词的定义，学术界至今仍然未达成一致的见解。21世纪以来，"安全"的概念从保护对象、价值维护、来源威胁到相应实施手段等方面急剧扩张。"安全"的保护对象不同，维护的"价值"也会相应有所变化，例如传统安全价值主要为领土完整、主权独立，而个体安全价值便是有序生活和经济福利。[①]《大英百科全书》对"安全"一词的定义为：采取各种行动以降低或排除可能伤害身体的危险性因素。美国国际关系学教授阿诺德（Arnold）认为："安全"在客观上是指有价值不受到任何外在威胁；而在主观上是指人们不受到恐惧、恐吓的影响，即人们内心产生的安全感知。德国政治学教授何里加（Helga）对"安全"的定义为："安全"是指一段时间内对价值和体系的具体维护。美国教授菲利普（Phillip）则认为："安全"可以是利用各种方法，来提升一个受保护的安全环境，人们由此可以放心地进行公共日常生活。美国学者罗伯特（Robert J.Fischer）和格林（Gion Green）在《简述安全》一书中共同提出，"安全"代表着一个稳定的、可预期的生活与生存环境，让个人、组织或团体在追求具体目标时，不受到外界干扰或伤害，亦不必担心任何动乱或意外事件的发生。

有学者认为，"安全"应当包括三个要素。一是状态。有生命、身体、财产等价值，在客观上不致危险。二是关系。"安全"是一个相对应的概念，具有互动性。通常"安全"是经过多种因素叠加比较得出的结果，故"安全"也可作为

[①] 汤伟.非传统安全的"城市化"[J].社会科学，2015（4）.

一个相互关系的现象。三是能力。"安全"代表着自身的防御能力与经过威胁后的再生与修复能力。这里的"安全"仅仅是指"相对安全","相对安全"通常伴随威胁与恐惧,因为无现实威胁,"安全"才得以存在。如果无法掌握所有的威胁因素,也就没有"绝对安全"。再者,"安全"的相对性又可通过与不同主体之间的比较程度进行界定,而主体本身又可以利用过往经验比较现今状态。此外,"安全"还具有随机变化性,如因政治变革、经济发展、环境改变及各类潜在危险程度的不同,使得人与组织、人与国家对"安全"存在差异性感受。

在国际政治学中,安全是一个基本的概念。它被理解成"一种所有政治之上的特殊政治"。英国学者巴瑞·布赞(Barry Buzan)等在《新安全论》中指出:安全是超越一切政治规则和政治结构的一种途径,实际上就是一种在所有政治之上的特殊政治。任何一个公共话题都可能在被"政治化"后变成"安全问题"。安全是国家追求的目标。20世纪70年代,在肯尼斯·华尔兹的理论中,"安全"比"权力"更加重要,是"安全"而非"权力"构成了支配国家在国际社会中行为的根本动力。"安全"意味着国家的生存。以华尔兹为代表的防御性现实主义学派认为,国际结构中几乎没有什么动力来促使国家增加自己的权力;相反,国际结构促使各国维持现有的均势;保持权力而非增加权力成为各国的主要目标。而以芝加哥大学政治学教授米尔斯海默为首的进攻性现实主义者则认为,世界政治中鲜有维持现状的大国,因为国际体系产生强大动力,促使各国趁机获得权力、削弱对手,并利用各种得大于失的情况。各国的终极目标就是成为体系中的霸主。建构主义研究方法则提供了新的分析框架,提出了全新的完整的理论体系。建构主义学派认为安全问题中主观因素,例如"认同"(identity)、"建构"(construct)是安全的核心要素。中国学界一般认为,"安全"具有主观客观二元性。"安全"可以从客观和主观两个方面定义:所谓安全,就是客观上不存在威胁,主观上不存在恐惧。[①]

马斯洛需求层次理论认为,安全需求仅次于生理层面的需求,其内容包括保障生命、身体、财产的安全,要求生活平安、社会稳定,并避免痛苦、疾病等威胁,不受外来势力、武力的侵扰。安全需求在于人们对自身安全的重视,并逐渐扩张到社会安全、国家安全、国际安全与人类安全等层面。自第二次世界大战以来,"国家安全"一词开始被普遍使用,特别是历经多年发展,基本形成了一个大体概念。国家安全是一个社会历史范畴,其内涵与结构一直处于变迁之中。尤其是"冷战"结束后,各国面临的国家安全问题和国家安全威胁逐渐增多并趋于

---

① 赵红艳. 总体国家安全观与恐怖主义的遏制 [M]. 北京:人民出版社,2018:4.

复杂化。①国家安全即维护单一国家安全的过程，主要指国家得以生存、主权与政治独立、领土保持完整，并使国家的价值体系不受外来的干预。而在战争层面上，国家安全意味着尽可能地避免战争，一旦战争发生，国家利益不受实质损害。换言之，国家安全可维持国家的经济发展与文化传承，确保人民福祉与国家利益不受损害，最终提升国家在国际上的地位。

（二）非传统安全威胁的出现

传统安全威胁通常是以战争和军事安全威胁为主，偏重运用政治、军事、外交、经济等手段，以有效防范外来侵略、拓展海外利益与防止内部分裂与颠覆为重任。新安全观认为，侧重强化政府部门的协调与整合，提升国家资源的整合与运用，以有效防范敌对势力、恐怖主义和灾害袭击，降低国家基础建设的脆弱性或易毁性，减少敌意破坏、恐怖袭击或灾害急难损害，并迅速做好损害管制、灾害抢救恢复是传统安全所面临的现实挑战。在人类文明的进程中，随着社会生活逐渐群居化、共生化，社会安全从维持秩序层面扩张到维护国家主体与国家利益等政治层面的安全，而安全维护手段亦被提升到使用武器及扩充军队等军事化层级中来，透过武力以对抗军事威胁。就现实安全需求而言，其安全研究主体仅限于主权国家，而传统防卫手段仅仅是指外交手段或军事力量，也就逐渐形成了现在的传统国家安全概念。党的十九届五中全会审议通过的《中共中央关于制定国民经济和社会发展第十四个五年规划和二〇三五年远景目标的建议》，首次明确强调要"统筹传统安全和非传统安全"，这充分体现了当前国际国内环境所面临的深刻变化，是总体国家安全观的进一步升华。当今世界正处于百年未有之大变局，面对风云变幻的国际形势和严峻复杂的安全风险，必须深入学习贯彻总体国家安全观，在严密防范化解传统安全风险的同时，更加注重防范化解非传统安全风险。

非传统安全威胁论（Non-Traditional Security Threats）以社会或个人为重心的多元主义为出发点，认为国家安全与利益虽然重要，但并非唯一或独占，社会或个人的安全与福祉亦应当受到同样的重视。非传统安全威胁的来源多元化、形式多样化、类型多变化，其中又以恐怖主义、国际贩毒、走私枪支、海盗行为、非法移民、有组织犯罪等各式跨国犯罪为典型，再如环境污染、生态破坏、海洋污染亦不能忽视。非传统安全威胁来源不同使得安全维护手段不再局限于国家常用的军队、政府以及武器装备，而多着眼于安全环境的改善、资源的有效整合以及安全政策的现实目标。非传统安全大体可以分为三类：一是社会层

---

① 周叶中，庞远福.论国家安全法：模式、体系与原则[J].四川师范大学学报：社会科学版，2016（3）.

级面或个人层面的安全问题与维护安全行为。二是除军事、外交、政治领域外的其他安全问题。三是国际社会层面的威胁,主要包括跨国安全(Transnational Security)、共同安全(Common Security)、合作安全(Cooperative Security)、综合安全(Comprehensive Security)和人类安全(Human Security)。非传统安全威胁本身虽不直接影响国民经济、社会秩序与人民生产生活,但有可能扩大对象群体、引发或衍生社会问题,抑或被敌对势力加以利用,进而恶化成危及国家安全的威胁因素。进入21世纪,从"9·11"事件到国际金融危机,再到新冠病毒感染疫情,人类经历了一次次全球性风险挑战。要统筹应对传统安全和非传统安全威胁,把公共卫生、气候变化等置于国际议程中更加重要的位置。非传统安全威胁牵涉方方面面,彼此相互作用影响,需要统筹兼顾、综合施策、标本兼治。

(三)非传统安全威胁下的恐怖主义衍生

学者施密特(Alex P.Schmid)曾对百余名从事国际恐怖主义问题研究的学者进行问卷调查,试图寻找对于恐怖主义的在界定方面的共识,结果有81%的学者普遍认同以下定义:由秘密之个人、团体或国家行动者,多次采用暴力行动以激起恐惧、忧虑、不安的手段;恐怖分子一般漫无目标地选取直接受害对象,或是有选择性地从目标群体中选取对象,恐怖行动中直接受害者并非主要行动目标,而是传递信息的媒介;恐怖主义之诉求目的将决定该团体所可能采取的恐怖活动方式。恐怖主义的特征主要包括:第一,恐怖主义具有预谋性,目的是制造极端恐惧或恐怖气氛。第二,恐怖主义之目标并非暴力行动下之受害者,而是针对其背后广大的群众。第三,恐怖主义的对象系随机性与象征性选定。第四,在正常社会认识之中,恐怖主义所采取的暴力行动皆系超出正常之外,并违反社会常规,且会引发社会愤怒。第五,恐怖主义之目的在于公开宣扬其政治主张与诉求,并企图以暴力恐怖方式,达到影响目标的政治行为目的,迫使其让步或接受要求。

当前,伊斯兰恐怖势力已成为全球面临的最大安全威胁,并呈现出更加严峻态势。从恐怖主义的历史演进和发展状况来看,恐怖主义的产生主要与霸权主义、宗教极端思想和各种社会问题有关,而且比一般非传统安全威胁要大。恐怖活动组织在欧美、中东、东南亚等地区搭窝建点、积极构建、筹集资金、招募成员,偷渡中转的地区涉恐态势复杂。尤其是自"9·11"事件后,恐怖主义活动和大规模杀伤性武器的运输制造也日趋严重。[①] 对于非传统安全威胁,"先发制

---

① 洪农.论南海地区海上非传统安全合作机制的建设——基于海盗与海上恐怖主义问题的分析[J].亚太安全与海洋研究,2018(1).

敌"策略是最好的应对手段。英国政治哲学家托马斯·霍布斯（Thomas Hobbes）的自然状态（State of Nature）观点即"一切人反对一切人的战争"理论，确实对"先发制人"的思想产生了关键性作用。霍布斯理论并不假设人人都是恶人，只是假定一部分人是好人，另一部分人是恶人。同时，由于好人出于对恶人的恐惧，为生存而先发制人，从而导致"一切人反对一切人的战争"。也即无至高的善，却存在绝对的恶，此意即对他人权力的永久恐惧。换言之，在霍布斯思想体系中，"绝对的恶"是至关重要的。因为，正是它引导人走向启蒙运动，并构筑起最后的理性防线，一切为保全和守卫自我而战，只是称其为人的"自然权利"而已。同时，一些国际问题专家认为，在自然权利的佑护下，好人可以且应该对恶人先制，亦即消除绝对的恶。而这也是国际关系学者在把缺乏最高权威的国际政治定义为无政府社会时，仍然常常用霍布斯的自然状态理论作比喻的原因。

二、非传统安全视野之恐怖主义犯罪衍生

（一）非传统安全视野之恐怖主义衍生根源

非传统安全问题近年来在全球多个国家和地区不断蔓延，且呈现出愈演愈烈之趋势，以追求均势或霸权为目的的早期安全价值观已不再是国家安全的唯一目标，共同安全与合作安全成为许多人的共识。[①] 学者托佛勒（Alvin Toffer）定义的文明冲突是指因物质文明演进程度不同造成的社会间的冲突。学者杭亭顿（Samuel P.Huntington）对文化冲突的定义为，以文化为核心、以价值为中心而区分的不同文化之间的冲突。宗教冲突应当包含"文明冲突""文化冲突"。而宗教和种族间往往也隐含着文明差距，这样的差距容易造成严重的现实冲突。例如，恐怖主义现已成为非传统安全问题之首，"一带一路"沿线地区和国家面临的恐怖主义威胁正在上升，各种形式的恐怖主义活动越趋频繁。[②]

国外学者认为，恐怖主义是一种主观现实表现，它是"一种强烈令人瘫痪的畏惧，或对畏惧的恐惧"。大多数恐怖分子实施暴力活动的根源在于存在着现实的痛苦，如对财富的分配不公、无法参加政治活动，以及制度化的政治压制。贫困、失业，即贫富两极分化严重，造成阶级矛盾激化；地区经济落后或经济发展不够平衡等经济矛盾；不合理的民族政策等激化民族矛盾；宗教矛盾及宗教矛盾

---

① 周琪，付随鑫.中美国家安全观的分析与比较[J].当代世界与社会主义，2014（6）.
② 赵敏燕，董锁成，王喆，等."一带一路"沿线国家安全形势评估及对策[J].中国科学院院刊，2016（6）.

的政治化、政治矛盾的宗教化；政治专制、政治腐败及政治权威的丧失；种族歧视、移民与难民问题；民族主义、宗教原教旨主义、无政府主义、左派思潮、种族主义、新纳粹主义等理论思想的影响，以及文化危机或精神危机等原因。恐怖主义具有暴力性、破坏性、政治性、社会性、违法性及刑事犯罪性等特征，主张以故意的暴力手段实施恐怖行为。非传统安全威胁在心理学中被认为是一种风险事件，即在不确定情境下的不利事件或威胁事件。特别是在国际政治新秩序长期的不公正影响下，容易引发更多深层次矛盾和社会危机，带来恐怖主义之恶果。[①]

目前，生物安全事件是非传统安全威胁的典型代表。全世界至少有25个国家及部分恐怖组织具有生产大规模杀伤性生物武器的能力。敌对势力和恐怖组织极有可能把我国列为生物恐怖袭击对象。具体原因有以下几点。

第一，某些西方反华国家、敌对势力出于自身利益或其他考虑，可能利用生物病毒抗体研究或国际合作项目之机，利用生物病毒攻击我国病原微生物实验室。

第二，"东突"组织和"三股势力"为达到暴力恐怖、宗教极端、分裂国家目的铤而走险，可能使用生物恐怖等袭击手段实施暴恐活动。

第三，国际恐怖组织对我国反恐严正立场表达不满，西方反华国家采用"双重标准"认定恐怖活动组织与人员，可能使国际恐怖组织转向对中国进行报复性恐怖袭击。

第四，邪教组织伺机利用歪理邪说和宗教极端思想煽动蛊惑不明真相的群众，意图利用生物病毒等破坏我国政治体制，图谋推翻社会主义制度。2001年末，受美国炭疽事件的诱发，中国同时也发生"白色粉末"事件200余起，有的可疑邮包中还发现"法轮功"非法宣传品。虽然中国尚未发生大规模的生物恐怖袭击事件，但生物恐怖袭击兼备成本低廉、易于获取、杀伤力大等特性，其潜在威胁仍不容忽视。生物战剂以高毒性、高损害性以及轻易获取性等特征使其易被用于制造恐怖事件。生物武器的隐秘性极有可能将生物战剂带来的传染病疫情等事件认定为自然爆发的疾病，其追溯渠道复杂多样，难以在第一时间对生物战剂的来源等问题及时查清。据美国马里兰大学恐怖主义数据库统计显示，1970年至2018年，全世界发生的恐怖袭击事件中使用生化武器多达450次，其中使用化学手段401次，使用生物手段37次。使用生化武器进行袭击的主要是反政府武装、极端组织等非国家行为体。

"9·11"事件发生后，美国学者深入研究当代恐怖主义发展原因及规律，试

---

① 管健. 非传统安全威胁：心理学视域的表达 [J]. 南开学报：哲学社会科学版, 2013（1）.

图掌握恐怖主义产生的根源特点，并且着手从中东地区或其他敏感国家的政治制度切入，以期明确将恐怖主义产生的根源归结为伊斯兰世界专制腐败的政治制度。美国政府在"9·11"事件后着手加强改革联邦调查局的工作职能，完善情报体系和执法部门间的协调机制，改进以反恐为中心的国家安全情报预警机制。尤其投入大量资金强化美国国内的反恐措施并缜密部署，力求将恐怖组织可能采取的行动扼杀在萌芽状态，以恢复美国人对国土安全的信心，重振美国在国际政治领域中的领导地位。美国国会《国家恐怖主义委员会报告》（Congress Report of the National Commission on Terrorism）中提到："良好的情报是对抗国际恐怖主义最佳利器。"美国在后来公布的几份《国土安全国家战略》（National Strategy for Homeland Security）报告中也一再强调情报对抗反恐的重要性。美国前国务卿鲍威尔（Colin L.Powell）亦曾提出，美国将以是否与美国合作反对恐怖主义作为界定敌友的新标准。

（二）非传统安全视野之中国面临的恐怖主义挑战

反恐是一项系统工程，中国的国家反恐战略只是国家大战略的一个重要部分。开展反恐战略研究必须首先研究国家的大战略思想，制定国家反恐总体战略。反恐对于每个国家来说都是高投入的综合性工程，必须有一个总体指导性的战略。[①] 党的十九大提出了决胜全面建成小康社会，夺取新时代中国特色社会主义伟大胜利的宏伟目标。境外反华势力必然会千方百计遏制中国的强势崛起，将中国拖入国际恐怖活动的泥潭极有可能是其手段之一。境外"三股势力"也会加紧对中国实施分裂破坏活动，以实现其政治目的。当前，恐怖主义威胁已上升为影响国家安全和社会稳定的重要因素之一，反恐怖工作事关国家安全与公共安全，事关人民群众切身利益，事关改革发展全局和中华民族伟大复兴。中共中央对反恐怖工作高度重视，将其置于重要位置来抓。

当前，中国社会大局总体稳定，严打暴恐犯罪活动专项行动和"去极端化"等综合治理取得了显著成效。但是，受国内外多种复杂因素影响，"伊斯兰国"吸纳"东突"分子，中国海外利益遭受恐怖袭击的风险仍然存在。国内重点省份城市反恐斗争的复杂程度有所上升，部分暴恐分子潜藏蛰伏或向沿海省市暗中渗透，企图以内地为跳板非法出境的势头还未彻底遏制，暴恐分子受极端思想蛊惑出境不成就地"圣战"的威胁不容忽视。三股势力试图影响新疆社会稳定，他们各有政治图谋、各有其历史背景和意识形态，他们又相互勾连，各自利用一些社

---

① 赵红艳. 总体国家安全观与恐怖主义的遏制 [M]. 北京：人民出版社，2018：60.

会问题制造暴恐事件来达到其目的。除了历史遗留下的问题，更主要是境外的一些反华势力、敌对势力，从中操纵、煽动、利用和影响。这些暴恐犯罪分子往往是以团伙式、家族式、独狼式进行暴恐犯罪活动。联合国反恐官员在接受《环球时报》专访时指出："以毒养恐，恐怖势力与贩毒集团合流是国际犯罪的新趋势。中国强力执法机构的禁毒是为全球的查禁毒品和反恐怖工作做双重贡献，同时要百倍警惕极可能在中国也发生的'毒恐合流'趋势，尤其是在与阿富汗、巴基斯坦接壤的中国西北地区。"[1]

恐怖事件一旦发生就会造成严重的生命和财产损失，恐怖主义往往组织严密，宗教极端思想浓厚，行动诡异隐蔽。目前，从已发案件来看，暴力恐怖犯罪分子残杀老幼、丧心病狂，是全社会、全世界人民的共同敌人。从恐怖活动组织的运送方式看，此前多为境内"蛇头"组织接送，现在已出现了境外"蛇头"指挥调度偷渡人员自驾车到边境地区非法出境的情况，这种方式减少了中间环节，增加了发现难度；运送线路由过去走高速公路，转为高速公路、国道、省道、乡村便道并行，绕道迂回躲避边境二线检查站。暴恐犯罪具有反社会、反人类、反文明的本质，必须严厉打击才能予以有效遏制。对此，执法机关要积极协调有关部门和单位加强对生产、销售、运输各类危爆物品、易制爆原材料和管制刀具、散装汽油等厂家、商户、网店的管理，大力查缴宗教极端宣传品，阻断暴恐极端分子获取作案工具、传播宗教极端思想的渠道，加强对重点关注群体人员的服务管理。反恐怖主义工作要做到防范为主，先发制敌，必须做到情报信息先行。只有在恐怖事件发生之前获取相关恐怖活动组织、人员的情报信息，才能第一时间发现、预判、防范恐怖犯罪活动，将恐怖事件消灭在萌芽状态和预谋阶段。[2]

《孙子兵法·用间篇》云："相守数年，以争一日之胜，而爱爵禄百金，不知敌之情者，不仁之至也，非人之将也，非主之佐也，非胜之主也。故名君贤将，所以动而胜人，成功出于众者，先知也。"情报工作是国家安全工作的核心内容，组织第一，情报为先，没有情报就没有情报工作，没有情报工作就没有国家安全，情报工作的首要任务，在先知先制、弭祸无形。情报信息工作是反恐怖工作的关键，情报信息工作效率的高低，直接影响对恐怖事件的应对、防范与处置工作。只有及时、准确地搜集、储存、分析和传输相关情报信息，让有关反恐部门

---

[1] 邱永峥.联合国官员：中国要警惕西北边境"毒恐合流"[EB/OL].（2014-12-01）[2023-11-27]. http://www.chinaxinjiang.cn/zixun/xjxw/201412/t20141201_458710.htm.
[2] 贾宇，李恒.恐怖犯罪活动组织和人员之情报信息搜集研究[J].情报杂志，2017（2）.

及时掌握恐怖活动组织和人员的动向，才能有针对性地采取积极有效的措施防范和应对恐怖袭击。时任国务委员、公安部部长赵克志同志在公安部直属机关传达学习2018年全国两会精神干部大会上强调："要坚持凡恐必打、露头就打，持续深化打击暴力恐怖活动专项斗争，始终保持高压威慑态势，切实做到反恐防恐措施不放松。"① 就中国而言，各级反恐职能部门应进一步增强政治敏锐性和政治责任感，从战略全局的高度充分认识做好反恐怖主义工作的重大意义，深入学习、深刻领会中央新疆工作座谈会精神，坚决贯彻党中央关于新疆工作的大政方针。特别是内地部分省市作为涉疆暴恐分子借道出境的中转站、涉恐活动的滋生地和涉恐资金的筹措地，做好反恐怖主义工作意义重大而深远。

三、反恐怖情报信息的法源依据与应用价值

情报工作起源于人类为了生存而发展的活动，人类最原始的组织为部落，当时的交易方式为简单的"以物易物"，在交易中常发生纷争。冲突一起，当然要先知道对方的情形。那时虽无"情报"一词，但情报工作实际已经展开。在原始的战斗中为了解敌情，会派出少数人员先打探敌情。其传递情报的工具包括烽火、牛角等，其工作主要是阵前闻风打报告，尚未进行深度的情报收集，这就是最原始的情报技术。"9·11"事件给美国造成了重大人员伤亡和财产损失，联合国安全理事会随即通过第1373号决议，呼吁各国紧急合作，防范及应对恐怖主义犯罪，将参与资助恐怖活动、为恐怖活动提供资金或参与帮助支持恐怖活动等行为罪行化，并呼吁各国应在国内法中明确规定恐怖活动为严重刑事犯罪，加强各国之间的情报信息共享合作，在行政和司法领域开展交流，以防范和打击国际恐怖主义犯罪活动。

（一）反恐怖情报信息在《国家安全法》中的法源依据与现实意义

2016年11月29日，郭声琨同志在全国反恐怖工作视频会议上强调："要整合各类情报信息资源，健全完善研判核查机制，着力提升预测预警预防能力。"反恐怖情报信息是防御恐怖主义犯罪活动的前沿，反恐怖情报信息搜集是反恐怖斗争工作的第一道防线。没有及时、准确、有效的情报支持，相关部门既不能采

---

① 法制网，赵克志在公安部直属机关传达学习全国两会精神干部大会上强调：认真学习贯彻习近平总书记重要讲话和全国两会精神 忠实履行好维护国家安全和社会稳定的职责使命 [EB/OL].(2018-03-22)[2018-03-31]. http://www.legaldaily.com.cn/leader/content/2018-03/22/content_7502589.htm.

取准确的侦查措施,也不能将恐怖组织和个人一网打尽,恐怖活动也就难以被打压在萌芽阶段、消灭在预谋之中。掌握反恐怖情报信息,是反恐怖斗争形势发展的必然要求,是进行反恐怖斗争有效决策的前提条件,是开展反恐怖线索核查和案件侦查的主要源头。能否有效地发挥情报因素在反恐怖斗争中的重要作用,决定了反恐怖决策与行动成功与否。同时也应当看到,暴力恐怖活动一般具有的突发性强、手段多样、行为极端、危害巨大、组织严密、政治和国际化且常与民族宗教矛盾相关联等特点,这些特点决定了反恐怖情报信息工作在很多方面具有不同于其他情报工作的特殊性。①

《国家安全法》第52条规定:"国家安全机关、公安机关、有关军事机关根据职责分工,依法搜集涉及国家安全的情报信息。"该法第四章第二节"情报信息"第51条至第54条中,分别规定了"情报工作制度""各部门搜集上报情报信息职责""情报信息工作运用现代科技手段和加强研判分析""情报信息的报送要求"等内容。"该法的立法模式呈现'原始型'(即分散式立法)向'混合型Ⅰ'(即分散式+专门式立法)再向'混合型Ⅱ'(即分散式+专门式+综合式立法)发展的趋势。"《国家安全法》是国家安全领域的基础性法律,也是统筹引领国家安全领域立法工作的综合性法律之一,该法涵盖了国家安全多个领域。随着国际反恐形势的加速演变、西方敌对势力的插手破坏、中国社会治安模式的转变,以及现代信息技术的发展,在新形势下加强对各种极端组织的行动轨迹掌握变得更难,把握反恐斗争的主动权,特别是情报信息搜集是迫切需要重视和解决的现实问题。②

只有及时发现涉恐情报信息,才能有效做好应急防范和妥善处置工作,才能把握反恐各项工作的主动权。特别是在维护国家安全的各项领域中,重点工作就是情报信息。当前,国家已经把打击恐怖主义纳入国家安全战略,情报信息工作贯穿于反恐侦查调查、防范保卫和应急处置等各项工作的始终,也是国家安全工作的重要组成部分。③

(二)反恐怖情报信息在《反恐怖主义法》中的法源依据与现实意义

长期以来,中国高度重视反恐怖主义情报信息工作,始终密切关注境内外恐怖活动组织与人员发展动向,公安机关、国家安全机关等有关部门相继建立了反

---

① 贾宇,王政勋.中国反恐怖主义法律问题研究[M].北京:中国政法大学出版社,2018:321-322.
② 贾宇,王政勋.中国反恐怖主义法律问题研究[M].北京:中国政法大学出版社,2018:324.
③ 郎胜,王爱立.中华人民共和国反恐怖主义法释义[M].北京:法律出版社,2016:163-181.

恐怖主义情报机构，强化涉恐情报的搜集、预警，并取得了一定成效。当前，全国反恐怖专业职能部门有必要整合各方面的情报资源，统筹情报搜集、研判、共享、核查、反馈和情况通报工作，建立统一、权威、高效的反恐怖主义情报信息体系，实现反恐怖主义情报信息的统一研判与实战应用。《反恐怖主义法》专设"情报信息"作为独立一章，规定了反恐怖主义情报机构与工作机制、反恐怖主义情报工作中的特别权力、情报信息的研判与应用、反恐怖主义情报工作中的权利保护，这为反恐怖主义情报工作提供了法律支持。[①]

《反恐怖主义法》第8条规定，公安机关、国家安全机关和人民检察院、人民法院、司法行政机关以及其他有关国家机关，应当根据分工，实行工作责任制，依法做好反恐怖主义工作。中国人民解放军、中国人民武装警察部队和民兵组织，根据反恐怖主义工作领导机构的部署，防范和处置恐怖活动。《反恐怖主义法》第43条规定，国家反恐怖主义工作领导机构建立国家反恐怖主义情报中心，实行跨部门、跨地区情报信息工作机制，统筹反恐怖主义情报信息工作。有关部门应当加强反恐怖主义情报信息搜集工作，对搜集的有关线索、人员、行动类情报信息，应当依照规定及时统一归口报送国家反恐怖主义情报中心。地方反恐怖主义工作领导机构应当建立跨部门情报信息工作机制，组织开展反恐怖主义情报信息工作，对重要的情报信息，应当及时向上级反恐怖主义工作领导机构报告，对涉及其他地方的紧急情报信息，应当及时通报相关地方。

一方面，《反恐怖主义法》通过总结中国开展反恐怖主义斗争的实践经验，参考其他一些国家和地区的法律规定，通过立法的形式对中国反恐怖主义情报信息工作体制、机制作出明文规定。国内外反恐斗争经验表明，做好反恐怖主义工作必须充分认识情报信息的重要性，不断增强情报信息意识，提高情报信息工作的水平，以适应当前反恐怖主义斗争形势的需要。

另一方面，《反恐怖主义法》作为一部反恐怖主义的专门法律，将反恐怖主义纳入国家安全战略。该法总结了近年来防范和打击恐怖活动的实践经验，对反恐怖主义工作进行了全面规定。为有效防范暴力恐怖活动，特别在第四章"情报信息"第43条至第48条中，分别规定了"国家反恐怖主义情报中心及情报信息工作体制机制""情报信息基层基础工作""情报信息之技术侦查""有关部门提供安全防范工作中获取的信息""情报信息研判等处理与预警""保密义务"等内容。同时，《反恐怖主义法》也为强化对各类涉恐可疑人员动态侦控，增强涉恐

[①] 师维，孙振雷，孙卫华，等.中国反恐怖主义法研究[M].北京：中国人民公安大学出版社，2016：121-123.

情报搜集能力，提升涉恐情报信息综合研判水平，提高对暴恐可疑活动的预知、预警能力提供了法律依据。

（三）反恐怖情报信息在《国家情报法》中的法源依据与现实意义

《国家情报法》第 2 条规定："国家情报工作坚持总体国家安全观，为国家重大决策提供情报参考，为防范和化解危害国家安全的风险提供情报支持。"第 11 条规定："国家情报工作机构应当依法搜集和处理境外机构、组织、个人实施或者指使、资助他人实施的，或者境内外机构、组织、个人相勾结实施的危害中国国家安全和利益行为的相关情报，为防范、制止和惩治上述行为提供情报依据或者参考。"2015 年法国巴黎恐怖袭击发生后，为总结吸取相关经验教训，我国国家反恐怖工作领导小组和公安部联合召开反恐怖工作专题视频会议，会议指出要结合完善社会治安防控体系，切实强化社会面整体防控，进一步强化细化各项工作措施，加强重点部位、重点场所防控，强化联勤巡逻和安检防范，坚决堵塞漏洞、补齐短板、消除隐患。要严格管理枪支、危爆物品和寄递物流，加强矛盾纠纷排查化解，努力从源头上预防重大案事件和个人极端暴力事件的发生。①

一方面，加强情报信息工作，必须统筹情报信息搜集、分析、研判、共享和利用等各个专业环节，建立科学、高效的情报信息工作体制和机制，满足国家安全各领域需求。就反恐怖情报信息而言，它有着军事、政治、民族、宗教等多元维度复合的专门需求，是实现预定的涉及反恐问题的情报战略目的和战术目标所需条件及要求的总称。情报信息也是国家安全与发展的生命线和影响战争胜败的重要因素。另一方面，情报信息工作是反恐怖斗争的关键环节，情报信息工作效率的高低，直接影响有关部门对恐怖事件的防范和应对处置的有效性。只有及时准确地搜集、储存、分析、传递、利用相关情报信息，使有关部门及时掌握恐怖活动组织与人员的最新动向，才能有针对性地采取积极有效的开展预防措施和应对处置恐怖袭击，最大限度地减少恐怖事件造成的社会影响。②

任何一个为国家安全所建立的情报信息工作机制，必然需要具有掌握重要情报信息来源能力、开展各种重大行动的科学完备措施。因此，提升反恐怖情报获取能力，构建统一、权威、高效的反恐怖情报工作机制，推动情报信息法治化建设，需要不断完善反恐怖情报信息会商研判、共享协作机制，努力提高反恐怖

---

① 搜狐.公安部：大力加强反恐怖情报信息分析研判[EB/OL].（2015-11-16）[2023-11-27]. https://www.sohu.com/a/41958178_119556.
② 王爱立.中华人民共和国反恐怖主义法解读[M].北京：中国法制出版社，2016：173-192.

职能部门情报侦查能力。需要立足国内,放眼国际,密切跟踪国内外涉恐敌情动态,及时获取第一手情报,第一时间分析研判并提出相关侦查、防范、应急、处置对策。针对重点目标安全防范的薄弱环节,通过事先获取的情报及时评估可能发生的最坏结果,积极做好应急、防范与处置等准备工作。大力加强反恐怖情报信息分析研判,做到精确打击,着力提高预知预警预防能力,努力把暴恐活动摧毁在行动之前。要紧紧依靠群众、依靠基层,坚持专群结合、群防群治、综合治理,着力打好反恐怖人民战争。要始终保持对暴恐活动的高压威慑态势,深入推进严打暴恐专项行动,坚决把暴恐分子的嚣张气焰打下去。

四、反恐怖情报信息的宏观实践路径

2015年11月25日,时任公安部部长郭声琨考察调研国家反恐怖情报信息平台时强调要充分发挥情报信息的引领作用,努力做到暴恐活动可防可控。他强调:"要认真学习贯彻习近平总书记关于反恐怖工作的重要指示精神,按照中央领导同志要求,把情报信息作为反恐工作关键环节,充分发挥情报信息的前瞻性、先导性、引领性作用,提高反恐情报服务实战的能力水平。把情报信息工作置于反恐怖工作重中之重的位置,始终坚持情报先行,在充分发挥传统情报工作作用的基础上,加强涉恐情报归口管理,积极运用大数据、云计算技术,着力提升情报感知、研判、分析能力,从海量的人流、物流、信息流、资金流中及时发现涉恐线索,做到预警在先、预防在前、敌动我知、先发制敌。要加快推进情报信息工作与基层基础工作、治安防控体系建设和侦查打击、应急指挥等工作的对接,将预警预防的要求落实到源头管理、社会防范和应急处置各个环节之中,真正使情报信息工作活起来、强起来。要进一步强化反恐情报信息整合共享,把涉恐人员、物品等关键信息纳入平台,不断完善分析研判机制,加强专门人才建设,为反恐怖工作提供有力的情报信息支撑。"①

(一)科学把握恐怖活动人员可疑迹象与行为特征情报信息

恐怖活动人员情报信息搜集的重点,是对所有可能获得的人员情报信息进行搜集、整理、分析、研判,以便发现可能发生恐怖活动的情报信息线索,有效服务于防范和打击恐怖活动的过程。恐怖活动人员实施恐怖活动大多是经过周密

---

① 中国政府网.郭声琨:充分发挥情报信息引领作用 努力做到暴恐活动可防可控[EB/OL].(2015-11-25)[2023-11-27]. https://www.gov.cn/guowuyuan/2015/11/25/content_5016674.htm.

准备、精心策划，是有组织、有预谋、有目标的。"针对国内外恐怖活动的特点，情报信息专案侦查工作应当围绕恐怖活动人员的计划准备、组织实施各个环节，有针对性地对此类人员开展防范和侦查。情报信息工作部门要坚持统一指挥、各司其职、密切配合、快速反应、及时预警的原则，建立反恐怖情报侦察快速反应机制和紧急状态应急处置机制，采取一切有效措施和手段，迅速有序开展涉恐人员的情报信息搜集、调查取证和现场控制。涉恐人员情报信息主要包括恐怖活动人员姓名、年龄、国籍、住址、职业或隐蔽身份、活动区域、资金来源、知识结构、生活规律、体貌特征、兴趣爱好、犯罪技能、受教育程度、宗教理念、行动方式、交通工具、资金交易等，以及涉恐洗钱融资记录、武器弹药藏匿、预备实施目标、行动实施方案、宗教极端思想氛围、'伊吉拉特'迁徙动向、外部恐怖势力通联等。"[1]

1. 把握涉恐人员基本情报信息

一是个人基本信息。包括姓名、性别、出生日期、身份证号码、护照（包括其他出入境证件）号码、常住户口所在地址、个人照片、身份证件以及所持有身份证件是否为假证或冒用他人证件、通信工具、网络登录号码、违法犯罪记录、出入境记录、特殊专业技能特长、银行卡账户等基本情况。二是个人从业情况。包括现从事职业或拟从事职业倾向。三是居住地、暂住地。包括其购买居住的房屋、临时租赁房屋、旅店业，从业地点以及投靠亲朋好友的住址等地。四是携带物品，包括随身携带物品和住地行李等物品。五是乘坐交通工具，指通过何种方式、乘坐何种交通工具来到目的地。六是暂住理由，指务工、经商、学习、旅游等具体事由。七是暂住期限，指在目的地逗留、暂住时间。

2. 严格落实人口登记管理，建立完善滚动排查机制

重点搜集本地重点组织、重点人员、敏感群体的以下情况。

（1）常住人口基本情况。摸清通过购房、婚姻、人才引进、投靠亲属、经商等政策落户的重点人员情况。

（2）暂住人口情况。重点摸清务工经商的人员情况。

（3）依托旅店业登记住宿信息管理平台，及时掌握旅店入住重点人员数量及相关情报信息等情报信息等。[2]

---

[1] 张薇. 反恐情报研究 [M]. 北京：金城出版社，2021.
[2] 李恒. 基于域外情报导侦模式下的我国反恐情报工作探究 [J]. 情报杂志，2017（5）.

3. 把握境内涉恐人员的可疑迹象及行为外在表现情报信息

其中，可疑迹象包括以下几方面。

（1）男子留大胡须，女性蒙面、穿黑色长袍。

（2）言谈举止行为有宗教极端倾向思想。

（3）住宿房屋内有供多人住宿的床位，男女混住且年龄差距较大，或住处经常有多名人员聚集活动，疑似开展地下讲经活动。

（4）不愿提供本人身份证件、冒用他人身份证件。

（5）藏有体能、搏击等训练健身器材等物品。

（6）多次到政治核心区或人员密集场所等重点敏感地点活动。

（7）无确切原因或正当理由变卖家产，举家或结伙外出预谋出境。

（8）经常与恐怖活动高发国家人员联系或经常使用涉恐新型网络工具、通信软件等与境内外可疑人员暗中通联。

（9）在恐怖活动高发国家有不定期的停留轨迹，可能被境外恐怖组织利用等。

可疑行为包括以下几方面。

（1）无正当理由购买管制刀具及大量火柴、鞭炮、散装汽油、化肥、水管堵头等敏感物品及制爆原材料。

（2）随身携带或暂住地室内悬挂或藏有疑似涉恐内容旗帜等有关标识。

（3）存有大量疑似宗教极端和暴力恐怖内容的书籍、音像制品。

（4）经常上网浏览境外宗教极端网站或通过"翻墙软件"下载有关资料。

（5）手机、电脑及多媒体卡存有疑似宗教极端、暴力恐怖音视频资料。

（6）活动轨迹带有"伊吉拉特"非法出境迁徙"圣战"等路线特征，且举家或结伙同行的。

（7）以上学或购房为由落户迁徙，随即申领出入境证件，预谋出境从事可疑活动等情报信息。①

（二）建立健全反恐怖情报信息警务工作机制

《反恐怖主义法》第 43 条对我国反恐怖主义情报信息制度的组织体系作出了明确规定，即"国家反恐怖主义工作领导机构建立国家反恐怖主义情报中心，实行跨部门、跨地区情报信息工作机制，统筹反恐怖主义情报信息工作。有关部门

---

① 凤凰资讯，新疆部分地区学习识别 75 种宗教极端活动 [EB/OL].（2014-12-24）[2018-03-14]. http://news.ifeng.com/a/20141224/42785382_0.shtml.

应当加强反恐怖主义情报信息搜集工作,对搜集的有关线索、人员、行动类情报信息,应当依照规定及时统一归口报送国家反恐怖主义情报中心。地方反恐怖主义工作领导机构应当建立跨部门情报信息工作机制,组织开展反恐怖主义情报信息工作,对重要的情报信息,应当及时向上级反恐怖主义工作领导机构报告,对涉及其他地方的紧急情报信息,应当及时通报相关地方"。该条规定明确规定了我国各级、各类反恐怖主义情报主体以及各主体之间的关系,同时也明确了各情报信息主体的主要职责。组织体系是保证反恐情报得以发挥作用的关键性要素。一个合理完善的情报管理体制,能够优化情报力量的配置,提高情报效率。①

第一,加快国家反恐怖情报中心信息平台建设。建立完善涉恐活动组织与人员专业数据库;完善关注人群活动轨迹监测工作;拓展线索研判分析,完善情侦联动机制并与基层情报部门对接机制,有效提升虚拟身份变现能力;探索建立基础数据;汇聚分析和关注人群滚动筛查系统,开发线索处理核查系统和智能情报分析研判模块。全力汇集各类数据资源,强化案件线索、涉案线人员(打击处理人员)信息采集和串并分析、综合研判。

第二,推进省(市)级反恐情报信息平台建设。将省(市)级反恐怖情报信息平台成功建成并与国家平台对接,同步加快新疆反恐怖情报平台与国家反恐情报信息中心对接。积极做好重大活动和敏感节点反恐情报保障工作,利用国家反恐怖情报中心信息平台加大对重点地区涉恐情报线索梳理、重点人群监测和有关数据报送预警力度。落实每日轨迹监测、分析研判制度,及时生成情报信息成果,精准指导反恐情报信息实战。例如,网信、公安等职能部门应加强暴恐音视频清理、即时通信工具监测、有害信息封堵删除等工作。

第三,加强反恐情报信息源建设。公安、国安、军队等部门应充分发挥反恐情报信息主力军作用,在情报的精准化、精细化、精确化上下功夫,全面搜集、研判深层次、内幕性、预警性、行动性情报信息,为上级领导决策提供准确可靠、及时高效的情报信息支撑。其他反恐成员单位、工作职能部门应不断加强反恐基础情报信息的采集、搜集力度,提高对治安要素的掌控能力,努力构建覆盖广、触角灵、反应快的情报搜集网络。

第四,健全反恐情报合作机制建设。随着恐怖活动不断升级和向内地蔓延扩散,防范与打击已经不能只靠一个地方或一个部门的力量来完成。在反恐工作中,需要党委政府牵头,各级反恐工作领导小组成员单位加强合作,建立反恐情报共享平台,公安反恐部门定期与国安、武警、军队等部门广泛搜集情报信息。

---

① 贾宇.中国反恐怖主义法教程[M].北京:中国政法大学出版社,2017:86.

充分利用情报信息协作交流平台，加强与新疆警方在反恐情报信息线索查证等方面进行的交流合作。

（三）深化反恐怖情报信息搜集、研判与情报侦查职能

一是落实反恐情报信息归口制度，推动情报信息资源的整合共享。情报信息预警是反恐怖斗争的核心和关键，情报工作的成败决定着反恐怖斗争的成败。反恐职能部门要充分发挥技术侦查手段和人力情报信息的优势，切实掌握境外"东伊运"派遣人员入境、"世维会"策划煽动破坏活动等内幕性情报线索，及时掌握境外敌对势力煽动策划暴恐犯罪的预警性情报线索，准确掌握新疆暴恐团伙、宗教极端分子实施暴恐活动等行动性情报信息。对涉恐情报信息及时上报国家反恐怖情报中心的同时，同步通报相关地方反恐职能部门，并抓紧落地核查，快查快办。特别针对国际恐怖势力、境外"东突"势力、"东伊运"恐怖组织的动向，尤其是"伊斯兰国""东伊运"等发布暴恐音视频、"世维会"等炒作境内敏感案事件的动向性信息，及时搜集掌握境内关注群体反应和异常迹象，加强分析研判，客观准确判明威胁，提出可操作性强的工作建议，通报相关部门有针对性地加强工作。在情报信息研判上，充分利用反恐办平台，加强反恐职能部门、反恐专业警种之间的信息共享、共同研判。

二是加强涉恐案件线索侦办，开展重点领域基础摸排。按照情报侦查打击一体化的工作思路，建立自上而下、多部门协作、跨地区联动的反恐怖侦查打击指挥作战体系。反恐职能部门应深入推进严厉打击暴力恐怖活动专项行动，加强对在侦在核涉恐涉宗教极端案件线索的汇总梳理和串并分析，运用多种侦查手段，开展专项侦查打击。同时，积极深化反恐基层基础工作大排查工作，有针对性地部署派遣秘密力量，围绕重点组织、重点人员和敏感群体开展基础摸排和情报侦查工作，及时从中发现可疑情报线索，力争及早发现、早获取行动性情报信息。公安、国安等反恐职能部门对在侦的案件线索应当加强梳理串并，坚持"打早打小、露头就打"的反恐专项行动打击策略。全力追捕危害国家安全类案件在逃人员，防止其再次作案。重点省、市特别是边疆沿海城市应充分发挥反恐主战场的主力军作用，重点打击暴力恐怖和宗教极端团伙、制枪制爆窝点、恐怖训练营地、地下讲经场所，坚决抓捕暴力恐怖、宗教极端分子在逃人员。①

三是强化涉恐情报信息协作，加大侦查打击力度。以美国联邦调查局为例，

---

① 人民网.新疆成反恐主战场，启动一年期反恐行动[EB/OL].（2014-05-27）[2018-04-01]. http://xj.people.com.cn/n/2014/0527/c363403-21297268.html.

为做到情报信息的下情上报,该局成立了由局长亲自领导的"超级工作组",统领和协调重大恐怖事件的立案、调查和起诉工作。为使上情下达,联邦调查局将其反恐预警网络系统的触角延伸至国内56个分局、90多个海外代表处,以确保反恐情报及时发送到相关部门,使部门间的协作更为有效。如美国中央情报局的分析人员不仅经常与本局行动部、科技部派往海外的情报人员合作,且获得的情报量也比以往增多。联邦调查局也加强了侦查办案部门与情报分析部门之间的协作。

(四)坚持全民反恐战略,积极发动群众举报涉恐情报信息线索

广大人民群众是做好反恐怖斗争必须依靠的坚实力量,也是深化全国开展严厉打击暴力活动专项行动必须依靠的力量。《反恐怖主义法》第5条规定:"反恐怖主义工作坚持专门工作与群众路线相结合的原则。"各级反恐职能部门应继续深入开展多种形式的群防群治活动,发动群众、依靠群众对涉恐可疑行为主动举报,提高群众防范应对恐怖袭击的意识和避险自救、紧急应对能力。一方面,大力推动人力情报建设,依靠群众搜集反恐情报信息,加强境外人力情报力量建设,确保发挥关键性作用。大量成功反恐经验表明,做好反恐情报信息工作,更需要发动群众、依靠群众。可以通过加大网络、广播、电视、报纸、杂志等媒体的宣传力度,让广大群众知晓暴力恐怖活动组织、人员、物品等特征,增强群众搜集反恐情报信息的能力。另一方面,相关部门应当科学研究制定涉恐情报信息举报奖励办法,明确举报内容、方式、渠道,以及奖励和保护举报人等相关制度规定,提高群众搜集反恐情报的积极性。应当及时公布反恐情报信息线索举报热线电话、网站,为群众举报提供便捷途径,通过全社会共同参与,筑起反恐怖斗争的铜墙铁壁。

例如,《四川省公安厅关于公民举报暴力恐怖犯罪线索奖励办法》对公民的举报和奖励作了如下规定。

本办法所指暴力恐怖犯罪活动线索是指四川省行政区域内发现的涉恐可疑人员、事件、物品、车辆、场所等线索。(1)境内外暴力恐怖组织及其成员,针对境内组织、策划、实施或煽动实施暴力恐怖活动的线索;(2)境内外暴力恐怖组织及其成员在境内的落脚点、关系人及其物品、资金、行踪类的线索;(3)非法制造、经营、运输、邮寄、私藏枪支弹药、易燃易爆物品、管制器具、小型航空器或传授、传播制枪制爆技术和方法的线索;(4)非法制造、经营、传播、私藏暴力恐怖和宗教极端宣传品(包括书刊、传单、电子出版物、音视频以及其

他含有宣传宣扬暴力恐怖、宗教极端内容的物品）的线索；（5）偷越国（边）境或组织、策划、煽动、运送、协助他人偷越国（边）境等违法犯罪活动的线索；（6）个人扬言或着手准备采取暴力恐怖活动的线索；（7）其他涉嫌暴力恐怖和宗教极端犯罪活动。

公民发现或知悉暴力恐怖犯罪线索，可以通过以下途径举报：拨打"110"报警电话举报；通过各级公安机关的微博私信功能或微信平台举报；通过四川省公安厅门户网站"四川公安打击黄赌毒违法犯罪活动及暴力恐怖犯罪举报平台"举报；通过信件向公安机关举报；到公安机关或向执勤民警当面举报。

对公民举报且被采用的举报线索，根据其作用和效果等进行等级评定。一级线索：为防止暴力恐怖事件发生、侦破暴力恐怖犯罪案件、抓获暴力恐怖犯罪嫌疑人发挥特别重大作用、贡献特别突出的线索；二级线索：为防止暴力恐怖事件发生、侦破暴力恐怖犯罪案件、抓获暴力恐怖犯罪嫌疑人发挥重大作用的线索；三级线索：为防止暴力恐怖事件发生、侦破暴力恐怖犯罪案件、抓获暴力恐怖犯罪嫌疑人发挥较大作用的线索。

举报线索奖励实行物质奖励方式，按照线索评定等级发放奖金。一级线索：奖励1万元至5万元，视实际效用确定最终奖励数额；二级线索：奖励1000元至1万元，视实际效用确定最终奖励数额；三级线索：奖励1000元以下，视实际效用确定最终奖励数额。

评定、奖励工作由各市（州）公安局负责组织实施，所需经费列入本单位办案（业务）经费—办案费—特别办案费予以保障。线索等级的具体评定由办理该线索的公安机关提出意见，由所属市（州）公安局审核、认定并发放奖金。对一级线索，在市（州）公安局奖励的基础上，省公安厅视情对举报人予以进一步奖励。

受理举报的公安机关应当在线索查证属实后10个工作日内制作《暴力恐怖犯罪线索举报奖励审批表》，逐级上报审批。

举报线索涉及两项以上情况的，按奖励金额最高的执行，不重复奖励。两人以上先后举报同一线索的，奖励最先举报人，举报顺序以公安机关受理举报的记录时间为准；两人以上共同举报同一线索的，奖金由举报人自行协商解决；协商不成的，由办理该线索的公安机关决定。发放奖金应当制作《暴力恐怖犯罪线索举报奖励付款专用凭证》。

对举报人的奖励，以转账形式进行。对经查证属实的举报线索，受理的公安机关应及时通知举报人30日内提供领取奖金的银行账号；市（州）公安局或其委托的公安机关收到举报人提供的银行账号20个工作日内支付奖金。

《暴力恐怖犯罪举报奖励审批表》《暴力恐怖犯罪举报奖励付款专用凭证》由市（州）公安局和受理举报的公安机关作为密件存档。

举报人可以向受理的公安机关查询线索的核实情况，受理的公安机关应当在不影响案件侦查的情况下告知，但线索处置环节属涉密内容的，可不接受公民的咨询。

对公民举报的线索，经查证不属暴力恐怖犯罪活动，但对打击其他违法犯罪、抓获犯罪嫌疑人发挥作用的，按照其他规定予以奖励。

对编造、传播虚假恐怖信息，或借举报诬告陷害他人的，要依法追究法律责任；举报人主观动机良好，因认知错误或其他客观原因导致举报不实的不在此列。

鼓励公民实名举报，以便查证和奖励；对不愿实名举报的，可请举报人自行设置验证身份的代码，以便日后核实身份，兑现奖励。公安机关、人民警察接到举报后，必须认真受理，严格登记，并及时转至本级公安机关负责反恐工作的主管部门处理；县级以下公安机关接到的，要在迅速核实的同时，及时上报市（州）公安局；对不属本地管辖的，要及时通报管辖地公安机关开展查证工作，并上报上一级公安机关。

各级公安机关应当保障举报人安全，对举报情况要严格保密，未经举报人同意，在查证、奖励、宣传等工作中不得公开能够确定举报人的信息，并设法将举报材料依法转化为其他形式的证据。对可能发生的打击、报复举报人行为，要及时进行调查了解，采取必要措施保护举报人。

公安机关人民警察有下列情形之一的，对有关负责人和直接责任人依照规定给予行政处分；构成犯罪的，依法追究法律责任：(1) 对举报线索未认真核实，导致不符合奖励条件的举报人获得奖励的；(2) 在职务活动中获悉暴力恐怖犯罪线索，安排或者指使他人通过举报的方式骗取奖金的；(3) 伪造举报材料，伙同或者帮助他人冒领奖金的；(4) 向被举报人通风报信，帮助逃避查处的；(5) 因工作失职失误造成举报人人身安全和财产等受到威胁或损害的。

五、本章小结

20世纪90年代初，我国新疆地区的民族分裂主义、宗教极端主义、恐怖主义等问题逐渐凸显。公安机关在党中央、国务院和各级党委、政府的领导下，充分发挥职能作用，积极主动开展工作，严厉打击暴力恐怖犯罪，侦破了一批重特大暴力恐怖案件。为应对境内外安全形势的变化，2001年10月，国家反恐怖工作协调小组成立，办公室设在公安部；2002年2月，公安部反恐怖局正式成立，承担公安反恐工作，同时履行国家反恐办职能；2013年4月，国家反恐怖工作协调小组更名为国家反恐怖工作领导小组。全国公安反恐部门始终保持对暴力恐怖犯罪活动的高压态势，严厉打击暴力恐怖犯罪活动，坚持整体防控、综合防控，坚持专门工作与群众路线相结合，全面提升反恐怖工作的能力和水平。党的十九大以来，中国反恐怖斗争整体态势向好，反恐怖斗争形势发生根本性好转，反恐怖工作由被动向主动转变。

当前，中国社会大局总体稳定，但受国内外多种因素叠加影响，反恐怖斗争形势严峻、复杂、尖锐，恐怖主义威胁将长期存在。在这样的背景下，公安反恐部门向暴力恐怖犯罪活动发起凌厉攻势，提早侦破了多起暴恐预谋案件，迅速处置了一系列重大暴恐案件，依法惩治了一批非法传播暴恐音视频人员，及时查获了一批非法出境人员，沉重打击了暴力恐怖犯罪分子的嚣张气焰，有效消除了恐怖威胁隐患苗头，确保了国内重大活动的安全顺利举办，维护了全国社会大局的总体稳定，也为新疆的各项治理工作提供了有力的支持。严打专项行动的深入开展，不仅有力带动了反恐怖工作整体水平的提高，也促进了治安管理、基础排查、社会面防控等基础建设和能力建设，保障了内地社会大局的持续稳定。

反恐怖斗争任务艰巨，责任重大，使命光荣。全面推进平安中国建设，进一步加强反恐怖工作，维护重要战略机遇期国家安全和社会稳定，维护人民群众生命财产安全，为实现"两个一百年"奋斗目标和中华民族伟大复兴提供安全稳定的社会环境，各级公安机关要深入贯彻落实习近平总书记等中央领导同志的重要指示和批示精神，切实增强忧患意识，牢固树立底线思维，锐意进取扎实工作，努力把反恐怖工作推上一个新水平、新阶段，为确保人民安居乐业、社会和谐稳定、国家长治久安作出新的更大的贡献。

第八章　国际安全视角之反恐怖情报信息共享与应用价值

一、问题的提出

国家谋求安全是为了长治久安。"安全"二字中,"安"表示"平安",《周易》所谓:"君子安而不忘危,存而不忘亡,治而不忘乱,是以身安而国可保也。"《司马法》称:"天下虽安,忘战必危。""全"字主要是指"保全",《孙子兵法》所谓:"凡用兵之法,全国为上,破国次之。"[①]正如毛泽东同志所说:"我们不但要提出任务,而且要解决完成任务的方法问题。我们的任务是过河,但是没有桥或没有船就不能过。不解决桥和船的问题,过河就是一句空话。不解决方法问题,任务也只是瞎说一顿。"[②]在打击反恐怖主义工作中,情报信息的共享就是解决问题的重要方法。

当前,随着全国反恐怖主义专项行动的持续推进,反恐怖主义工作呈现持续向好的发展态势,反分裂斗争进入常态化攻坚阶段,涉恐情报数量总体呈现上升趋势,情报的搜集、研判、预警和共享是做好反恐工作的首要前提,也是各级反恐情报和决策部门的重要任务和工作重心。2015 年 1 月,中共中央政治局在审议通过《国家安全战略纲要》时指出,"必须坚持以总体国家安全观为指导",以期实现全面、共同、合作、可持续安全。《国家安全法》第 2 条指出:"国家安全是指国家政权、主权、统一和领土完整、人民福祉、经济社会可持续发展和国家其他重大利益相对处于没有危险和不受内外威胁的状态,以及保障持续安全状态的能力。"[③]安全威胁的因素永远不可能根除,国家安全是一种相对安全。我们强调

---

① 刘江永. 可持续安全论 [M]. 北京:清华大学出版社,2016:9-10.
② 毛泽东. 毛泽东选集(第 1 卷)[M]. 北京:人民出版社,1991:125.
③ 全国人大法工委. 中华人民共和国国家安全法 [M]. 北京:中国法制出版社,2016:2.

"相对处于没有危险和不受内外威胁的状态",就是要通过不断加强自身安全能力建设,不断克服和防范不安全因素对国家造成实质性危害。我们既强调国家安全的状态,也强调不断提升维护国家安全的能力,加强维护国家安全的能力建设。[①] 加强对涉恐情报共享研究,公安、国家安全机关等反恐职能部门搜集掌握的情报线索应及时互通,努力实现资源共享,形成打击暴恐活动的战斗合力,是提高维护国家安全能力的重要环节。

党的十九大报告在"提高和改善民生水平,加强和创新社会治理"部分强调要严密防范和坚决打击暴力恐怖活动,从中可以看出减少暴力恐怖活动根源在于更优的社会治理。这就需要我们在今后的反恐怖工作中坚持改革创新,创新社会治理模式,打造共建共治共享的社会治理格局,从而有效维护国家安全与社会稳定。反恐怖专案侦查的主要任务是通过对涉恐线索、案件和现实破坏活动开展深入细致的侦查控制工作,查明案情、搞清内幕、获取证据、判明性质,及时打击恐怖组织、恐怖活动人员,把恐怖活动制止在预谋阶段和行动之前,严密防范恐怖活动可能造成的危害。全面提高发现、打击、防范和处置恐怖活动的能力和水平,牢牢掌握反恐怖斗争主动权,营造有利的国际国内安全环境;坚决遏制境内恐怖团伙的滋生蔓延势头,有效阻断其与境外恐怖势力的勾连渠道。严厉打击境外"东突"势力,深入开展"境外清源"工作,有效压缩其生存活动空间。创新对宗教极端活动和各种涉恐要素的社会治理,努力消除滋生恐怖活动的思想基础和社会条件。全面掌握国际恐怖势力、宗教极端势力有关动向,有效防范其实施涉中国的恐怖活动。坚决遏制新疆暴力恐怖活动多发频发态势,坚决防止新疆暴力恐怖活动向内地发展蔓延,最大限度把暴力恐怖活动消灭在行动之前,最大限度消除恐怖活动的现实威胁,最大限度铲除暴力恐怖活动滋生蔓延的土壤,确保国家安全和社会大局稳定。

二、反恐怖情报信息共享的特征与应用价值

走中国特色国家安全道路,是站在全球命运共同体的国际安全立场提出的科学安全观。它包括国内安全与国际安全两个大局、传统安全与非传统安全两大领域,旨在构建国家与国际总体安全,谋求的是国家安全与国际安全的统一。[②] 世界各国反恐怖斗争的成功经验和惨痛教训表明,情报是夺取反恐斗争胜利的关

---

① 乔晓阳. 中华人民共和国国家安全法释义 [M]. 北京:法律出版社,2016:12.
② 刘江永. 可持续安全论 [M]. 北京:清华大学出版社,2016:11-12.

键，是掌握反恐斗争主动权的根本。国家反恐情报体系是一体化相互影响、共变的系统，需要情报共享与融合。如果没有情报、缺少情报共享与合作，反恐工作将陷入被动局势，甚至会造成无可挽回的重大损失。

（一）反恐怖警务情报信息共享的特征

1. 情报信息与反恐情报信息共享

《现代汉语词典》将情报定义为："情报是指关于某种情况的消息和报告，多带机密性质。"在反恐情报实践中，情报工作是一项有计划、有目的的信息搜集活动，提高获取情报能力、拓宽来源渠道是有效开展反恐工作的前提和基础。情报是消息、有用的信息，是通过收集、加工并传递的信息，也是为实现主体某种特定的目的，有意识地对有关的事实、数据、信息、知识等要素进行劳动加工的产品。通常所说的情报信息，则是指情报信息人员通过各种途径或手段所获得的秘密情况、消息和资料等，一般具有下列特点：（1）知识性。情报信息是对客观情况的反映，包含对客观事物的认识，反映客观事物的状态、特点和规律。（2）传递性。情报信息是关于情况的报告，必须通过一定的载体，及时、安全地传递到情报信息使用部门，才能发挥作用，体现价值。（3）价值性。情报信息搜集的目的是指导改造客观事物的工作。情报信息必须有一定的社会使用价值，并且必须有利于认识客观事物，有助于解决实际工作中的问题。没有使用价值的情报信息，不能称其为情报信息。反恐怖主义情报信息，是指反恐怖主义部门需要在反恐怖主义工作中掌握、了解的有关恐怖组织、恐怖分子及恐怖活动等各方面的情况和信息。反恐怖主义情报信息除了具有情报信息的一般特点外，还具有下列特点：（1）时效性。恐怖活动的发生往往出乎意料，只有这样，恐怖分子才有可能对缺乏足够安全保卫的目标造成破坏。恐怖活动发生之后，持续的时间一般较短。因此，关于恐怖活动的情报信息具有很强的时效性。高度的时效性意味着反恐情报信息部门在收集和加工情报信息的过程中存在着时间上的约束，即反恐情报信息部门必须在尽可能短的时间内给决策者提供准确、可靠、及时的情报信息。（2）综合性。恐怖主义与反恐力量之间的较量不仅是非均衡的武力之间的斗争，更是心理上的对抗，同时，恐怖主义也会利用武力诱发经济上的连锁反应，制造政治影响。所以，恐怖主义与反恐怖主义之间的角力涉及武力、心理、经济、政治等多个层面的因素。正因为如此，与冷战时代的国家安全情报信息或者普通刑事犯罪的情报信息相比较，从情报信息建设的要求来看，反恐情报信息涉及国家和社会生活的许多层面，是一种全面的、综合性程度较高的情报信息。

（3）隐蔽性。恐怖活动组织会根据周围环境的不同来调整自身的组织结构、战略、战术。恐怖分子既可以消失在崇山峻岭之间，也可能藏匿于街区闹市之中。如果说具有全面综合性的反恐情报信息如同一片汪洋大海，那么恐怖活动的超常隐蔽性则使得反恐情报信息这一汪洋大海看上去总是平静如常。但是，在平静的海面之下却潜藏着汹涌的暗流。反恐情报信息的目标之一就是要透过平静的外表，预见异动的暗流。（4）弱关联性。普通刑事犯罪分子在实施犯罪活动之前，常常表现出较明显的犯罪意图，有较多的犯罪前期征兆。与普通刑事犯罪分子不同，职业恐怖分子总是努力把自己打扮成奉公守法的公民，以尽力避免在枝节性事情上引起警察的注意。所以，反恐情报信息尽管以大量的信息为基础，但是，这些信息之间的关联性往往十分微弱。如果没有强大的技术手段，没有经验丰富、能力较强的情报信息分析人员，要在大量反恐信息中发现其中的关联性，提炼出有效的反恐情报信息，那将是一件异常困难的事情。（5）孤立性。由于恐怖分子和恐怖组织常常隐身于合法社会的组织结构之中，不容易被发现。因此，即使执法部门收集了关于这些个人和组织的信息，这些信息也可能被淹没在大量无关紧要的其他信息之中。如果有真正的关键性信息，也只是孤立地散落在信息海洋的不同地方。用逻辑的链条把这些看似孤立的信息节点连成一串有效的情报信息，正是反恐情报信息分析人员艰巨的任务。①

反恐怖情报信息共享（anti-terrorism information sharing）指的是情报人员、情报机构和情报界为了提高国家安全而交换情报的行为。② 反恐情报共享是指不同地区反恐专业部门和反恐成员单位为履行打击恐怖主义犯罪和防范恐怖袭击等职能，做好群防群治、社会治理和社会治安防控体系建设而开展的情报工作领域的活动。反恐情报共享的主体包括公安、国安、军队等专业部门及相关反恐成员单位。情报的社会性特征要求反恐部门在加强情报内部共享的同时，拓宽情报外部共享以拓宽情报来源，一切有利于反恐工作开展的信息都是情报共享的内容。"9·11"事件后，美国联邦调查局作为美国主要情报机构，已将任务重心转向预防和打击恐怖主义犯罪，特别将反恐情报共享作为一项重要战略实施，并形成了一套比较完备的反恐情报共享机制。

2. 反恐怖警务情报信息共享的特征

（1）职能特征。反恐工作部门在履行具体职能时，与其他地区、不同层级反

---

① 贾宇. 中国反恐怖主义法教程[M]. 北京：中国政法大学出版社，2017：182.
② Mcconnell J M, Meyerrose D. United States Intelligence Community Information Sharing Strategy[R]. Washington, D.C.: Office of the Director of National Intelligence, 2008: 20.

恐成员单位的情报共享行为，具有经常性、多样性、制度性等特征，依托于反恐相关部门的行政组织和行政体制运行，通过内部组织运行机制实现情报共享与协作。（2）任务特征。反恐部门围绕某一任务而开展的情报共享与协作，这种情报共享与协作因特定任务的产生而开始，也因特定任务的完成而结束。一般而言，这种特定任务或是对社会影响较大的重大任务，或是社会价值重大的特殊任务。（3）区域特征，即在一定地区范围内开展情报共享与协作。区域情报共享与协作的形成，往往是因为地域相近或相邻的区域范围内，不同区域间面临着同样的治安问题、犯罪问题，为更好地维护社会治安、打击犯罪，解决影响社会治安的突出问题，通过共享与协作掌握准确的情报，采取协同行动，有效地预防和控制跨区域犯罪的发生和蔓延。区际间情报共享与协作，有的采取较为松散的形式，如不定期举行研讨会、设立热线电话以互通情报；有的采取较为紧密的形式，设立专门的机构和协作共享平台，建立专门的协作机构。①

3. 反恐怖警务情报信息的共享机制

根据《反恐怖主义法》第 43 条的规定，我国反恐怖主义情报组织体系主要包括垂直共享和平行共享两个层面，具体包括三种情况。（1）建立了各平行反恐怖主义情报部门之间的情报信息共享机制。地方反恐怖主义情报信息机构之间，对涉及其他地方的紧急情报信息，应当及时通报相关地方。上述法律规定说明各级地方反恐怖主义情报机构应当对其搜集、发现的涉及其他地方的紧急情报信息，依据相关办法将情报信息通报给相关地方的情报信息机构。在区域反恐怖主义交流方面，公安、其他情报部门之间应加强相互间情报工作的沟通和交流，学习和分享反恐怖主义情报工作方面先进地区的成功经验和做法，努力通过会商等形式共建涉恐人员数据库及有关反恐怖主义工作的多重数据库，真正做到及时、准确地发现涉恐人员的行动轨迹。（2）建立了各平行反恐怖主义情报部门与国家反恐怖主义情报中心的沟通机制。其一，有关部门应当加强反恐怖主义情报信息搜集工作，对搜集的有关线索、人员、行动类情报信息，依照规定及时统一归口报送国家反恐怖主义情报中心。其二，地方反恐怖主义情报信息机构在反恐怖主义情报信息工作中，对重要的情报信息，及时向上级反恐怖主义工作领导机构报告，从而实现其他部门、业务与"情报主导警务"战略相互辅助，相互促进，实现垂直共享和平行共享。除此之外，《反恐怖主义法》第 46 条还规定，有关部门对于安全防范工作中获取的信息，应当根据国家反恐怖主义情报中心的要求及时提供。（3）建立了各系统内部的反恐怖主义情报快速集中机制。无论是各平行反

---

① 曹凤. 公安情报学 [M]. 北京：中国人民公安大学出版社，2015：131.

恐怖主义情报部门之间的情报交流共享机制,还是各平行反恐怖主义情报部门与国家反恐怖主义情报中心的沟通机制,其前提都需要各个反恐怖主义情报信息的机构内部,首先对其所搜集到的情报进行初步筛选、整理,以形成内容明确、真实可靠的初步成果。在此基础上,才能进一步进行跨地区、跨部门间的情报信息交流与共享。因此,反恐怖主义情报信息机构内部要打破情报共享的壁垒,在情报搜集、分析等方面,各反恐怖主义实战部门,如情报、治安、反恐、网安等部门,应构建高效的情报交流机制,确保在重大突发事件发生时能够快速联动,作出准确、翔实的反恐怖主义情报产品以供决策。①

(二)反恐怖警务情报信息共享的必要性

1. 反恐怖警务情报信息共享符合总体国家安全观战略的客观要求

从主权国家角度看,国家安全是核心,国际安全是其重要的组成部分及外部环境;从国际角度看,世界各国的共同安全是根本,世界命运共同体是由各个国家的国家安全、人民安全构成的。面对复杂的国内外新形势和新挑战,中国党和政府不再是强调某个领域的安全稳定,而是提出了总体国家安全观战略。总体国家安全观的提出充分适应当前中国面临的新挑战和新需要,是国家安全体系在新层面的战略总部署。②"反恐情报作为一种特殊情报,为预防恐怖主义活动,发出早期预警信号,以减缓与制止恐怖组织早期行动。"③按照国家反恐工作总体布局,要始终把反恐情报工作置于十分突出的位置,本着"预警在先、处置在前、防范为主"的工作思路,采取积极有效举措,全面提升防范恐怖活动、消除恐怖威胁的综合能力。反恐情报共享应立足于以下几点。一方面,大力宣传社会主义核心价值观,增强各族群众的国家意识、公民意识、中华民族共同体意识,牢牢把握意识形态领域斗争主导权,为反恐情报共享提供有价值的服务。另一方面,强化底线思维和危机意识,增强政治责任和历史使命感,在总体国家安全观的指导下,积极构建可持续安全观,推进国家治理体系与治理能力现代化建设,科学建立反恐情报共享机制,把反恐怖工作作为维护国家安全和政治稳定的重中之重。如中国公安部研发推行"金盾工程"的核心目的就是最大限度地提升公安信息资源的应用水平,提高公安情报信息资源共享程度。④

---

① 贾宇.中国反恐怖主义法教程[M].北京:中国政法大学出版社,2017:187-188.
② 贾宇,李恒.恐怖活动组织与人员认定标准研究——从恐怖主义再界定谈起[J].西北大学学报:哲学社会科学版,2017(3).
③ 李本先,梅建明,张薇.对反恐情报体系构建中几个问题的思考[J].情报杂志,2014(4).
④ 吴绍忠.公安情报整合共享中的利益格局及破解之道[J].北京警察学院学报,2015(4).

2. 反恐怖警务情报信息共享是维护国家安全与发展的有效保障

安全是发展的条件，发展是安全的基础，没有发展就没有安全。2014年5月，中共中央召开第二次新疆工作座谈会，明确新疆工作的总目标是社会稳定和长治久安，重点是维护祖国统一、促进民族团结、遏制宗教极端思想、团结护疆、长期建疆；深刻阐释出经济发展并不能自然而然带来长治久安，不能用发展问题代替安定问题，衡量新疆工作最根本的要看反分裂斗争搞得怎么样，是不是保持了安定团结的政治局面、和谐稳定的社会局面。① 由于民族分裂势力、境外极端势力的颠覆渗透，维护社会和谐稳定和国土安全的任务艰巨而复杂。

健全完善反恐怖警务情报信息共享工作机制，能够解决情报侦查和指挥方面存在的缺乏整体研判、实战不够顺畅、影响打防效能等突出问题。依托反恐情报平台设置专门模块，将各类治安要素和动态关注信息汇聚到一个系统，强化情报综合研判预警，健全运转高效、覆盖全警的实战指挥体系，实现情报决策、扁平指挥，及时发现问题隐患、及时预警推送，有针对性地强化重点群体、部位的管控。以美国为例，奥巴马执政期间，美国反恐战略全面收缩，情报改革进入新阶段，白宫发布了《国家信息共享与安全战略（2012）》，以确保信息共享中的信息安全。② 2008年，美国国家情报总监办公室（ODNI）发布了《美国情报界信息共享战略》和《情报界政策备忘录》，为创建情报共享机制和共享技术框架提供了理论参考。例如，靠美国联邦调查局"单打独斗"不可能完成预防和打击恐怖主义犯罪的任务，因此美国联邦调查局主动参与、加入了许多社会组织以便实施反恐情报共享。该情报共享路径存在于联邦机构和情报业界，还存在于州、地方和其他社会机构、私营企业、学术研究机构等。美国联邦调查局长期致力于情报共享机制的探索挖掘，以维护美国国家安全为出发点，在打击恐怖主义时，特别加强对普通犯罪情报与反恐情报的共享，建立了一套"以保护国家安全为目标，以系列法律政策文件为依据，以跨部门合作为重点，以共享技术和能力为动力，以管理框架为支撑"的情报共享机制，其中，反恐情报共享是此机制的重要构成部分。③

3. 反恐怖警务情报信息共享是维护社会稳定和长治久安的现实途径

稳定是当今社会保持良性运行和协调发展的状态，即社会障碍、冲突、失调

---

① 参见：新华网第二次中央新疆工作座谈会要点解读[EB/OL].（2014-06-01）[2023-11-03]. http://news.xinhuanet.com/politics/2014/05/30/c_126567931.htm.
② 张驰，周西平. 从美国情报共享经验看公安情报改革方向[J]. 图书馆学研究，2017（6）.
③ 白海将，田华伟，李俊蕙. 美国联邦调查局反恐情报共享机制分析及启示[J]. 情报杂志，2015（4）.

等因素被控制在最小范围。社会稳定也涉及社会与国家、市民社会与政治上层建筑之间的关系，这些关系在不同国家的表现也是不同的。恐怖主义现实威胁可以改变国家与社会的常规互动形态、破坏民众的社会规则意识、损害社会的自我修复功能与机制，中断或改变社会的自我完善与自我进化机制。

随着恐怖主义国际化趋势深入演变，防范与打击恐怖主义犯罪已不能仅靠一个部门或者一个国家的力量来完成，在反恐怖具体工作中需要不同政府部门或者不同国家携手应对。一方面，建立反恐情报共享平台，广泛收集情报。情报专业部门应当充分发挥情报平台服务反恐实战的效用，积极开展敏感群体、重点人员的数据信息核查，实现各类情报的深度整合、共享研判、自动比对和综合分析，及时预测预警，提高主动发现可疑行为的能力。例如，在油气、电力、金融、交通、海关等行业也成立各级信息共享平台，明确其权限、职责、任务、资金等事项，加强情报信息共享与合作。反恐相关成员单位可进一步加强和改进人力情报工作，拓宽秘密力量渠道，围绕涉恐、涉宗教极端等重点群体、重点部位，全方位搜集、共享暴力恐怖、宗教极端分子境内外勾连、传播暴力恐怖和宗教极端思想、抱团结伙、习武训练、制枪制爆、非法偷渡等行动性情报线索。另一方面，各级公安机关和反恐怖成员单位执行涉恐情报统一归口报送同级反恐部门规定，反恐部门定期不定期进行情报汇总研判，重大活动、敏感时间节点按照情报会商的职责要求，开展涉恐情报共享与研判。同时，充分利用国际力量，重点加强与相关国家和地区在反恐情报、查证线索、调查恐怖组织资金来源等方面进行交流、共享与合作。此外，积极利用武警边防工作特殊渠道，进一步加强与周边国家执法安全部门的共享合作与情报交流，发挥专业部门反恐情报的优势作用。

三、本章小结

党的十九大报告指出，要更加自觉地维护中国主权、安全、发展利益，坚决反对一切分裂祖国、破坏民族团结和社会和谐稳定的行为。当前，受国际国内恐怖活动影响、西方反华势力的破坏，反恐怖斗争将在相当一段时期内存在。当前，中国各级反恐怖工作部门和相关成员单位应以总体国家安全观为指导，以维护重要战略机遇期国家政治安全和社会稳定为总目标，牢牢把握国家关于反恐维稳工作的总要求和总部署，切实增强忧患意识、责任意识，坚持可持续安全战略，同时立足当前、着眼长远，充分发挥党的领导、依法治国和社会主义制度优势，全面统筹国际国内两个大局、疆内疆外两块战场、网上网下两条战线，积极动员发动广大人民群众参与反恐、有效整合社会各方面力量和资源，反恐专业部门应积极推动与党委政府部门、社会机构、社会行业、普通群众开展的情报共享与协作。反恐成员单位应更加注重主动进攻、情报导侦、先发制敌，更加注重整体防控、专群结合、重点突出，更加注重标本兼治、源头治理、"去极端化"工作，全力加强反恐怖情报实战能力建设，努力提升反恐怖工作水平。因此，要全面提高情报、侦查、打击、防范和处置恐怖活动的能力和水平，必须紧紧抓住反恐怖斗争主动权，积极推进反恐情报共享，营造有利的国际国内安全环境。坚决遏制境内恐怖组织的滋生发展，有效阻断其与境外恐怖势力的通联渠道，严厉打击境外"东突"势力，有效压缩其滋生蔓延的空间，同时创新对宗教极端活动和各种涉恐要素的社会治理，努力消除滋生恐怖活动的思想基础和社会条件，确保国家安全和社会稳定。

第九章　国际大型体育赛事反恐怖防控体系构建

——以 2022 年北京冬奥会安保为视角

一、问题的提出

（一）国际大型体育赛事反恐怖防控体系构建，是贯彻落实新时代总体国家安全观的重要举措

国际大型体育赛事通常是指如奥运会、亚运会等规模宏大、影响深远的综合性体育赛事，也指一些世界级的单项锦标赛，如世界锦标赛、世界杯等。[①] 第 24 届冬季奥林匹克运动会（简称"北京冬奥会"），2022 年 2 月 4 日至 2 月 20 日在中国北京市和张家口市联合举行。对于中国而言，2022 年是第一个两百年奋斗目标的实现之年，是中国特色社会主义道路建设成果亮相世界的关键之年。世界各国对北京冬奥会的成功举办有着更多期待。国际奥委会多次强调，奥运安保的重要性超过了竞赛本身。

国际大型体育赛事反恐怖防控体系构建服务于国家安全，具有重要的战略价值。从理论与实践意义来看，研究国际大型体育赛事反恐怖防控体系构建，既能丰富国家安全战略的科学内涵和理论维度，也能够实现国际大型体育赛事具体实践与理论创新。新时代总体国家安全观的提出，立足中国国情的同时科学评估国际形势，对北京冬奥会的安保工作具有重要指导意义。以习近平新时代中国特色社会主义思想和总体国家安全观为理论指导，科学构建国际大型体育赛事反恐怖防控体系意义重大而深远。这既是推动构筑国家安全大环境，牢牢掌握反恐怖主动权，把握国家安全形势的新要求，也是有效增强反恐怖工作前瞻性和预判性的

[①] 李小兰.现代大型体育赛事的内涵、特征与社会功能[J].体育文化导刊，2010（4）.

重要举措，更是对总体国家安全观的具体贯彻与落实。

（二）国际大型体育赛事反恐怖防控体系构建，是立足国情把握现实风险本质的必然选择

反恐怖防控体系是北京冬奥会安保不可或缺的内容。"防"，在汉语词典中有戒备和预先做好应急准备的意思。"控"，则有节制、驾驭之意。结合起来，"防控"的意思就是预防和控制，我们不仅要预先有防范的意识，还要有可以控制局面的实力。"体系"，则是指在一定范围或领域内同类的、相互联系的事物或意识，按照一定秩序和内部关联组合而成的具备特定功能的有机整体。反恐怖防控体系就是在党委、政府的领导下，以总体国家安全观为指导，依据系统论和社会控制论，以奖惩激励等运行保障机制为抓手，科学整合各种反恐力量和资源，综合运用防范、打击、应急处置等手段，对恐怖活动违法犯罪进行有组织的系统化控制工程。① 北京冬季奥运会是国家的大事，是全面展示国家综合实力和国家形象魅力的重要契机，具有点多、面广、路线长、人员多、车辆多、流动性大和开放性强等诸多特点。因此，做好北京冬奥会安保工作必须坚持安全与祥和相统一的原则，坚持科技引领、创新驱动的原则，坚持多方参与、协同共治的原则，坚持点面结合、内外统筹的原则。②

（三）国际大型体育赛事反恐怖防控体系构建，是应对国内外严峻安全形势挑战的迫切需求

恐怖主义威胁是影响奥运会能否成功举办的重大隐患之一。恐怖主义反人类的暴力本质与国际体育赛事团结友好促进世界和平发展的价值追求背道而驰。尤其是全球性体育赛事，以其举办规模大、国际影响力强、人群聚集度高等为重要特征，不可避免地会受到恐怖活动组织与人员的觊觎。近半个世纪以来，国际大型体育赛事的举办，始终伴随着恐怖主义的威胁。例如，第20届、第26届夏季奥林匹克运动会，2009年巴基斯坦板球超级联赛等均遭受过恐怖袭击，无不对举办国的经济、政治、社会稳定等造成严重影响。国内外反恐怖斗争经验表明，反恐怖工作应当依法进行，尊重和保障人权，维护公民的合法权利和自由。同时，必须实现思想高度统一、认识清晰到位，始终保持反恐怖斗争敏锐性，做到应急处置准备和反恐怖防范到位，确保能够及时反应、高效应对突发情况，坚决

---

① 刘渊. 深圳市反恐怖防控体系建设研究 [D]. 哈尔滨：哈尔滨工业大学，2016.
② 孟丽萍. 试论北京冬奥会安保的理念和原则 [J]. 北京警察学院学报，2018（4）.

防止暴力恐怖事件发生。①

　　确保安全是成功举办国际体育赛事的先决条件和基本标志，是对国家治理体系和治理能力的重大考验。在北京冬奥会期间，北京奥组委采取有力有效防控措施，闭环管理安全顺畅，服务保障周到贴心，得到国际社会高度赞扬。

　　针对国际大型体育赛事反恐怖防控体系构建开展研究，全面做到情报信息和侦查打击同步实施，坚持情报先导，深入严打严防暴力恐怖活动攻坚战，不仅能为今后国际大型体育赛事的反恐维稳等安保工作提供有益建议，而且能够服务于总体国家安全观的落地生根，为国际大型体育赛事反恐怖防控体系实践工作提供具体指导。

二、国际大型体育赛事恐怖主义犯罪特点与趋势分析

（一）国际大型体育赛事恐怖袭击事件统计

　　1972年德国慕尼黑劫持人质事件（亦称"黑色九月"事件）是奥林匹克运动会历史上伤亡人数最多的恐怖袭击事件。该事件的发生，让国际社会开始对国际大型体育赛事遭受恐怖袭击的风险进行反思并予以重视。该事件使第20届奥林匹克运动会被迫停办一天，部分参赛国家也因安全问题不得不退出比赛。该事件不仅对德国经济、社会等发展造成严重影响，也给社会稳定、民众心理带来巨大挑战。该事件后，各国不得不对各自的安保防控体系进行重新审视，在此之后举办的各类国际大型体育赛事中，反恐怖工作成为安保工作的重要内容。

　　本书通过对全球体育史上几次重大事件进行梳理与分析，反思恐怖事件发生的原因，分析当前恐怖活动规律特点，以期为反恐怖防控路径构建提供理论指导（见表一）。

表一　全球体育史上的几起重大事件

事件	第20届夏季奥林匹克运动会	第26届夏季奥林匹克运动会	2009年巴基斯坦板球超级联赛	2010年南非世界杯足球赛	2013年波士顿马拉松
时间	1972年9月5日	1996年7月27日	2009年3月3日	2010年7月11日	2013年4月15日
死伤	18死	2死100多伤	6死7伤	7死70伤	3死260伤

---

① 曾祥星. 从"反恐罚单"思考《反恐法》安全防范措施[J]. 贵州警官职业学院学报，2019（1）.

续表

地点	慕尼黑奥运村运动员住地	亚特兰大奥林匹克世纪公园中心广场	前往格达费体育馆途中	南非伊索匹亚村/恰当多橄榄球俱乐部	波士顿马拉松终点附近
使用工具	步枪 手榴弹	土制炸弹	步枪、火箭炮、手榴弹	炸弹	压力锅炸弹
恐怖主义类型	组织型恐怖主义	"独狼式"恐怖主义	组织型恐怖主义	组织型恐怖主义	"独狼式"恐怖主义

通过表一可知,死伤人数多是恐怖活动危害结果最直观的表现。表一中,恐怖袭击事件均发生在近半个世纪前,且间隔时间不长。检索全球恐怖主义数据库(Global Terrorism Database,GTD)发现,1970—2018年,以"奥运会"为关键词,检索到恐怖事件共46起。以"体育"为关键词,检索到恐怖事件共151起,且数据密集度在2007年后有明显上升趋势。[①] 这些数据在一定程度上反映了恐怖主义持续活跃的现实表现。从事发地点看,表一中的恐袭事件均未发生在比赛主场馆,而是在体育赛事安保防守相对困难、开放性较大的公共区域。比如,赛场周围广场、观众专门通道、公交地铁站台等,这类区域都易成为恐怖袭击目标。可以看到,各举办国对中心赛场的安保防控工作能起到明显的预防与震慑效果,但对场馆外社会面的防控相对是短板。从恐怖主义的类型来看,"独狼式"恐怖主义属于新型恐怖主义类型,较之传统组织型恐怖主义,二者虽都是以枪支、炸弹等杀伤性极强的武器发起直接攻击,但"独狼式"恐怖主义的武器多为"自制",甚至会有"自杀式"人体炸弹,其发起恐怖袭击造成的伤亡人数更多,突发性和不可预见性更强。

(二)国际大型体育赛事恐怖袭击事件特点分析

第一,人群高度聚集,伤亡损失惨重。国际大型体育赛事举办期间,参赛运动员、观众、志愿者、安保力量、普通群众等人员数量十分庞大。据统计,一般的国际性体育竞赛日均人流量在二三万人以上,大型的国际体育赛事日均人流量则可达60万甚至更多。[②] 恐怖事件中的人员死伤情况往往是恐怖组织衡量袭击是否成功的重要因素。回顾历次重大恐怖袭击事件,人员伤亡和经济财产损失几乎是普遍性结果,无辜者的生命成了恐怖分子达到不法目的的牺牲品。而人群规模越大,国际大型体育赛事的安保压力就越甚。庞大的人群不仅为恐怖活动组织与

---

① Global Terrorism Database [EB/OL].[2023-11-27]. https://www.start.umd.edu/gtd/.
② 刘亚云,钟丽萍,李可兴,等.大型体育赛事突发事件的预警管理[J].体育学刊,2009(9).

人员提供了更多隐匿身份的机会，也大大增加了暴力恐怖事件中人员被袭击的概率。奥运会是目前规模最大的国际综合性体育赛事，是促进人类生理、心理和社会道德全面发展，维护世界和平的国际性体育盛会。其人群高度聚集毋庸置疑，一旦发生恐怖袭击，极易造成惨重的人员伤亡和重大财产损失。

第二，传播范围广，社会影响力大。奥运会是全球规模最大、影响力最广的综合性、国际性体育赛事。按照国际惯例，奥运会期间多国政要、政府首脑等均会出席并参与其中，必然是各国媒体争先汇聚之地。绝大多数媒体是为了对赛事进行持续的关注报道，但也不乏另有图谋的媒体利用赛事本身的关注度和意识形态领域的冲突矛盾捕风捉影、煽动炒作，传播不实信息，妄图抹黑东道国良好形象。

在全球信息化时代背景下，任何一点"风吹草动"都能吸引大量媒体报道和全世界的普遍关注，何况是恐怖袭击事件。①恐怖袭击事件的传播在空间上具有全球性、时间上具有即时性，但在内容上却难以具备还原性。加之国际大型体育赛事能够吸引世界目光，一旦发生恐怖袭击事件，其所产生的负面影响会远超实际袭击范围，心理恐慌产生的负面效应也是多方位的。例如，在政治层面，发生恐袭事件引发的国家安全威胁、政府权威挑战，在一定程度上会影响民众对政府的信任。在社会层面，也可能引起一定程度的社会动荡，干扰民众正常工作与生活秩序，民众容易陷入草木皆兵的自危情绪中。在经济层面，除了赛事安保的巨大经济投入，以及事件发生后各项应急处置所需的人力、物力、财力等支出，恐袭事件的发生也会使民众的经济支出结构产生变化，影响相关产业的正常经济发展等。②

第三，防控时间较长，经济投入巨大。无论是筹备时间还是选址空间，国际大型体育赛事的举办都是一项漫长而浩大的工程，从申办到比赛的正式举办往往历时数年。在这期间，不仅是赛事在筹办，恐怖活动组织与人员也在"伺机而动"。21世纪以来举办的每一届奥运会，在筹办期间几乎都会发生以影响比赛正常举行为目的的破坏事件。另外，赛事场馆选址、运动员村建设、生活用品采购、食品安全与交通运输等一系列工作，所涉及的安全领域广、任务量巨大。如前文所述，国际大型体育赛事的安保范围除了比赛用的体育场馆，还包括难以管控的场馆以外的社会面，任何一个公共场所和人群聚集地都可能成为恐袭目标。赛事级别越高，涉及的地域范围就越广、历时就越长，恐怖分子就越有可乘之机。

---

① 严帅. 全球体育赛事面临严峻恐袭考验[J]. 中国国防报，2016（23）.
② 李伟. 恐怖主义仍对国家安全构成主要威胁[J]. 中国党政干部论坛，2003（1）.

国际大型体育赛事的举办集政治、经济、文化等多领域为一体，其中经济领域所受影响最为明显。赛事筹办期间，为防范恐袭事件发生，举办国政府必然会投入大量经济安全成本实行社会管控。恐袭事件发生后的社会秩序恢复、医疗财政支出及生产力恢复等产生的经济支出也是一笔巨大的财政开支。据报道，2017年恐袭事件造成的全球直接经济损失高达 520 亿美元。其他相关恐怖数据报告综合分析也显示，恐怖活动对经济的影响与恐怖活动的频度呈正相关性，没有任何一个国家可以置身事外而独善其身，无论是发达国家还是发展中国家的经济都会受到负面影响。①

（三）国际大型体育赛事未来可能面临的恐怖活动威胁评估

第一，网络恐怖主义威胁。在防范恐怖活动过程中，网络的跨时空性给防控工作带来了巨大挑战，这要求防恐工作必须对已知领域进行预测，并不断拓展新领域，和恐怖分子抢时间、比速度。比如针对奥运会而言，恐怖组织可能对奥运赛事智能安保系统、运动员数据库、赛事直播网络平台、视频传输设备等进行网络黑客侵入。

第二，"独狼式"恐怖主义威胁。"独狼式"恐怖主义由于其主体显著的个体性特征，决定了其在行动上较之传统组织型恐怖主义更为隐秘和独立。同时，这种个体性使"独狼式"恐怖组织的动向行踪难以把握，加之其犯罪动力随性多变，犯罪行为也随之更具突发性。因此，对"独狼式"恐怖主义的防范预测颇为艰巨，此类恐怖分子不隶属于某个恐怖组织，不接受外界指令，自己策划实施、单独开展行动，计划更加灵活、机动，在作案时间、地点及打击目标等方面，具有很大的随机性和不确定性。由于不像其他恐怖活动组织那样存在成员之间的联络与沟通，难以发现恐怖犯罪线索、苗头和迹象，很难有效加以防范和打击。

第三，全球化加剧了恐怖组织的国际化与跨境流动。"在全球化时代，人类社会呈现日益开放的状态，加之交通工具、通信工具、金融工具等的日益便捷，不仅一国之内人财物的流动越来越密集，而且不同国家、地区之间的联系更趋密切，人员、资金等的跨境流动更加频繁。全球化在促进经济繁荣、社会发展的同时，也为恐怖主义的蔓延带来可乘之机。近年来，一些国内暴恐活动明显受到国外恐怖势力的操控。一些国内恐怖分子出境接受训练、参加'圣战'，有的在境外受训或参加恐怖活动后又潜回国内，继续兴风作浪。还有不少恐怖组织利用跨境金融网络进行恐怖主义融资，为恐怖活动进行物质准备。境外利益增多导致中

---

① 王为. 我国反恐金融制裁法律制度研究 [D]. 武汉：华中科技大学，2016.

国面临的境外恐袭风险提高。"① 其虽为新兴恐怖主义活动形式，但发展迅速，或将成为 21 世纪恐怖主义主要活动群体。② 新型恐怖主义的兴起，对 2022 年北京冬奥会的反恐怖防控体系构建提出了更高要求。

三是随着国际形势的深刻变化，恐怖主义亦出现新趋势。恐怖主义从过去的线下行动转变为线上线下两个阵地同时进行，网络恐怖主义与"独狼式"恐怖主义发展迅猛，恐怖主义最终消亡依旧遥遥无期，国际反恐怖合作任重而道远。当前，各国反恐合作的需求与空间虽在增大，但大国之间的博弈与争斗却未得到缓解，国际反恐怖政治化，且部分国家采取"双重标准"等问题依然尖锐，以至于在部分国家和地区出现了"越反越恐"的尴尬局面。在全球化时代，国际和平秩序的内涵并不单是没有武力冲突，还涵盖政治、经济、文化等领域的和谐发展。与此相对的是，恐怖袭击事件的综合性、持续性、国际性等特征尤为明显。反恐怖防范网络的编织，不仅服务于国际大型体育赛事的安保，也是完善社会治安防控体系不可或缺的重要内容。③

可以看到，北京冬奥会的举办，是对国家治理体系和治理能力的重大考验。安全保卫是成功举办重大活动的重要基础工作，成功举办北京冬奥会要把安全放在首位，没有安全保障，就没有冬奥会的成功；没有安全保障，就没有国家形象。北京冬奥会的安保，已经上升为落实首都城市战略定位、牵引京津冀协同发展的有力抓手，上升为国家战略层面的顶层部署。办好冬奥会意义非凡、责任重大，做好冬奥会安全工作，反恐怖任务是重中之重。

三、国际大型体育赛事反恐怖防控体系构建路径
——以 2022 年北京冬奥会为视角

2022 年北京冬奥会反恐怖防控体系构建，实质是在体育赛事期间和前后，整合多方力量资源，综合运用多种手段，对现实违法犯罪实施精准打击，针对潜在的恐怖活动行为开展科学防控，对暴力恐怖犯罪等问题进行全方位、多角度、多环节的防范治理，并从国际大型体育赛事整体稳定角度和现实需要出发，综合运用打击、防范、管理、控制等多种措施，推动情报主导侦查、情指一体化思

---

① 冯卫国，兰迪，荀震. 反恐怖与去极端化前沿问题探究 [M]. 北京：中国政法大学出版社，2018：128-129.
② 宋汀，曹伟. 2017 年国际恐怖主义态势报告 [J]. 中国信息安全，2018（1）.
③ 程小白，杨瑞清. 社会治安综合治理的体系结构初探 [J]. 江西警察学院学报，2016（2）.

路，扎实强化人防、技防、物防等手段，科学整合社会资源，着力构建立体化、信息化、全覆盖的防控体系。[1]

（一）依法治理是根本：运用法治思维和法治方式推进反恐怖防控体系构建

无论从国家治理角度还是国家安全的角度，反恐怖工作都是重要面向。因此，在构建国际大型体育赛事反恐怖防控体系中，必须以法律治理为根本，在为北京冬奥会保驾护航的过程中，立足中国特色社会主义法治道路，加强系统治理、依法治理、综合治理、源头治理，形成"以宪法为依据，以反恐怖主义法为主导，诸法配合"的反恐怖格局。[2]

第一，充分发挥法治引导作用，依法预防打击恐怖犯罪。建设中国特色社会主义法治体系，建设社会主义法治国家是坚持和发展中国特色社会主义的内在要求，国家严格禁止、严密防范、严厉惩治一切形式的恐怖主义。在依法治国、建设社会主义法治国家的大背景下，任何行动都必须在法治框架下开展实施。特别以《刑法修正案（九）》新增加5个恐怖犯罪专有罪名，修改原有恐怖犯罪罪名的罪状并提高法定刑等举措为标志，中国形成了相对完备的恐怖犯罪刑事制裁体系。[3]打击恐怖活动组织与人员、防范恐怖主义事件发生必须具备科学的法律依据。应当以《反恐怖主义法》《网络安全法》和《刑法修正案（九）》为指导，严格贯彻落实《国家安全法》《反间谍法》《国家情报法》等。实践证明，加大关系群众切身利益的重点领域执法力度，以文明的法律秩序来规范，才能真正恢复文明的社会秩序，只有依法反恐，才可能实现有效反恐。[4]国际大型体育赛事反恐怖防控体系构建，目的就是保护人权、维护和平，只有坚持以法治为基石，才能真正实现打击恐怖活动的同时保障人权，以良法保障善治，赢得反恐怖斗争主动权。

第二，深化法治宣传教育，增强全民反恐怖法治观念。中国特色社会主义法治道路由群众推动、群众践行，群众路线是中国特有的、根本的工作路线。反恐怖主义宣传教育对于实现"主动反恐、先发制敌"起着至关重要的作用，也是动

---

[1] Thomas A.Baker，陈书睿.大型体育赛事的主要风险管理——源自国外的观点[J].上海体育学院学报，2015（4）.

[2] 尹生.中国反恐法制的现状、问题与对策研究[J].当代法学，2008（3）.

[3] 刘艳红.二十年来恐怖犯罪刑事立法价值之评价与反思[J].中外法学，2018（1）.

[4] 贾月仙，包雪昕.首都阵地防控网信息化建设创新升级研究——以北京冬奥会期间社会治安防控为切入点[J].北京警察学院学报，2019（5）.

员全民参与反恐怖主义的前提。《反恐怖主义法》第 17 条对宣传教育作了专门的规定：各级人民政府和有关部门应当组织开展反恐怖主义宣传教育，提高公民的反恐怖主义意识。教育、人力资源行政主管部门和学校、有关职业培训机构应当将恐怖活动预防、应急知识纳入教育、教学、培训的内容。新闻、广播、电视、文化、宗教、互联网等有关单位，应当有针对性地面向社会进行反恐怖主义宣传教育。村民委员会、居民委员会应当协助人民政府以及有关部门，加强反恐怖主义宣传教育。① 一方面，恐怖活动组织与人员通过隐蔽手段隐藏在群众当中，反恐怖工作必须实行专门工作和群众工作相结合的原则，结构性地嵌入人民群众的力量，形成全民反恐模式。② 由于恐怖活动的隐蔽性与特殊性，加之我国群众很少受到恐怖活动干扰，因此对于恐怖活动具体表现行为和方式了解较少，对恐怖风险认知程度普遍较低，自身的安全防范意识也相对薄弱。这决定了成功的反恐怖工作必须具备预警性、社会性和群众性特点，充分相信、积极发动和依靠群众，让群众参与到基层社会治理的制度化渠道中。另一方面，应当培养群众的反恐怖法治意识，普及反恐怖基本技能和基本知识，加强对群众的反恐怖主义法制宣传与教育，提高群众有效辨识恐怖活动组织、恐怖活动人员、潜在恐怖分子的能力。建立健全反恐怖举报机制，切实保护举报者权益，保障举报者安全，完善举报奖惩机制，既鼓励有效举报，又打击恶意诬告。让群众支持并配合反恐怖工作的决定、命令，将恐怖主义活动或者有恐怖主义活动嫌疑的人或事向相关部门及时上报，建立起社会治安面强大的防控阵地。

第三，坚持多部门协调联动，推动全社会反恐怖整体合力。根据《反恐怖主义法》第 7 条、第 8 条、第 16 条等条款规定，反恐国家力量包括国家和地方各级反恐怖主义工作领导机构、公安机关、国家安全机关、人民检察院、人民法院、司法行政机关、中国人民解放军、中国人民武装警察部队、民兵组织等中央和国家职能部门的执法力量。按照《反恐怖主义法》及相关的刑事、行政法律文件，各部门各司其职，协调配合，共同履行反恐使命。③ 反恐怖工作实行联动配合原则，由专门机构统一领导、协调，其他部门和单位配合，协同开展反恐怖防范、情报、侦查和处置工作。社会治安防控体系是动用社会各种有效资源，综合运用多种手段，推动网格化管理和服务，实现对社会治安有效防控、运转协调的系统工程。根据《反恐怖主义法》的具体要求，反恐怖工作坚持防范为主、防惩

---

① 贾宇.中国反恐怖主义法教程[M].北京：中国政法大学出版社，2017：125.
② 郭永良.论我国反恐模式的转型——从精英模式到参与模式[J].法学家，2016（2）.
③ 贾宇.中国反恐怖主义法教程[M].北京：中国政法大学出版社，2017：49.

相结合的原则,重在防范恐怖主义思想的形成和传播,力争将恐怖主义活动消灭在预谋阶段和行动之前。

(二)社会防控是基石:建立健全社会治安防控安全保卫运行机制

北京冬奥会是世界体育盛会,具有政治敏感性强、规格标准高、时间跨度长、地域覆盖面大、参与主体多等显著特征。社会治理是国家治理的重要方面;社会防控是社会治理的重要组成。完善社会治安防控运行机制是国际大型体育赛事成功举办的重要保障,其覆盖范围是赛事场馆之外各种类型的社会空间场所,这些场所具有典型的开放性、流动性、不可控性等特征,往往也是基础防控的重难点和薄弱点,更可能是恐怖袭击事件的高风险点。①《反恐怖主义法》在第5条规定了专门工作与群众路线相结合原则;在第8条第3款规定了有关部门应当建立联动配合机制,依靠、动员村(居)委会、企事业单位、社会组织,共同开展反恐怖主义工作;在第9条规定了任何单位和个人都有协助、配合有关部门开展反恐怖主义工作的义务;在第74条第2款规定了县级、乡级人民政府根据需要,指导有关单位、村(居)委会建立反恐怖主义工作力量、志愿者队伍,协助、配合有关部门开展反恐怖主义工作;在第10条规定了对举报恐怖活动或者协助防范、制止恐怖活动有突出贡献的单位和个人,以及在反恐怖主义工作中作出其他突出贡献的单位和个人,按照国家有关规定给予表彰、奖励。中国反恐怖主义社会力量建设已经初具规模。②

第一,加强立体化治安防控网建设。社会治安防控是一项综合、全面、持久的系统性工程,包括各种类型的大型活动、群体性事件等场合的安保工作。特别是对当前和今后一个时期社会治安形势的预测、研判、分析;对现行违法犯罪行为展开治安查处和刑事打击;对社会面重点人员、重点地段、重要物品、重大事件的情报信息搜集与掌控,对社会面重点场所的日常巡逻、盘查与布控;对特定场所、人员密集场所的安全检查等都具有指导意义。按照"统筹规划、统一标准、分级建设、分步实施"的原则,以基础建设为支撑,坚持系统治理、依法治理、综合治理、源头治理,健全点线面结合、网上网下结合、人防物防技防结合、打防管控结合的立体化社会治安防控体系。例如,强化集结疏散组织和焰火燃放安全监管,落实无人机等"低慢小"航空器禁飞管理措施。以构建信息化、智能化的跨区域、环省市"治安防控圈"为目标,通过应用安检设备、人

---

① 潘瑞成,李斌. 大型体育赛事的治安防控威胁与情报机制研究[J]. 情报杂志,2019(9).
② 贾宇. 中国反恐怖主义法教程[M]. 北京:中国政法大学出版社,2017:50.

脸识别、人证核验、车牌抓拍、移动终端特征采集等智能技术,力争实现对人、车、物、证、码等数据的全面收集,提升对跨区域人员、车辆、物品的动态管控能力。

第二,建立区域化重点单元防控机制。一方面,根据人口密度、治安状况和地理位置等因素,科学划分巡逻区域,优化防控力量布局,加强公安与武警联勤武装巡逻,建立健全指挥和保障机制,完善早晚高峰等节点人员密集场所重点勤务工作机制,减少死角和盲区,提升社会面动态控制能力。政府部门应积极协调有关单位加强对生产、销售、运输各类危爆物品、易制爆原材料和管制刀具、散装汽油等厂家、商户、网店的管理,大力查缴宗教极端宣传品,阻断暴恐极端分子获取作案工具、传播宗教极端思想的渠道,加强重点关注群体人员的服务管理。另一方面,以街面、社区、单位、重点部位为基本防控单元,强化区域协同防控,落实防控责任,形成整体防控格局。加强基层综合服务管理平台建设,深化社区警务战略。坚持"屯警街面、动中备勤,扁平指挥、快速高效"的原则,以巡区划分为基础,以街面警务站为依托,整合资源、完善机制、创新方法,实行棋盘式布警、网格化巡逻,提高社会面见警率和管控率,提升街面控制、应急处置和打击震慑能力。推进巡防专业力量与社会力量联勤联动,整合发动医院、学校、金融单位、商业综合体、物业小区等防范力量开展联巡,构建精准巡防、联动巡防新格局。①

第三,健全信息化治安要素管控机制。一方面,大力实施社区信息化警务战略,充实派出所尤其是社区警务室力量,做强做实专职化社区民警队伍。积极适应社区治理网格化,完善综治中心派出所联动机制,推进社区(农村)警务与网格管理深度融合,实现大事全网联动、小事一格解决。充分借助现代科技手段,在进出小区出入口、重要节点路段、公共复杂场地等重点部位和治安复杂、人员密集等重点区域,设置视频监控和Wi-Fi监测扫描等设备,精准掌握各类重点人员动态轨迹,有效防范打击各类违法犯罪,拓展对特殊群体的社区管理服务,做到"信息自动采集、管理智能高效、防范严密精准"。另一方面,坚持传统手段与科技手段、基础性制度与创新性举措结合并举,实现对治安要素的依法管控、精准管控和动态管控,夯实社会治安防控基础。全面落实各部门对用户身份查验义务及信息提供、共享义务,完善重点人员管理,加强对涉恐、涉稳、涉枪涉爆、涉毒、肇事肇祸严重精神障碍患者等重点人员的管控工作,并依托大情报平

---

① 南方法治报数字报."智慧防控圈"打造平安惠州[EB/OL].(2019-07-08)[2023-11-27]. http://www.nffzb.cn/2019-07-08/content_87660.htm.

台实行动态管控、精准管控，提高对恐怖案件、大规模群体性事件、重大恶性刑事案件和个人极端暴力犯罪案件的预知预警预防能力。努力使影响公共安全的暴力恐怖犯罪、个人极端暴力犯罪等得到有效遏制，社会更加和谐有序。

（三）情报信息是核心：着力提升反恐怖情报服务实战水平，筑牢奥运安保能力

国际大型体育赛事反恐怖防控体系构建必须紧紧抓住情报预警、指挥处置两大核心环节，充分发挥情指融合、情指联动的特点，实现特定风险要素研判和指令的第一时间推送。"情报信息是夺取反恐怖主义斗争胜利的制胜法宝，是掌握反恐怖主义斗争主动权的根本性举措；没有情报信息，反恐怖主义斗争将陷入被动，甚至会造成无可挽回的损失。国际、国内反恐怖主义斗争的经验教训和工作实践充分表明，要打赢反恐怖主义这场战争，必须以战略思维和战略眼光，把情报信息工作置于反恐维稳的首要位置。"[①] 反恐怖职能部门要坚持情报主导侦查的理念，建立健全情报信息分析研判机制，定期对中国国家安全和公共安全面临的形势进行分析研判。

第一，情指一体、情报导侦是基本思路。国内外反恐怖斗争经验表明，情报是克敌制胜的核心，在大数据、云计算、信息化飞速发展的背景下，情报信息工作对于反恐怖成败的重要作用更加凸显。国际大型体育赛事的反恐怖防控体系构建要实现先发制敌，情报信息工作是关键环节，建立统一高效的情报工作机制是基本遵循。反恐怖指挥与侦查工作开展应基于准确的情报信息，情指一体化工作机制下，将所收集的情报信息在情指中心融合、分析、研判，提升反恐怖情报信息实战效用，着力提高反恐怖情报信息服务实战、引领实战能力，动态掌握并主动发现危害国家安全、公共安全等情报信息。同时，让具备预警性的情报信息对实战部门行动发挥有效的指导作用，体现情指中心指挥与调度功能，达到预测和防范恐怖活动行为的目的。[②] 情报导侦模式则致力于提升反恐怖情报工作的主动性、预防恐怖活动的能动性以及挖掘涉恐犯罪线索的指向性等方面。

第二，情报信息搜集全覆盖是基本目标。国际大型体育赛事的举办涉及面广、涵盖领域宽泛，与恐怖活动背后隐藏的复杂政治、经济、文化、社会、宗教、民族等因素相关联，反恐怖情报信息具有高度的时效性、超强的综合性、薄弱的关联性、显著的分散性等特征。作为掌握反恐怖斗争主动权核心的情报信息

---

① 贾宇. 中国反恐怖主义法教程 [M]. 北京：中国政法大学出版社，2017：184-185.
② 李恒. 基于域外情报导侦模式下的我国反恐情报工作研究 [J]. 情报杂志，2017（5）.

工作，必须最大可能地实现情报搜集的全面覆盖，把情报信息作为反恐怖关键环节抓紧抓实。强化对反恐怖情报信息实时分析研判，实现对海量数据的系统筛查，从而真正发挥情报信息在侦查工作中的导向作用。[①] 北京冬奥会反恐怖举报机制工作中，可在关键领域培养一批在关键时刻能起到尖刀作用、"钻深爬高"的尖子特情和治安耳目，同步完善举报奖励保障制度，全力打造布局合理、结构完善、质量并重的秘密力量，夯实基础、拓宽渠道，完善公开和秘密、网上和网下、人力与技术相结合，横向到边、纵向到底的主体化情报信息网络，努力获取深层次、内幕性、前瞻性情报信息，有效掌控奥运会周边重点阵地。科学建立覆盖全社会的反恐怖情报信息中心数据库，充分利用现有国家反恐怖情报信息平台，整合多方信息资源，为反恐怖工作提供保障。

第三，刑事侦查手段综合运用是基本战略。依法开展刑事侦查是情报信息的价值所在，情报信息在刑事侦查中的运用是实现情报信息价值的主要途径。一方面，刑事侦查部门应当综合应用各项侦查手段，既灵活运用常规侦查措施，又结合使用秘密侦查措施；既重视传统侦查手段，又不忽视新兴技术手段；既注重实战经验的积累，又注重新技术、新领域成果的应用。在此基础上，应根据最新的反恐怖情报信息所反映出的恐怖活动组织特征与趋势，在继续紧抓传统恐怖主义类型侦查的同时，积极探索有效识别、打击网络恐怖主义、"独狼式"恐怖主义等新型恐怖主义的方式方法，及时调整并变换刑事侦查策略与措施，最大限度发挥情报信息的预警性、时效性等特征，克服实战应用操作性不强等问题。[②] 另一方面，加强情报信息合成研判与预警。明确专门力量、统筹汇集分析各类基础摸排和感知发现的涉恐可疑情况，及时判明性质、评估威胁，及时组织开展深入侦查调查。发现有涉恐现实危害的，及时开展精准打击。发现有可疑情况，但暂不掌握具体活动或暂不够打击处理的，列为涉恐重点人员落实管控措施。充分运用技侦、网侦、图侦等专门手段，及时掌握可疑通联、购买敏感物品、安装小众软件、在重点部位频繁活动等动态性情报信息。统筹利用互联网、物联网、大数据、人工智能等科技手段，围绕吃、住、行、消等环节产生的活动轨迹，及时监测发现涉恐可疑人员及活动范围，加强情报信息的搜集掌握。积极与银行反洗钱部门建立完善反恐怖融资协作机制，对可疑资金交易进行实时的监测预警来获取涉恐情报信息，为国际大型体育赛事的顺利举办保驾护航。

[①] 赖惠儒.大数据时代公安机关反恐怖对策研究[D].兰州：兰州大学，2017.
[②] 李恒，邓峰彬.国家安全视阈下反恐情报信息应用价值与法治实践[J].中国刑警学院学报，2019（1）.

（四）国际合作是桥梁：继续深化国际反恐怖合作，推动构建人类命运共同体

近年来，中国全面深化反恐怖国际合作。"在推进同各国国家经济、文化等务实合作中，不断推动反恐怖合作深入开展。充分利用多边反恐怖合作机制，积极推动与有关国家在反恐怖合作上取得更多实际成果。"[①] 国际化思维是国际大型体育赛事反恐怖防控体系构建的重要战略走向。奥运会是面向全球、属于世界的人类文明集会，而恐怖组织的本质却是反人类的，其行动早已跨越国界，其危害亦辐射全球。国际合作是国际大型体育赛事反恐怖防控体系不可或缺的重要内容，有必要构建海外利益保护和风险预警防范体系，完善保障重大项目和人员、机构安全。

第一，维护联合国在全球治理中的核心地位，积极构建反恐怖国际合作新格局。联合国在协调国际事务中具有不可替代的作用。历史证明，一切军事行动应有利于维护地区及世界和平的长远利益，符合《联合国宪章》的宗旨、原则及公认的国际法准则。必须维护和加强联合国和安理会的主导作用，反对个别国家将恐怖主义与特定的民族或宗教混为一谈，或者基于本国私利对恐怖主义采取双重标准。习近平同志指出："世界上只有一个体系，就是以联合国为核心的国际体系；只有一套规则，就是以联合国宪章为基础的国际关系基本准则。"[②] 联合国是目前国际反恐怖合作领域最具合法性的、组织机构较为完善的国际组织，在维护和平与安全方面具有不可替代的地位，并且其所主导的国际反恐怖合作已得到众多国家和地区的广泛支持。因此，联合国有责任、有能力继续承担国际反恐主导权的重任。在此基础上，各国也应当继续坚持联合国在国际反恐怖斗争中的主导作用，根据缔结或者参加的国际条约，或者按照平等互惠原则，与其他国家、地区、国际组织开展反恐怖合作。以《联合国宪章》及其他公认的国际法准则为行动指南，以求同存异为基本原则，达成反恐怖共识，全力配合做好国际大型体育赛事反恐怖防控体系工作。[③]

第二，持续加强全球反恐怖打击力度，倡导多边主义，倡导国际组织发挥积极作用。奥运史上的成功经验无不显示出国际力量参与赛事反恐怖工作的重要性。国际反恐怖合作应当着眼于已有机制，结合其他国家与地区之间的双边或多

---

① 赵红艳. 总体国家安全观与恐怖主义的遏制[M]. 北京：人民出版社，2018：67.
② 中共中央党史和文献研究院. 习近平关于统筹疫情防控和经济发展的重要论述摘编[M]. 北京：中央文献出版社，2020：29.
③ 房广顺，马强. 树立和坚持以人民为中心的国家安全观——学习习近平总书记总体国家安全观重要讲话精神[J]. 当代中国马克思主义评论，2017（1）.

边国际合作交流的成功经验和做法，探索寻求符合自己国情的具体模式。各国应继续坚持反对一切恐怖主义的立场，并坚决打击任何形式的恐怖主义，保持对与周边国家反恐怖合作的高度重视。通过立法、执法、司法、守法等多重层面的措施，不断加强与相关国家和地区性组织的反恐怖合作，积极参加反恐怖交流与合作，尤其要加强国际间情报信息工作的交流，切实促进在反恐怖立法、执法等领域的务实合作。[①] 多边主义是最符合各国人民利益的必由之路，从宏观和微观两个层面共同入手，在宏观层面要确立国际合作执法交流的基本原则与协调机制，支持上海合作组织、金砖国家、二十国集团等平台机制化建设，推动构建公正合理的国际治理体系。在微观层面则探讨国际合作情报信息交换的具体内容与操作路径，加强国际法研究和运用，提高涉外工作法治化水平。

第三，促进构筑合作共赢的新型大国关系，高举构建人类命运共同体旗帜，秉持共商共建共享的全球治理观。面对恐怖主义带来的影响，没有一国能置身事外而独善其身，必须统筹国内国际两个大局，高举和平、发展、合作、共赢旗帜，坚定不移维护国家主权、安全、发展利益，坚定不移维护世界和平、促进共同发展，倡导国际安全观念更新，增强国际安全合作中的合作安全、综合安全的新理念。强调传统安全与非传统安全之间的差别与相互联系，致力于推动建立符合世界各国共同利益需要的国际安全新秩序。[②] 在人类命运共同体理念之下，世界各国相互依存度进一步加深，利益交融交互关系更加密切，共同应对人类面临的危机与挑战更加现实，这与国际大型体育赛事构建团结、美好、和平世界的目标不谋而合。同时，构建人类命运共同体已经写入联合国大会决议，构建2022年北京冬奥会反恐怖防控体系是深入推动建设人类命运共同体在国际合作层面的重要组成部分。在此背景下，中国在不断加强自身反恐怖能力的同时，也重视与国际、地区的合作，积极构筑新型国际关系，积极参与全球治理体系改革和建设，推动各国摒弃反恐怖合作中的双重标准，让恐怖主义无可趁之机。

四、本章小结

恐怖主义已成为影响世界和平与发展的巨大障碍，是全世界、全人类之公敌。当前，恐怖主义对国家安全和人民生命财产安全构成严重威胁。防范和惩治

[①] 郭关玉，李学保. 恐怖主义全球治理的中国理念与中国方案——学习习近平有关恐怖主义治理的重要论述[J]. 中南民族大学学报：人文社会科学版，2019（3）.
[②] 赵红艳. 总体国家安全观与恐怖主义的遏制[M]. 北京：人民出版社，2018：67.

恐怖活动，加强反恐怖工作，维护国家安全、公共安全和人民生命财产安全，依法打击恐怖活动犯罪，充分体现了中国作为一个负责任大国的国际责任。2022年北京冬奥会是一个创造更加优良的体育运动环境、自然生态环境和人文社会环境的重大历史性运动盛会。

  未来可以预见，构建国际大型体育赛事反恐怖防控体系不仅服务于赛事本身，它更从国家安全角度出发，重视运用人工智能、互联网、大数据物联网等现代信息技术手段，提升政府的治理能力和治理现代化水平。这项防控体系以现有反恐怖情报侦查、应急防范、安全保卫、法治理论与实践为核心，涉及领域和适用范围具有全方位、宽领域、多层次、实践性等特征，是与时俱进的系统性工程。当前和今后一个时期，在构建国际大型体育赛事反恐怖防控体系过程中，仍要注重推进反恐怖斗争，牢牢把握新时代反恐怖斗争的新任务新要求，坚持反恐怖斗争为了人民、依靠人民，扎实打好反恐怖人民战争，坚决把暴恐威胁消除在萌芽状态、未发之时。各级反恐怖职能部门要以强烈的政治担当、使命担当、责任担当，全力确保北京冬奥会反恐怖工作各项措施落到实处、取得实效，为构建人类命运共同体不断作出贡献。

结语：筑牢国家安全防线人人有责

国家安全是安邦定国的重要基石，维护国家安全是全国各族人民的根本利益所在。习近平总书记结合新时代国际国内安全的新形势、社会矛盾的新变化和世界发展大趋势，在继承与发展我国传统安全战略思想的基础上，创造性地提出了总体国家安全观。

总体国家安全观丰富了国家安全的内涵与外延，推进了中国特色国家安全重大理论体系的创新与发展，是推进新时代国家安全实践的行动指南，对坚持和发展中国特色社会主义，实现"两个一百年"奋斗目标和实现中华民族伟大复兴具有重大时代意义、现实意义、指导意义和世界意义。

全面践行总体国家安全观，应依法维护国家安全。2015年7月1日，第十二届全国人民代表大会常务委员会第十五次会议审议通过《国家安全法》，以法律形式确立了总体国家安全观，明确提出构建国家安全体系。可以看到，总体国家安全观经历了从政策到法律的发展过程，兼顾传统安全和非传统安全，统合内部安全和外部安全，协调各安全领域间的关系，为健全国家安全协调机制、形成国家安全法律体系、完善国家安全方略体系、提升国家安全能力提供了科学的理论指导，为国家安全工作的开展明确了目标，为国家安全法治实践提供了方法，为国家安全新架构的搭建指明了方向。该法确立了总体国家安全观在新时代国家安全工作中的指导地位，为总体国家安全观能在实践中不断丰富升华提供了法律基础。此后相继颁布实施的《反恐怖主义法》《国家情报法》等国家安全系列法律法规，对于贯彻落实总体国家安全观、全面推进法治建设、增强全民安全意识、维护国家安全和利益有着重大意义。

总体国家安全观具有新时代、新趋势、新要求的时代意义。系统性是总体国家安全观的基本特征。总体国家安全观着眼当代中国安全形势与安全发展需求，具有鲜明的时代特色，其地位重要，内涵丰富，思想深邃。"总体"不仅仅指国家安全的内涵包括政治安全、国土安全、军事安全、经济安全、文化安全等20

个领域方面的基本内容，还指其应对威胁时的系统性对抗机制，体现了统筹协调安全与发展、统筹维护各领域国家安全的"大安全""总体性""系统性"特征。特别是，当一个领域受到威胁时，整个系统都会被激活，共同联手抵御来自内外部的风险和威胁。同时，当我们把每个领域看作一个母系统时，那么各个系统之间能够相互影响，互相作用。而且，每个系统下又包括许多细小的内容与分支，子系统间具有内在的联系性与逻辑性。其运行机制是环环相扣的，而且具有先后顺序。应先让子系统内部各要素协调，这样才能使单个母系统处于最佳状态，当多个母系统都处于最佳状态时，坚持共同、综合、合作、可持续安全的新理念，同心协力应对各种问题，总体国家安全观才能发挥最大的作用，才能实现共享尊严、共享发展成果、共享安全保障。

总体国家安全观具有推动构建人类命运共同体的世界性意义。人民性是总体国家安全观的本质特征。总体国家安全观的人民性体现为以人民安全为宗旨。人民安全居于中心地位，国家安全归根到底是保障人民利益。检验国家安全工作成效最好的办法就在于人民，人民是否相对处于没有危险和不受内外威胁的状态，是否对自己的国家充满自信，是否对自己国家引以为傲，都是衡量国家安全工作成效的重要指标。国家的构成要素包括国土、人民和政府。只有维护好这三个安全，国家安全才能够有保障。国体和政体决定了党、人民和国家是一个共同体，这就决定了人民安全、政治安全和国家利益至上是相辅相成的有机统一体。面对错综复杂的国际安全威胁，各国人民应该从构建人类命运共同体的角度出发，谋求合作安全、集体安全和共同安全。

总体国家安全观是人民对国家安全新期待的有效回应。总体国家安全观以人民安全为宗旨，要求兼顾统筹传统安全与非传统安全，保障人民利益。树立总体国家安全观，需要每一位公民参与其中。如果说国家安全是保卫我们的钢铁长城，那么人民就是其中的砖瓦基石。家是最小国，国是千万家。患生于所呼，或起于细微。国家安全就在每个人的身边，维护国家安全与我们每一个人息息相关，需要我们每一个人主动参与，这并不需要我们有惊天动地的行动，但需要有"祖国如有难，汝应作前锋"的爱国意识与"忧国忘家，捐躯济难"的思想觉悟。人民有信仰，民族有希望，国家有力量。国家安全不仅关乎国家利益，而且关系每个公民的切身利益，维护国家安全人人有责。相信在国家、政府和人民的多方努力下，全国人民能在行动中自觉贯彻和践行总体国家安全观，与国同行，做维护国家安全与利益的"维护者"，而非"旁观者"。

总体国家安全观是对时代发展趋势变化的有效顺应。国家的安全需求是随着时代发展而发展的。在全球化背景下,国家安全的内涵与外延已经发生根本性变化,传统安全与非传统安全威胁交织叠加。人们应意识国家安全存在的现实威胁,要明白传统安全与非传统安全在一定条件下是能够互相转换的。树立总体国家安全观,需要在全社会广泛开展国家安全宣传教育,在全社会牢固树立"国家安全人人有责"的意识,共同筑牢维护国家安全的坚强防线。

参 考 文 献

（一）著作类

[1] 毛泽东.毛泽东选集（第1卷）[M].北京：人民出版社，1991.

[2] 习近平.习近平谈"一带一路"[M].北京：人民出版社，2018.

[3] 中共中央宣传部，中央国家安全委员会办公室.总体国家安全观学习纲要[M].北京：人民出版社，2022.

[4] [日]西田典之.日本刑法总论[M].台北：元照出版社，2012：43.

[5] 李伟，范娟荣，杨溪.国际反恐合作的中国方案[M].北京：五洲传播出版社，2019.

[6] 冯卫国，兰迪，苟震.反恐怖与去极端化前沿问题探究[M].北京：中国政法大学出版社，2018.

[7] 刘跃进.国家安全学[M].北京：中国政法大学出版社，2016.

[8] 拱振喜."后伊斯兰国"时期即将来临[J].军事文摘，2017（12）.

[9] 赵红艳.总体国家安全观与恐怖主义的遏制[M].北京：人民出版社，2018.

[10] 王振华.反恐怖防控与处置研究[M].北京：中国人民公安大学出版社，2019.

[11] 贾宇.中国反恐怖主义法教程[M].北京：中国政法大学出版社，2017.

[12] 贾宇，王政勋.中国反恐怖主义法律问题研究[M].北京：中国政法大学出版社，2018.

[13] [法]古斯塔夫·勒庞.乌合之众：大众心理研究[M].上海：上海译文出版社，2019：1.

[14] HAMMMS.SPAAIJR. *The Age of Lone Wolf Terrorism*[M]. New York：Columbia University Press, 2017.

[15] JEFFREYC.CAROLRF. Report：*Lone Wolf Terrorism*[M]. Washington, D.C.：Georgetown University Press, 2015.

[16] 兰迪，冯卫国.恐怖犯罪典型案例评析[M].北京：中国政法大学出版社，2021.

[17] 郭永良.论反恐怖人民战争战略[M].北京：中国人民公安大学出版社，2017.

[18] 中国现代国际关系研究所反恐怖研究中心.恐怖主义与反恐怖斗争理论探索[M].北京：时事出版社，2002.

[19] 刘志伟.反恐怖主义的中国视角和域外借鉴[M].北京：中国人民公安大学出版社，2019.

[20] 张屹.国际反恐合作法律机制研究[M].武汉：武汉大学出版社，2019.

[21] [美]巴西尼奥.国际刑法导论[M].赵秉志，王文华，译.北京：法律出版社，2006.

[22] 赵秉志，杜邈.中国反恐法治问题研究[M].北京：中国人民公安大学出版社，2010.

[23] [德]乌尔里希·贝克.风险社会[M].何博闻，译.南京：译林出版社，2004.

[24] 古承宗.刑法的象征性与规制理性[M].台北：元照出版社，2017.

[25] 杜琪.刑法与行政法关联问题研究[M].北京：中国政法大学出版社，2015.

[26] [美]塞尔兹尼克. 转变中的法律与社会：迈向回应型法 [M]. 张志铭，译. 北京：中国政法大学出版社，2004.
[27] [日]平野龙一. 刑法的基础 [M]. 东京：东京大学出版会，1966.
[28] 徐军华. "一带一路"与国际反恐：以国际法为视角 [M]. 北京：法律出版社，2019.
[29] 王丹娜. 网络恐怖主义与网络反恐 [M]. 北京：清华大学出版社，2020.
[30] 潘新睿. 网络恐怖主义犯罪的制裁思路 [M]. 北京：中国法制出版社，2017.
[31] 胡联合. 全球反恐论 [M]. 北京：中国大百科全书出版社，2011.
[32] 刘军. 网络犯罪治理刑事政策研究 [M]. 北京：知识产权出版社，2017.
[33] 贾宇，舒洪水. 国际恐怖主义犯罪问题研究 [M]. 北京：中国政法大学出版社，2018.
[34] 郎胜，王爱立. 中华人民共和国反恐怖主义法释义 [M]. 北京：法律出版社，2016.
[35] 王爱立. 中华人民共和国反恐怖主义法解读 [M]. 北京：中国法制出版社，2016.
[36] 师维，孙振雷，孙卫华，等. 中国反恐怖主义法研究 [M]. 北京：中国人民公安大学出版社，2016.
[37] 朱源葆. 新编情报学精粹 [M]. 台北：士明图书文化出版社，2016.
[38] 张薇. 国家安全情报研究（上册）[M]. 北京：金城出版社，2021.
[39] 张薇. 反恐情报研究 [M]. 北京：金城出版社，2021.
[40] 王振华. 反恐怖防控与处置研究 [M]. 北京：中国人民公安大学出版社，2019.
[41] 王伟光. 恐怖主义·国家安全反恐战略 [M]. 北京：时事出版社，2011.
[42] 李恒. 中国反恐怖主义情报信息理论与实践研究 [M]. 北京：中国人民公安大学出版社，2020.
[43] 李恒. 反恐怖警务工作实践研究 [M]. 北京：中国人民公安大学出版社，2017.
[44] 杨治长. 恐怖主义犯罪问题概论 [M]. 重庆：重庆出版集团，2010.
[45] 吕雪梅，等. 情报主导警务模式研究 [M]. 北京：群众出版社，2008.
[46] 刘江永. 可持续安全论 [M]. 北京：清华大学出版社，2016.
[47] 全国人大法工委. 中华人民共和国国家安全法 [M]. 北京：中国法制出版社，2016.
[48] 乔晓阳. 中华人民共和国国家安全法释义 [M]. 北京：法律出版社，2016.
[49] 曹凤. 公安情报学 [M]. 北京：中国人民公安大学出版社，2015.
[50] 张杰. 反恐国际警务共享——以上海共享组织地区共享为视角 [M]. 北京：中国政法大学出版社，2013.
[51] 中国科学院武汉文献情报中心，中国科学院科技战略咨询研究院生物安全战略研究中. 2020生物安全发展报告 [R]. 北京：科学出版社，2020.
[52] 中国现代国际关系研究院. 生物安全与国家安全 [M]. 北京：时事出版社，2021.
[53] 马长生. 国际公约与刑法若干问题研究 [M]. 北京：大学出版社，2004.
[54] [澳]帕特里克·沃尔什. 生物安全情报 [M]. 北京：金城出版社，2020.
[55] 总体国家安全观干部读本编委会. 总体国家安全观干部读本 [M]. 北京：人民出版社，2016.
[56] 江溯. 网络刑法原理 [M]. 北京：北京大学出版社，2022.

（二）论文、期刊、报纸类

[57] 国家安全部党委. 为建设社会主义现代化国家提供坚强安全保障——深入学习贯彻习近平新时代中国特色社会主义思想 [N]. 人民日报，2021-04-15（09）.
[58] 肖君拥，张志朋. 中国国家安全法治研究四十年：回眸与展望 [J]. 国际安全研究，2019（1）.
[59] 陈安，王星星. 欧洲暴恐事件风险分析与应对策略——以巴黎11·13事件为例 [J]. 华南

理工大学学报，2016（4）.

[60] 方晓志.欧洲恐袭频发　反恐任重道远[N].中国国防报，2020-11-11（04）.
[61] 陈冠宇.难民危机让欧洲反恐力不从心[N].中国国防报，2016-11-25（16）.
[62] 刘义，任方圆.欧洲的恐怖主义与反恐治理困境分析[J].国际关系研究，2019（1）.
[63] 张洁.中国的反恐政策：原则、内容与措施[J].当代亚太，2005（11）.
[64] 江时学.中欧携手共建"一带一路"[N].中国社会科学报，2015-11-12（4）.
[65] 江时学.G20——中国与欧盟合作的重要平台[J].博鳌观察，2015（4）.
[66] 江时学.中国与欧盟在网络安全领域的合作探讨[J].国际论坛，2016（4）.
[67] 赵秉志.法治反恐的国际视角：难点与对策[J].东南大学学报，2020（2）.
[68] 周健.国际反恐法律合作机制亟待形成[N].检察日报，2014-06-26（3）.
[69] 燕光磊.从欧盟反恐视角检视共同外交与安全政策的发展与挑战[J].西南政法大学学报，2015（3）.
[70] 黄日涵.情报合作强化国际反恐[N].中国社会科学报，2016-01-14（4）.
[71] 李阳.试论当前国际反恐合作中存在的突出问题[J].新西部：理论版，2015（5）.
[72] 史红梅.论"一带一路"背景下国际反恐法律机制建设的中国应对[J].云南行政学院学报，2017（4）.
[73] 徐军华."一带一路"背景下中国开展反恐国际合作的国际法战略[J].法学评论，2019（1）.
[74] 孙频捷."一带一路"背景下多元文化交流与反恐情报融合[J].情报杂志，2018（10）.
[75] 肖军.总体国家安全观视野下的国际警务合作[J].中国刑警学院学报，2018（4）.
[76] 屈耀伦.风险社会下中国反恐立法和策略的检讨与完善[J].北方法学，2018（1）.
[77] 赵秉志，张拓.晚近20年中国反恐刑法修法问题研究[J].华南师范大学学报：社会科学版，2018（4）.
[78] 王林.关于"全民反恐"战略提法的几点思考[J].北京警察学院学报，2017（3）.
[79] 邬进平.情报对抗视角下的法国反恐失败[J].中国社会科学报，2016（10）.
[80] 李恒，王传磊.新形势下边境地区网格化防范处置恐怖犯罪探索[J].河北公安警察职业学院学报，2015（4）.
[81] 李本先，梅建明，李孟军.中国反恐情报及预警系统框架设计[J].中国人民公安大学学报：社会科学版，2012（4）.
[82] 曹雪飞.对近期"东突"势力频繁活动的警务视角分析与应对策略[J].中国刑警学院学报，2014（4）.
[83] 李恒，邓峰彬.国家安全视阈下反恐情报信息应用价值与法治实践[J].中国刑警学院学报，2019（1）.
[84] 房广顺，马强.树立和坚持以人民为中心的国家安全观——学习习近平总书记总体国家安全观重要讲话精神[J].当代中国马克思主义评论，2017（1）.
[85] 郭关玉，李学保.恐怖主义全球治理的中国理念与中国方案——学习习近平有关恐怖主义治理的重要论述[J].中南民族大学学报：人文社会科学版，2019（3）.
[86] 宋全成.族群分裂与宗教冲突：当代欧洲国家的恐怖主义[J].当代世界社会主义问题，2014（3）.
[87] 董漫远."伊斯兰国"外线扩张影响及前景[J].国际问题研究，2016（5）.
[88] 杜圣智，杨增光."伊斯兰国"恐怖活动的新动向及对中国挑战——"11·13"巴黎恐怖袭击事件引发的思考[J].云南警官学院学报，2016（4）.
[89] 陈刚，周伟.英美国家的反恐机制研究[J].净月学刊，2017（2）.

[90] 李恒.基于域外情报导侦模式下的我国反恐情报工作探究[J].情报杂志，2017（5）.
[91] 李伟."从伊斯兰国"肆虐看国际反恐新困境[J].现代国际关系，2015（2）.
[92] 布佬.加强国际反恐合作是大势所趋[N].边防警察报，2015-11-27（6）.
[93] 马丽蓉.中国"一带一路"战略安全环境中"疆独"问题影响评估[J].国际观察，2015（3）.
[94] 王超强，李梦宇.人类命运共同体视域下反恐国际合作研究[J].北京警察学院学报，2020（5）.
[95] 李恒，贾宇.当前欧美国家反恐形势、特点、政策及其对中国的启示[J].宁夏社会科学，2018（3）.
[96] 吴志成，温豪.欧洲恐怖主义的发展态势及其治理[J].当代世界与社会主义，2020（2）.
[97] 严帅，李伟，陈庆鸿.当前国际反恐战略态势[J].国际研究参考，2019（3）.
[98] 唐志超.当前国际恐怖主义演变趋势及中国应对策略[J].中国人民公安大学学报：社会科学版，2018（1）.
[99] 付玉明，王耀彬.新疆反恐的国际合作与法律适用[J].江西社会科学，2017（4）.
[100] 冯卫国.论《反恐法》中的基础性防范措施[J].河南警察学院学报，2017（4）.
[101] 李恒，王亮，任昱坤等.大数据在反恐情报信息实践中的价值与应用[J].中国刑警学院学报，2019（3）.
[102] 范娟荣，李伟."一带一路"建设面临的恐怖威胁分析[J].中国人民公安大学学报：社会科学版，2018（1）.
[103] 梅传强.我国反恐刑事立法的检讨与完善——兼评《刑法修正案（九）》相关涉恐条款[J].现代法学，2016（1）.
[104] 张明楷.论《刑法修正案（九）》关于恐怖犯罪的规定[J].现代法学，2016（1）.
[105] 王文华.社会管理创新与刑法理念的发展[J].东方法学，2011（6）.
[106] 黎宏.《刑法修正案（九）》中有关恐怖主义、极端主义犯罪的刑事立法——从如何限缩抽象危险犯的成立范围的立场出发[J].苏州大学学报：哲学社会科学版，2015（6）.
[107] 梅传强，李洁.我国反恐刑法立法的"预防性"面向检视[J].法学，2018（1）.
[108] 何荣功."预防性"反恐刑事立法思考[J].中国法学，2016（3）.
[109] 劳东燕.风险社会与变动中的刑法理论[J].中外法学，2014（1）.
[110] 梅传强，童春荣.总体国家安全观视角下的预防性反恐研究——以十九大报告为切入点[J].现代法学，2018（1）.
[111] 于改之，蒋太珂.刑事立法：在目的和手段之间——以《刑法修正案（九）》为中心[J].现代法学，2016（2）.
[112] 车浩.刑事立法的法教义学反思——基于《刑法修正案（九）》的分析[J].法学，2015（10）.
[113] 王新.《刑法修正案（九）》第120条前置化规制的法理探析[J].北方法学，2016（3）.
[114] 高铭暄，孙道萃.预防性刑法观及其教义学思考[J].中国法学，2018（1）.
[115] 高铭暄，陈冉.全球视野下我国惩治恐怖活动犯罪立法研究[J].法治研究，2013（6）.
[116] 杜邈.反恐领域的行刑衔接[J].国家检察官学院学报，2016（5）.
[117] 姚建龙，王江淮.论我国刑法与反恐法的衔接——以《刑法修正案（九）》为视角[J].犯罪研究，2016（2）.
[118] 舒洪水.论我国食品安全犯罪行刑衔接制度之建构[J].华东政法大学学报，2016（3）.
[119] 贾宇，李恒.恐怖活动组织与人员认定标准研究——从恐怖主义再界定谈起[J].西北大学学报：哲学社会科学版，2017（3）.
[120] 王亮.中国反恐法律机制中的国际合作问题研究[D].西安：西北政法大学，2017.

[121] 李淑华.网络安全治理：防范和打击网络恐怖主义的路径选择[J].情报杂志，2017（8）.
[122] 高铭暄，李梅容.论网络恐怖主义行为[J].法学杂志，2015（12）.
[123] 皮勇.网络恐怖活动犯罪及其整体法律对策[J].环球法律评论，2013（1）.
[124] 闫雨.我国网络恐怖主义犯罪的立法规制与治理[J].河南师范大学学报：哲学社会科学版，2019（3）.
[125] 朱永彪，魏月妍，梁忻.网络恐怖主义的发展趋势与应对现状评析[J].江南社会学院学报，2016（3）.
[126] 舒洪水，党家玉.网络恐怖主义犯罪现状及防控对策研究[J].刑法论丛，2017（3）.
[127] 余丽.关于互联网国家安全的理论探讨[J].国际观察，2018（3）.
[128] 佘硕，刘旭.网络恐怖主义新动向及其治理分析[J].情报杂志，2018（2）.
[129] 钟晨赫.恐怖活动案件侦查权研究[D].北京：中国人民公安大学，2017.
[130] 谭佳宁.打击网络恐怖主义的国际法问题研究[D].重庆：西南政法大学，2017.
[131] 李超，周瑛，魏星.基于暗网的反恐情报分析研究[J].情报杂志，2018（6）.
[132] 马国春，石拓.国际涉恐音视频的网络传播及其治理[J].阿拉伯世界研究，2016（1）.
[133] 李大光，全球化背景下的总体国家安全研究[J].人民论坛·学术前沿，2018（8）.
[134] 王志祥，刘婷.网络恐怖主义犯罪及其法律规制[J].国家检察官学院学报，2016（5）.
[135] 王秀梅，魏星星.打击网络恐怖主义犯罪的法律应对[J].刑法论丛，2018（3）.
[136] 黄志雄.网络空间规则博弈中的"软实力"——近年来国内外网络空间国际法研究综述[J].人大法律评论，2017（3）.
[137] 贾宇，李恒.恐怖活动对"一带一路"倡议实施的威胁评估与对策研究[J].宁夏社会科学，2017（1）.
[138] 陈健，龚晓莺."一带一路"沿线国家共同应对网络恐怖主义研究[J].新疆社会科学，2017（5）.
[139] 李彦，马冉.网络恐怖主义犯罪国际法治理研究[J].河南财经政法大学学报，2019（1）.
[140] 张吉军."后伊斯兰国"时代的国际恐怖主义及其治理分析[J].南亚东南亚研究，2019（6）.
[141] 康均心，虞文梁.大数据时代网络恐怖主义的法律应对[J].中州学刊，2015（10）.
[142] 曾粤兴，周兆进.反恐模式：大众参与模式之建构——基于传统反恐模式的反思[J].宁夏社会科学，2015（5）.
[143] 于志刚.网络安全对公共安全、国家安全的嵌入态势和应对策略[J].法学论坛，2014（6）.
[144] COLIN B.The Future of Cyberterrorism，Crime and Justice International[J].*Crime and Justice International*，1997.
[145] DAVEED GARTENSTEIN-R.Lone Wolf Islamic Terrorism: Abdulhakim Mujahid Muhammad (Carlos Bledsoe) Case Study[J].*Terrorism and Political Violence*，2014.
[146] JELLE V B and BEATRICE D G.Hatred of the System: Menacing Loners and Autonomous Cells in the netherlands[J].*Terrorism and Political Violence*，2014.
[147] 王鹏程.孤狼式恐怖主义发展与因应策略之研究[J].国防杂志，2016（4）.
[148] 翁明贤.国际恐怖主义与反恐行动的发展趋势[J].展望与探索，2003（6）.
[149] CHRISTOPHER H. JEFFREYD.Lone Wolf Terrorism: vnderstanding the Growing Threa[J].*Terrorism and Political Violence*，2014.2.
[150] BAKKER E,ROYVZJ. Lone-actor Terrorism: Definitional Workshop[J].*Countering Lone-Actor Terrorism Series*，2015.2.
[151] 孟铮.浅析"独狼"式恐怖主义及公安机关的治理对策[J].犯罪研究，2017（1）.

[152] 胡辉，刘洪广.独狼恐怖主义犯罪及其治理探析[J].铁道警察学院学报，2016（5）.
[153] MICHAEL B.Explaining Lone Wolf Target Selection in the United States[J].*Studies in Conflict Terrorism*，2014.37.
[154] 李恒.网络恐怖主义犯罪的现实表现、风险挑战与政策治理[J].宁夏社会科学，2020（2）.
[155] 康均心.全球反恐背景下国家安全法治体系构建[J].山东大学学报：哲学社会科学版，2017（2）.
[156] 刘猛，汪勇，梅建明.中国反恐情报信息国际交流的法制规范与推进理路[J].情报杂志，2017（6）.
[157] 冯卫国.总体国家安全观与反恐对策思考[J].理论探索，2017（5）.
[158] 贾宇，李恒.恐怖犯罪活动组织和人员之情报信息搜集研究[J].情报杂志，2017（2）.
[159] 王沙骋.中国面临的恐怖主义及情报反恐研究[J].中国软科学，2014（2）.
[160] 李本先，张薇，梅建明，等.大数据在反恐情报工作中的应用研究[J].情报杂志，2014（12）.
[161] 李恒.恐怖主义活动新特点与趋势分析[J].四川警察学院学报，2016（5）.
[162] 汤伟.非传统安全的"城市化"[J].社会科学，2015（4）.
[163] 周叶中，庞远福.论国家安全法：模式、体系与原则[J].四川师范大学学报：社会科学版，2016（3）.
[164] 洪农.论南海地区海上非传统安全合作机制的建设——基于海盗与海上恐怖主义问题的分析[J].亚太安全与海洋研究，2018（1）.
[165] 周琪，付随鑫.中美国家安全观的分析与比较[J].当代世界与社会主义，2014（6）.
[166] 赵敏燕，董锁成，王喆，等."一带一路"沿线国家安全形势评估及对策[J].中国科学院院刊，2016（6）.
[167] 管健.非传统安全威胁：心理学视域的表达[J].南开学报：哲学社会科学版，2013（1）.
[168] 李恒."三化"视域下做好四川公安反恐工作新探[J].四川警察学院学报，2015（3）.
[169] Mcconnell J M, Meyerrose D.United States Intelligence Community Information Sharing Strategy[R]. Washington, D.C.: Office of the Director of National Intelligence, 2008: 20.
[170] 李本先，梅建明，张薇.对反恐情报体系构建中几个问题的思考[J].情报杂志，2014（4）.
[171] 吴绍忠.公安情报整合共享中的利益格局及破解之道[J].北京警察学院学报，2015（4）.
[172] 张驰，周西平.从美国情报共享经验看公安情报改革方向[J].图书馆学研究，2017（6）.
[173] 白海将，田华伟，李俊蕙.美国联邦调查局反恐情报共享机制分析及启示[J].情报杂志，2015（4）.
[174] 孙敏等.国家安全领域的情报信息共享意愿研究[J].情报杂志，2017（1）.
[175] 张家年.情报融合中心：美国情报共享实践及启示[J].图书情报工作，2015（13）.
[176] 胡荟.论美国国家情报法制管理的循环演进机制[J].情报杂志，2017（4）.
[177] 李小兰.现代大型体育赛事的内涵、特征与社会功能[J].体育文化导刊，2010（4）.
[178] 肖建飞.恐怖主义与极端主义的关联和差异基于对《反恐法》与《修九》的规范分析[J].实事求是，2019（4）.
[179] 李强."丁字型"社会结构与"结构紧张"[J].社会学研究，2005（2）.
[180] 严珊.我国反恐怖体系建设战略分析[J].中国行政管理，2009（1）.
[181] 刘渊.深圳市反恐怖防控体系建设研究[D].哈尔滨：哈尔滨工业大学，2016.
[182] 孟丽萍.试论北京冬奥会安保的理念和原则[J].北京警察学院学报，2018（4）.
[183] 曾祥星.从"反恐罚单"思考《反恐法》安全防范措施[J].贵州警官职业学院学报，2019（1）.

[184] 刘亚云,钟丽萍,李可兴,等.大型体育赛事突发事件的预警管理[J].体育学刊,2009(9).
[185] 严帅.全球体育赛事面临严峻恐袭考验[N].中国国防报,2016-05-20(23).
[186] 李伟.恐怖主义仍对国家安全构成主要威胁[J].中国党政干部论坛,2003（1）.
[187] 王为.我国反恐金融制裁法律制度研究[D].武汉：华中科技大学,2016.
[188] 李恒.网络恐怖主义犯罪的现实表现、风险挑战与政策治理[J].宁夏社会科学,2020(2).
[189] 宋汀,曹伟.2017年国际恐怖主义态势报告[J].中国信息安全,2018（1）.
[190] 何俊杰."依法严打"与"去极端化"：习近平新时代中国特色社会主义思想下法治与德治关系的实践探索[J].新西部,2018（30）.
[191] 孟铮.浅析"独狼"式恐怖主义及公安机关的治理对策[J].犯罪研究,2017（1）.
[192] 程小白,杨瑞清.社会治安综合治理的体系结构初探[J].江西警察学院学报,2016（2）.
[193] Thomas A. Baker,陈书睿.大型体育赛事的主要风险管理——源自国外的观点[J].上海体育学院学报,2015（4）.
[194] 尹生.中国反恐法制的现状、问题与对策研究[J].当代法学,2008（3）.
[195] 刘艳红.二十年来恐怖犯罪刑事立法价值之评价与反思[J].中外法学,2018（1）.
[196] 贾月仙,包雪昕.首都阵地防控网信息化建设创新升级研究——以北京冬奥会期间社会治安防控为切入点[J].北京警察学院学报,2019（5）.
[197] 郭永良.论我国反恐模式的转型——从精英模式到参与模式[J].法学家,2016（2）.
[198] 潘瑞成,李斌.大型体育赛事的治安防控威胁与情报机制研究[J].情报杂志,2019（9）.
[199] 张天培.国家安全领域立法取得显著进展——访全国人大常委会法工委发言人、立法规划室主任岳仲明[N].人民日报,2021-04-15（11）.
[200] 刘水文,姬军生.我国生物安全形势及对策思考载[J].传染病信息,2017（3）.
[201] 余潇枫.论生物安全与国家治理现代化[J].人民论坛·学术前沿,2020（20）.
[202] M.C.Trotta, C.Barletta, M.Mastrilli, et al. Procedures for a Risk of a Bioterrorism Attack [J]. *Prehospital and Disaster Medicine*, 2005.20.
[203] 吕吉云.军队传染病防控能力生成模式评估指标体系构建及应用研究[J].管理评论,2015（5）.
[204] 高铭暄,傅跃建.新时代刑事治理现代化研究[J].上海政法学院学报：法治论丛,2020(4).
[205] 莫纪宏.关于加快构建国家生物安全法治体系的若干思考[J].新疆师范大学学报：哲学社会科学版,2020（4）.
[206] 张丽霞.恐怖主义行为认定的行刑衔接机制探究[J].法律科学（西北政法大学学报）,2019（5）.
[207] 刘艳红.化解积极刑法观正当性危机的有效立法——《刑法修正案（十一）》生物安全犯罪立法总置评[J].政治与法律,2021（7）：18-34.
[208] 彭耀进.合成生物学时代：生物安全、生物安保与治理[J].国际安全研究,2020（5）.
[209] 王明程,张冬冬.美国生物监测情报体系建设及启示研究[J].情报杂志,2021（3）.
[210] 刘明,萧毅鸿.生物反恐应急管理中的协同决策理论[J].南京理工大学学报：社会科学版,2013（4）.
[211] 薛杨,王景林.《禁止生物武器公约》形势分析及中国未来履约对策研究[J].军事医学,2017（11）.
[212] 李恒.基于域外情报导侦模式下的我国反恐情报工作研究[J].情报杂志,2017（5）.

后　记

　　历经等待，拙著《当代恐怖主义犯罪防范与治理》即将付梓。本书在我博士后出站报告和部分学术研究成果的基础上修改而成。与其说本书是对自己前期相关研究成果的提炼和总结，不如说是对自己从事公安实务工作、教学科研工作和求学心路历程的一次记录和回望。于我而言，尽管明知书稿中缺点甚多，但仍敝帚自珍、感慨颇多，仍难掩欣喜之情。一些回忆和感触、浓浓谢意，成胸中块垒，不吐不快。

　　白驹过隙，2019 年 7 月至今，我到西南政法大学工作转眼间已迈进第五个年头。此间，国际形势风起云涌，国际社会风云跌宕，国际安全复杂多变，国际关系格局不断变化调整，非传统安全威胁持续加深，恐怖主义屡打不绝、屡禁不止。

　　任何一种理论和学科都是根植于其所存在的实践土壤之上的，各国国家安全战略的变幻必然促使恐怖主义犯罪防范治理对策也不断调整与完善。近年来，反恐怖主义斗争出现了一些新情况新问题。长期的反恐怖斗争实践证明，要做好反恐怖工作，必须坚持党的绝对领导，切实把党的领导落实到反恐怖工作的各方面、全过程，确保反恐怖工作坚定正确的政治方向；必须坚持以人民为中心，把人民群众的安全感和满意度作为衡量反恐怖工作成效的根本标准，要积极探索新形势下专门工作与群众路线相结合的具体形式、举措，筑牢防范打击暴恐活动的铜墙铁壁；必须坚持标本兼治，凡"恐"必打、露头就打，标本兼治、综合治理，着力消除境内暴恐滋生土壤，努力走出一条适应我国国情的去极端化路径；必须坚持依法反恐，坚定不移走中国特色社会主义法治道路，更加善于运用法治思维和法治方式打击恐怖主义，着力提升反恐怖工作法治化水平。党的十八大以来，习近平总书记对反恐怖工作作出一系列重要指示，引领新时代反恐怖工作取得了重大成就，推动反恐怖斗争实现了由被动向主动的根本性好转，持续保持了社会稳定大好局面。

掩卷回思，不由感恩敬爱的师长教我成长。感谢我的恩师贾宇先生、梅传强先生和刘黎明先生。贾宇先生是我的博士生导师，拜入先生门下时，我自感资质愚钝，幸得先生不离不弃，对我攻读法学博士学位期间的教育以及为人处世方面的指导等至今历历在目，时刻鞭策我不断成长。梅传强先生是我的博士后合作导师，先生以身作则、言传身教、不怒而威、慈善谦和，永远是我追求真知道路上的学范。刘黎明先生是我的学术引路人，是我人格品质的指明灯，先生素有傲骨雄风，谦逊平和，宽容豁达，治学严谨，笔耕不辍。幸得先生不嫌我学识浅薄，基础薄弱，尽全力对我悉心指导，给予点拨，耐心启迪，先生的言传身教引领我走入学术研究之路，使我受益终生。

还要感谢西南政法大学刑法学学科带头人石经海教授对我的鞭策鼓励。感恩刑事侦查学院、国家安全学院任惠华教授、梁坤教授、郑海教授、马方教授、胡尔贵教授、张仕权书记、陈如超教授、王跃教授、倪春乐教授、蔡艺生教授、肖军教授、刘莹教授、李涛教授、谢波副教授、赵新立副教授、佘杰新副教授、华敏超副教授、罗佳老师、李婧芳老师、万婷老师、徐吕子博士、琚悦博士、侯宇宸博士、杨茗皓博士等同仁在西南政法大学工作期间给予我的培养、支持和关爱。本书付梓前期，我的学生沈阳阳、罗慧通、冉涛、钟瑜、曾琦峰、周生龙、李悦祺、梅乐茜等为书稿校对、编辑做了大量细致的工作，在此一并表示感激。

特别感谢西北政法大学王健教授、冯卫国教授、舒洪水教授、陈京春教授、张金平教授、段阳伟副教授、赵彩茹副院长、张棉老师、苏银霞老师；中国人民公安大学靳高风教授、谢晓专教授；中国人民警察大学郭永良副教授；中国刑事警察学院曹雪飞副教授、孟凡骞主任；铁道警察学院兰立宏教授、时娜主任；福建警察学院黄彬副教授；重庆警察学院王振华教授；广西警察学院李蓉副教授；宁夏警官职业学院陈功副教授；四川警察学院吴良培教授、唐雪莲教授、周长明教授、郑友军教授、钟云华教授、杜乾举教授、孙静教授、马李芬教授、刘建强教授、陈瑛研究员、张洪副教授、谯冉副教授、简述芬老师；公安部王亮副处长；四川省公安厅王林、张斗、徐小玲、李小锋、李智宏、卢家栋、杨才兴同志；资阳市公安局陈全章、段格林、郭亚玲、邓涛同志；眉山市公安局魏青宝同志；南充市营山县公安局雷植同志；成都市公安局锦江区分局梁一同志；成都市简阳市公安局王凌云同志；泸州市公安局纳溪区分局朱伟同志；乐山市公安局五通桥区分局钱林同志等在我求学和工作期间给予的指导、关心与帮助。感谢四川省公安厅、重庆市公安局、资阳市公安局等实务部门为我开展实践性研究提供了宝贵的平台资源。

感恩父母给予我生命，感谢父母对我的养育之恩。我出生于普通工人家庭，不管我在人生任何阶段作出任何决策，父母都义无反顾地支持、关心和帮助我。父母对我的殷殷教诲和悉心栽培，让我在面对任何困难、挫折之时都有坚强的后盾支撑。感恩曾经帮助我的人，他们使我感受到无尽的善良。感谢清华大学出版社，她为中国的哲学社会科学教育与研究事业工作作出了贡献，也为本书的出版提供了帮助。

"知行合一致良知，德法兼修事上练。"不忘初心、不负韶华、不负时代。落笔之际，正好已脱下警服近7年时间，最初的工作经历和求学生涯，以及诸事的波澜起伏见证了我宝贵的人生阶段。回想起2016年9月，我从工作多年的公安机关辞职，开始了攻读法学博士学位的新里程，这对于即将步入而立之年的我来说是一次艰难的选择。从一名维护国家安全和社会治安秩序的人民警察到沉寂于古城长安明德门闭关苦读的大龄学子；从预防、制止和惩治违法犯罪活动到逐渐沉迷于探寻维护国家安全治理之道，其间甘苦自知，不足为外人道也。这段宝贵的经历，让我有机会反观内心，重新立志，也开启了我对生活中那些重大命题的叩问探索之旅。从西南到西北，又从西北回西南，其间有幸去宝岛台湾访学交流，让我从最初的"失魂落魄"中走出来，又向更加美好的明天不断迈进。人生旅途，不免折返、不免遗憾、不免期待，如此才有更多的挑战和更深远的意义。回顾过往，虽有一些伤感和悔恨，但更多的是获得感、成就感、满足感和幸福感。

我在西南政法大学读博士学位学习期间，先后参与了贾宇教授主编的《中国国家安全法教程》《中国反恐怖主义法教程》的编写工作；从事教学科研工作期间，参与了北京大学法学院江溯教授主编的《网络刑法原理》的编写工作，以及西南政法大学任惠华教授主编的《侦查学原理》、倪春乐教授等主编的《电信网络诈骗案件侦查》、郑晓均教授等主编的《侦查策略与措施》的编写工作等。从2012年开始，我在恩师带领下，陆续总结了一系列学习国家安全、社会安全有关问题的学术思考和心得体会，累计发表相关学术论文80余篇，其中十余篇公开发表在CSSCI来源期刊，2篇被《中国人民大学复印报刊资料》全文转载。主持完成了多项中国法学会部级课题、重庆市社会科学规划项目等，获得中国博士后科学基金71批面上资助。2017年起，我先后出版《反恐怖警务工作实践研究》《中国反恐怖主义情报信息理论与实践研究》《大变革时代的侦查实践与警务改革研究》。2019年至今，我在西南政法大学刑事侦查学院、国家安全学院为博士研究生、硕士研究生、本科生开设有关课程。自此，反恐怖主义相关问题成为我学术生涯中一个重要的研究方向。

  学者的社会使命在于推动理论革新与发展，以服务于具体工作实践，作经世致用之学问。本书的初衷就在于及时全面地反映国内外恐怖主义活动的新发展，以及当前国际社会针对恐怖主义的防治对策，进一步推动反恐怖主义理论研究走深走实，助力恐怖主义犯罪治理实践纵深发展。"学然后知不足"，在本书的写作过程中，参考并借鉴了国内外诸多相关研究成果，在此一并致谢！书中难免诸多疏漏、错误及不足，恐难达到最初设想，恳请学界前辈、同仁和学术新秀批评指正、不吝赐教。

  是为后记。

李　恒　谨识

2023 年 6 月 28 日于北京崇文门